OMAS GEGEN RECHTS

Verfasserinnen:
Beate Booß
Jutta Shaikh
Margarete Ruschmann

OMAS GEGEN RECHTS

in Deutschland

Entschlossen die Demokratie verteidigen

Gemeinsam die AfD zurückdrängen

OMAS GEGEN RECHTS Deutschland e.V.

Erste Auflage Juli 2021
Orginalausgabe
Impressum
Omas gegen Rechts Deutschland e.V.
Gäurandsteige 71
72202 Nagold
Der Vorstand:
1. Vorsitzende: Anna Ohnweiler
2. Vorsitzende: Jutta Shaikh

E-Mail an: info@omas-gegen-rechts.org
Steuernummer: 45068/21504 Finanzamt Calw
Amtsgericht Stuttgart ins Vereinsregister 724479 eingetragen (VR 724479)
ISBN Nummer: 978-3-00-069799-9

Inhalt

Seiten

Seiten

Seiten

Vorwort

Wenn aus einer Argumentationshilfe ein Buch wird

Ich möchte mein Statement zu diesem Buch mit einem großen und aufrichtigen Dank beginnen, einem Dank an drei außergewöhnliche und couragierte OMAS GEGEN RECHTS.

Meine erste Information war, drei Omas haben sich überlegt, Material für die anstehende Bundestagswahl zu erstellen, damit die OMAS GEGEN RECHTS in Deutschland auf ihren Mahnwachen mit ihren Infotischen im Wahlsommer gerüstet sind, wenn sie gegen die Rechten argumentieren müssen. Dabei dachte ich ursprünglich an einen Flyer. Herausgekommen ist ein beachtliches Buch, akribisch recherchiert, gut dokumentiert und analysiert.

Ich hätte es wissen müssen, denn den Omas bleibt selten etwas verborgen: Das nicht, was die AfD in ihrem Wahlprogramm für die Bundestagswahl 2021 festschreibt, das nicht, was sie auf ihren Parteitagen und sonstigen Veranstaltungen preisgibt, und auch das nicht, dass einiges von dem abweicht, womit sie vor die potentiellen Wähler tritt.
Tatsache ist: Das bekommt man nicht auf einen Flyer.

Wir, die OMAS GEGEN RECHTS, haben erkannt, dass die AfD das Ziel hat, das Land gefährlich nach rechts zu verschieben und unsere Demokratie zu zerstören.
Dieses Buch ist ein Dokument der Aufklärung geworden und wir hoffen sehr, dass wir damit beitragen können, die Rechten klein zu halten.

Danke Beate, Jutta und Margarete.

Anna Ohnweiler

Einleitung

Seit die AfD in den Parlamenten vertreten ist, haben sich Ton und Inhalt der Auseinandersetzung in Gesellschaft und Politik massiv verändert. An die Stelle von Anstand, gegenseitigem Respekt und Sachargument sind zunehmend Beleidigungen, Verleumdungen, Anfeindungen, Hetze, systematische Tabubrüche, schamlose Lügen, Verschwörungsmythen, Opferlegenden und ein alles beherrschendes Freund-Feind-Denken getreten.
Konstruktive Antworten auf die drängendsten Fragen der Zeit – vom Klimawandel über die Wohnungsnot bis hin zur Corona-Pandemie – bleibt die AfD schuldig. Stattdessen versucht sie, möglichst jedes Problem auf ihr alles beherrschende Thema zurückzuführen: die Migration. Wo dies nicht möglich erscheint, greift sie auf reaktionäre Konzepte zurück.

Dies im Detail für die uns besonders wichtig erscheinenden Politikfelder aufzuzeigen, ist Ziel des vorliegenden Buches.

Sie mögen sich nun fragen, warum gerade wir OMAS GEGEN RECHTS in Deutschland uns diese Aufgabe gestellt haben. Nun, wir sind eine zivilgesellschaftliche und überparteiliche Initiative älterer Frauen, die in den 60er und 70er Jahren des letzten Jahrhunderts ihre Eltern und Großeltern fragten: „Was habt ihr damals getan, als die Weimarer Republik zu Grabe getragen wurde?“ und die einer Wiederholung dieser Frage durch die nächste Enkelgeneration vorbeugen wollen.

Uns geht es um die Erhaltung der rechtsstaatlich organisierten, parlamentarischen Demokratie in einem gemeinsamen, friedlichen Europa, um eine freiheitliche und solidarische Gesellschaft, den Einsatz für die gleichen Rechte aller in Deutschland lebenden Frauen, Männer und Kinder, um die sozialen Standards, die von vorausgehenden Generationen zum Teil bitter erkämpft wurden, um den Respekt und die Achtung gegenüber Mitbürgerinnen und Mitbürgern unabhängig von ihrer Religion und ethnischen Zugehörigkeit u.v.m.

All dies sehen wir durch die von der AfD befeuerten faschistischen Tendenzen – insbesondere Fremdenfeindlichkeit, Rassismus, Ausgrenzung von Behinderten, alten Menschen und Ausländern, Frauenfeindlichkeit und Sozialabbau – bedroht.

Wie schmerzlich der Verlust von Demokratie und Rechtsstaatlichkeit sind, zeigen uns die vielen Autokratien und Diktaturen überall auf der Welt.

Umso dringlicher der Appell des Bundespräsidenten anlässlich des symbolträchtigen Versuchs rechtsextremer Teilnehmer der sog. Anti-Corona-Demonstration vom 29.8.2020 in Berlin, das Reichstagsgebäude zu stürmen: ***„Die Verteidigung der Demokratie ... ist Aufgabe und Pflicht der gesamten Zivilgesellschaft und jedes Einzelnen. Aktiv, entschieden und mutig müssen wir gemeinsam den Feinden unserer Demokratie die Stirn bieten."*** *(Frank Walter Steinmeiner, Rede vom 31.8.2020).*

Die Politik der AfD wurde in den letzten Jahren zunehmend rechtsextremer und eine immer größere Gefahr für unser Land. Mit diesem Buch wollen wir diese Gefahr analysieren und unsere Entschlossenheit bekräftigen, die Demokratie zu verteidigen und gemeinsam die AfD zurückzudrängen, nicht nur bei der in diesem Jahr anstehenden Bundestagswahl, sondern auch in Zukunft.

Wir bedanken uns bei zahlreichen Omas aus den Regionalgruppen für ihren Input zu diesem Buch, bei Anna Ohnweiler, der Gründerin der Initiative OMAS GEGEN RECHTS in Deutschland, die vor allem die von uns dargelegten Positionen der OMAS GEGEN RECHTS in Deutschland auf ihre Konformität mit den Grundsätzen und Zielen der Initiative geprüft hat, und beim Vorstand des Vereins, der zugestimmt hat, dass der Verein als Herausgeber des Buches agieren kann.

Das Redaktionsteam

Nutzt die Wirtschafts- und Sozialpolitik der AfD wirklich dem „kleinen Mann“?

Verfasserin: Jutta Shaikh

Die 2010 in Folge der Finanzkrise einsetzende **Eurokrise** führte zur Gründung der AfD, zunächst als rein eurokritische Partei mit stark konservativem, neoliberalem und national orientiertem Wirtschaftskonzept.

In den ostdeutschen Bundesländern setzte sich innerhalb der AfD schon bald immer stärker rechtspopulistisches und rechtsextremes Gedankengut durch. Maßgeblich vorangetrieben wurde diese Verschiebung des ideologischen Schwerpunkts durch den Thüringer Landesvorsitzenden der AfD Björn Höcke (Erfurter Resolution). Diese Entwicklung führte 2015 zur ersten Spaltung der Partei und zum Austritt der Parteigründer Lucke und Henkel sowie eines Fünftels der inzwischen 21.000 Parteimitglieder.

2015 nutzte die AfD die Flüchtlingskrise gezielt, um vielfältigste Ängste in der Bevölkerung zu schüren, von den Kosten für unser Sozialsystem über Sicherheitsängste bis hin zu Ängsten vor der sogenannten „Umvolkung“. Damit erzielte sie einen nicht unerheblichen Stimmenzuwachs, vor allem in den neuen Bundesländern. Mit Hetze und Hassbotschaften will sie die Gesellschaft weiter spalten.

Viele innere Konflikte und Skandale innerhalb der AfD einerseits sowie die rückläufigen Flüchtlingszahlen der letzten Jahre andererseits brachten den Wählerstimmenzuwachs jedoch zum Stillstand.

Was für ein Glück für die AfD, dass es jetzt **die Corona-Pandemie** gibt. Nachdem sich die Partei zunächst sogar für striktere Maßnahmen zur Eindämmung der Pandemie ausgesprochen hatte, änderte sie ihre

Haltung komplett und verharmlost nun die Pandemie, macht sich zum Bündnisgenossen der Querdenker, Verschwörungsgläubigen und Corona-Leugner, nur um die Wählerstimmen all derjenigen einzufangen, die mit den Maßnahmen der Regierung nicht einverstanden sind. Mit Blick auf die kommende Bundestagswahl hofft die AfD jetzt noch auf eine **allgemeine Wirtschaftskrise als Folge der Pandemie.**

Die Worte von Christian Lüth, dem früheren Sprecher der AfD-Bundestagsfraktion und engen Vertrauten von Alexander Gauland, lassen die wahren Absichten der AfD erkennen: dass diese Partei Krisen und Feinbilder bewusst fördert, um Stimmen zu fangen. *„Das haben wir mit Gauland lange besprochen: Je schlechter es Deutschland geht, desto besser für die AfD ... Wenn jetzt alles gut laufen würde ..., dann wäre die AfD bei drei Prozent. Wollen wir nicht. Deshalb müssen wir uns eine Taktik überlegen ... Aber jetzt, wo die Grenzen immer noch offen sind und solange die AfD noch ein bisschen instabil ist ... müssen wir dafür sorgen, dass es Deutschland schlecht geht" (Spiegel, 28.9.2020, Severin Weiland)*.

POSITION OMAS GEGEN RECHTS:

Dies zeigt deutlich: Die **AfD ist keine Protestpartei**, die als Opposition im Parlament konstruktive Kritik übt und Vorschläge einbringt, um die Lebensbedingungen der Bevölkerung nachhaltig zu verbessern. Die AfD ist eine Partei ohne konsistentes Programm, immer auf der Lauer nach der nächsten Krise, die sich nutzen lässt, um neue Wähler zu gewinnen und um die Spaltung in der Gesellschaft voranzutreiben. Die AfD will, dass es Deutschland schlecht geht, um ihr Wählerpotential auszubauen und rassistisches und faschistisches Gedankengut immer tiefer in der Gesellschaft zu verankern, mit dem **Ziel**, die **parlamentarische Demokratie zu zerstören**. Auch die Nationalsozialisten unter Hitler haben die damalige Weltwirtschaftskrise genutzt und gezielt

Feindbilder aufgebaut, Verschwörungsideologien verbreitet, um Wählerstimmen zu gewinnen und ihren Machtanspruch zu rechtfertigen. Einmal an der Macht, dienten ihre Aktivitäten nicht dem Wohle der Bevölkerung, sondern der Kriegsvorbereitung. Ein Krieg, der 60 Millionen Menschenleben gekostet hat, war die Folge. So etwas darf nie wieder geschehen – dafür setzen wir OMAS GEGEN RECHTS unsere Kraft ein.

Migration allein wird nicht reichen, um Wähler zu ködern. Sozialpolitische Themen und die Corona-Krise werden einen wesentlich größeren Teil des Wahlkampfes einnehmen, deshalb werden wir nachfolgend versuchen aufzuzeigen, warum die **AfD keine Partei des „kleinen Mannes"** ist und die **Gesundheitspolitik der AfD unser aller Leben gefährdet.**

Die neoliberale Wirtschaftspolitik der AfD wird die Reichen noch reicher machen und den Großteil der Bevölkerung ärmer

1. Die verheerenden Konsequenzen der von der AfD geforderten Deregulierung der Wirtschaft

„Die AfD will ein investitions- und innovationsförderndes wirtschaftliches Umfeld. Wir wollen auf breiter Front deregulieren und Bürokratie abbauen ... Durch Abschaffung von ineffizienten Regulierungen und Überprüfung der Notwendigkeit bestehender Regeln sollen neue Freiheiten für Unternehmer geschaffen werden“ (AfD-Grundsatzprogramm 2016, Kap. 10.5).

Auch in dem sogenannten „Blue Deal für die Wirtschaft“ im Leitantrag zum Wahlprogramm 2021 der AfD fordert diese weiterhin Deregulierung, um angeblich vor allem den Mittelstand zu entlasten. Überall steht rein marktwirtschaftliches Verhalten und Eigenverantwortlichkeit der Unternehmer im Vordergrund.

„Wir wollen die Wirtschaft von politisch herbeigeführten Belastungen komplett befreien. Dafür wollen wir, wo nötig, auch die Rechtslage anpassen. Davon unbenommen setzen wir uns auf nationaler Ebene für eine Entschädigung der Wirtschaftssektoren ein, die von den Corona-Maßnahmen besonders betroffen sind“ (Wirtschaft für einen Blue Deal, Leitantrag AfD- Wahlprogramm 2021).

Umweltpolitische Maßnahmen, wie z.B. der Kohleausstieg, werden als arbeitsplatzvernichtend und preistreibend abgelehnt (z.B. Rede von Beatrix von Storch in Chemnitz am 3.5.2019). Die Gewerkschaften werden als „linksideologisch verblendet“ diffamiert.

Die Rahmenbedingungen sollen verbessert werden z.B. durch *„Entschlackung und Flexibilisierung des Arbeitsrechts“ (Wirtschaft für einen Blue Deal, Leitantrag AfD- Wahlprogramm 2021)*.

Außerdem fordert die AfD die Wiederherstellung des Bank- und Steuergeheimnisses (AfD-Grundsatzprogramm 2016, Kap. 11.7). Ein zum Leitantrag zum Bundestagswahlkampf 2021 eingereichter Änderungsantrag mit Forderungen nach einer finanzmarktpolitischen Kontrolle zur Sicherung der Finanzmarktstabilität wurde abgelehnt, mit der Begründung: *„Ein Finanzkontrollsystem passe nicht zur AfD und sei deshalb abzulehnen" (AfD-Parteitag Dresden April 2021)*.

Die verheerenden Konsequenzen einer solchen Deregulierung zeigen nachfolgende Beispiele aus der jüngeren Vergangenheit.

Um ihre Gewinne zu maximieren, unternahmen Banken und Finanzinstitute immer risikoreichere Transaktionen ohne hinreichende eigene Kapitalbasis und vertrieben immer riskantere, teilweise hochspekulative Anlageprodukte, was 2008 zur Finanzkrise führte.

Ein strenges Bank- und Steuergeheimnis bedeutet goldene Zeiten für Steuerhinterzieher und Geldwäscher.

Die Coronakrise hat weitere Deregulierungsfolgen aufgedeckt, z.B. die katastrophalen, sklavenartigen Arbeitsbedingungen in der Fleischverarbeitungsindustrie.

Die sogenannte Entschlackung des Arbeitsrechtes und die Betonung der Eigenverantwortlichkeit der Arbeitgeber würde Arbeitnehmerrechte weiter dezimieren.

Besonders eklatant zeigen sich in der Corona-Pandemie die Folgen des Rückzugs des Staates aus zentralen Wirtschafts- und Gesellschaftsbereichen wie z.B. im Gesundheitswesen mit aufgetretenen Engpässen bei Personalausstattung, Schutzkleidung und lebensnotwendigen Medikamenten.

Position OMAS GEGEN RECHTS in Deutschland:

Aus der generationenübergreifenden Verantwortung für unsere Kinder und Enkelkinder sind wir OMAS GEGEN RECHTS gegen eine weitere Deregulierung unserer Wirtschaft.

Gesetzliche Regelungen dienen dem Schutz der Gemeinschaft, sie garantieren soziale und ökologische Standards. Deregulierung hat zur Folge, dass der stärkere Wirtschaftspartner – hier insbesondere die Großkonzerne und die mit ihnen verbundene neoliberale Wirtschaftselite – seine Interessen, vor allem die der Gewinnmaximierung, zu Lasten der Schwächeren – hier die Arbeitnehmer und andere Bevölkerungsgruppen – durchsetzen kann.
Umweltpolitische Auflagen sind unbedingt erforderlich, damit die Lebensbedingungen auf unserer Erde für künftige Generationen nicht vernichtet werden.

2. Steuergeschenke der AfD vor allem für die Reichen

Die AfD bezeichnet sich als Steuersenkungs- und Steuervereinfachungspartei. In ihrem Wahlprogramm 2021 fordert sie bei den Steuern eine Konzentration auf die beiden großen Steuerarten Umsatzsteuer und Einkommenssteuer. Die anderen Steuern fordert sie weitgehend abzuschaffen, da laut AfD diese anderen Steuern durch den damit verbundenen Verwaltungsaufwand *„keinen nennenswerten Beitrag zur Staatsfinanzierung leisten" (Leitantrag AfD-Wahlprogramm 2021)*.

- **<u>Einkommenssteuer</u>**

Unter der Überschrift *„Gerechte Steuern durch Stufentarif"* will die AfD *„einen geänderten Einkommensteuertarif mit wenigen Stufen und einem deutlich höheren Grundfreibetrag"* einführen *(AfD-Grundsatzprogramm 2016, Kap. 11.1)*.

„Die AfD will die Bürger nicht stärker mit Steuern und Abgaben belasten" *(AfD-Grundsatzprogramm 2016, Kap. 11.2)*.

Um Familien mit mehreren Kindern steuerlich besserzustellen, will die AfD das sogenannte *„Familiensplitting"* einführen ... *„Das hat zur Folge, dass die Summe der erzielten Einkünfte aller Familienmitglieder durch die Zahl der Familienmitglieder geteilt wird. Die jeweiligen Teilbeträge werden dann einzeln versteuert. Die Summe der so ermittelten Teilbeträge ergibt die Gesamtsteuerschuld"* *(AfD-Grundsatzprogramm 2016, Kap. 11.3)*.

Die Konsequenz dieser Politik wäre, dass der Staat erheblich geringere Einnahmen aus der Einkommensteuer hätte. Außerdem würde es laut Berechnungen aus Wirtschaftsinstituten über 20 Milliarden Euro kosten und sei deshalb nicht finanzierbar. Da Geringverdiener mit Kindern bereits heute wenig Steuern zahlen, würden außerdem fast ausschließlich Großverdiener von den Steuerplänen der AfD profitieren *(Schwarzbuch AfD, S.37f)*.

- **Die AfD fordert die vollständige Abschaffung des Solidaritätszuschlags**

Laut ihrem Wahlprogramm 2021 wird sie für die Abschaffung des „Soli" vor dem Bundesverfassungsgericht klagen, denn sie sieht in dieser Regelung eine eklatante Verletzung der Gleichbehandlung aller Steuerzahler.

Konsequenzen dieser Politik:

Die **überwiegende Mehrheit der Steuerzahler** – nach Rechnung des Finanzministeriums sind das rund 90 Prozent – muss ab 2021 den vor 30 Jahren zur Finanzierung des Aufbaus Ost eingeführten **Solidaritätsbeitrag nicht mehr zahlen**. Für sie entfällt der Zuschlag von 5,5 Prozent auf die Einkommens- oder Körperschaftssteuer komplett. Weitere 6,5 Prozent der Steuerzahler müssen den Zuschlag nur noch teilweise entrichten. Insgesamt werden 96,5 Prozent der Steuerzahler durch das Gesetz bessergestellt. **Nur noch Spitzenverdiener werden** je nach Einkommenslage **weiterhin voll oder teilweise den Soli** zu **zahlen** haben. Die Steuereinnahmen des Bundes aus dem Soli, die 2019 fast 20 Mrd. Euro betrugen, werden sich hierdurch um etwa 11 Mrd. verringern.

Die ganze oder teilweise Abschaffung des Solis bedeutet für 96,5 % der Bevölkerung die bedeutendste Steuersenkung seit Jahren. Gerade in der Coronakrise erhofft sich die Bundesregierung hierdurch einen konjunkturellen Impuls, weil Menschen mit mittlerem und niedrigem Einkommen deutlich mehr für Güter und Dienstleistungen ausgeben können.

Die Forderung der AfD nach einer vollständigen Abschaffung des Solis würde jedoch vor allem den „Reichen“ zugutekommen, außerdem würde der Bund weitere 9 Mrd. Steuereinnahmen verlieren, die auch Ökonomen, wie z.B. Gabriel Felbermayr, Präsident des Kieler Instituts für Weltwirtschaft, nach dieser Coronakrise für unentbehrlich halten.

Position OMAS GEGEN RECHTS in Deutschland:

In Deutschland wurden die Einkommenssteuersätze in den letzten Jahren kontinuierlich gesenkt, von 53 % 1998 auf jetzt 42 %, was vor allem Spitzenverdienern Vorteile brachte und die Schere zwischen Arm und Reich vergrößerte. **Wir OMAS GEGEN RECHTS fordern** bei der Einkommenssteuer eine **merkliche Entlastung kleiner und mittlerer Einkommen**, mittels einer starken Erhöhung des Grundfreibetrages und einer deutlichen Erhöhung des Betrages, ab dem der Spitzensteuersatz greifen sollte. Der **Spitzensteuersatz** sollte jedoch merklich **erhöht u**nd auch der Reichensteuerzuschlag sollte beibehalten werden in einem Umfang, dass sich das Steueraufkommen insgesamt auf keinen Fall verringert. Auf diese Weise können notwendige Investitionen in die Bildung, ein ökologischer Umbau der Wirtschaft durchgeführt und ein Beitrag zur Verkleinerung der Schere zwischen Arm und Reich über die

Einkommenssteuerreform erzielt werden. Die AfD fordert zwar auch eine Erhöhung des Grundfreibetrages und eine Entlastung mittlerer Einkommen, **am stärksten würden von der von der AfD geforderten Einkommenssteuerreform jedoch Spitzenverdiener profitieren**, was die Schere zwischen Arm und Reich weiter vergrößern würde. Dies gilt auch für die Forderung der AfD, den Solidaritätsbeitrag vollständig, d.h. auch für die Spitzenverdiener abzuschaffen. Für erforderliche Investitionen wird dem Staat das Geld fehlen: Ein Wahlkampfmotto der AfD – Eigenverantwortlichkeit der Bürger stärken – wird dann wohl Realität für die Bürger werden. Dies würde ein schreckliches Erwachen für alle wirtschaftlich Schwächeren bedeuten. **Wir OMAS GEGEN RECHTS setzen uns für mehr und nicht weniger soziale Gerechtigkeit ein und lehnen deshalb die Einkommenssteuerpolitik der AfD ab.**

- **Neid oder soziale Gerechtigkeit**? -**Die AfD fordert die Abschaffung der Substanzsteuern**

Die AfD fordert die endgültige Abschaffung der sogenannten Substanzsteuern, d.h. der an Haus- und Grundbesitz gebundenen Grundsteuer, der Erbschafts- und Schenkungssteuer und der seit 1997ausgesetzten Vermögenssteuer.

*„Die AfD will die derzeit zur **Erhebung ausgesetzte Vermögenssteuer und die Erbschaftssteuer** abschaffen, weil diese unabhängig von der wirtschaftlichen Leistungsfähigkeit des Staatsbürgers erhoben“* würden *(AfD-Grundsatzprogramm 2016, Kap. 11.4)*.

*„Die **Vermögenssteuer** gehört endgültig abgeschafft. Die sterbende SPD versucht mit aller Macht die Neid-Debatte für abstruse Enteignungsfantasien zu instrumentalisieren. Eine Reaktivierung der Vermögenssteuer könnte schnell bereits diejenigen treffen, die z.B. ein Haus oder eine Eigentumswohnung haben.“*

*„**Erbschafts- und Schenkungssteuer** sind ungerecht, weil sie Einkommen versteuern, das längst versteuert wurde. Sie bringen kaum etwas ein, sind aber ein echtes Bürokratiemonster, das mehr kostet als nützt. Ihre Abschaffung könnte Beamte für sinnvolle Aufgaben freistellen, z.B. der Bekämpfung von Steuerhinterziehung und Schwarzarbeit."* (Beide Zitate: *AfD-Fraktion NRW 4.9.2019, + Statt Enteignung, Steuer-Wahn und Neid-Kultur: 8 Dinge, die wir wirklich brauchen!*).

Im Wahlprogramm 2021 fordert die AfD darüber hinaus die **Abschaffung der Grundsteuer**, die sie als zweite Vermögenssteuer und deshalb als verfassungswidrig betrachtet. Um die Einkommensverluste von **14,2 Mrd.** Euro (2019) bei den Kommunen, denen die Grundsteuer zufließt, auszugleichen, fordert sie eine Änderung des Steuereinnahmen-Verteilungsschlüssels von Bund und Ländern zu Gunsten der Kommunen.

Zusammenfassend vertritt die AfD die Meinung, dass sich der bürokratische Aufwand bei der Erhebung der Substanzsteuern rechnerisch nicht lohne, dass sie verfassungswidrig und für den deutschen Mittelstand existenzgefährdend seien. Die Bedeutung des Mittelstandes für Deutschland *„wird seit Jahrzehnten durch sozialistische Gleichheitsvorstellungen und klassenkämpferische Neidgefühle bekämpft. Dem stellt sich die AfD entgegen" (AfD-Wahlprogramm 2021 zu Substanzsteuern)*.

<u>Konsequenzen eines vollständigen Verzichts auf Substanzsteuern:</u>

Die Senkung des Einkommenssteuerhöchstsatzes, verbunden mit der Streichung der Vermögenssteuer im Jahre 1997, führte dazu, dass sich die Schere zwischen Arm und Reich in Deutschland immer weiter öffnete. Die mittleren Einkommen von Arbeitnehmern werden verhältnismäßig ungleich stärker belastet als sehr hohe Einkommen sowie Einkommen aus Vermögen. Die Top 10 % verfügen über 58,9 % des Nettovermögens, die Top 5 % über 43,9 % und die Top 1 % über

21,6 %. Dagegen hat die untere Hälfte der Bevölkerung lediglich 1,3 % Anteil am Gesamtnettovermögen, davon hatten 14 % gar kein Vermögen und 6,4 % waren sogar netto verschuldet. **Aus der Streichung der Vermögenssteuer zog der „kleine Mann“ naturgemäß keinerlei Nutzen**.

Die Steuereinnahmen würden sich durch die Abschaffung der Substanzsteuern zusätzlich um **21,4 Mrd. Euro** verringern (Einnahmen aus Erbschafts- und Schenkungssteuern 2019 ca. 7,2 Mrd. Euro, Grundsteuereinnahmen ca. 14,2 Mrd. Euro 2019), zuzüglich einer potentiellen Steuereinnahme von **10 Mrd**. Euro im Falle einer Wiedereinführung einer **Vermögenssteuer** von 1 % für Alleinstehende mit einem Nettovermögen ab 2 Mio. Euro, die der Bund dann auch nicht erhalten würde.

Ein **Verzicht auf diese Substanzsteuern würde die Kluft zwischen Arm und Reich noch wesentlich verschärfen** und dem Staat zudem wichtige Investitionsmöglichkeiten vorenthalten. **Die Superreichen** dagegen **würden** von dem steuerpolitischen Kahlschlag der AfD **profitieren.**

Position OMAS GEGEN RECHTS in Deutschland:

Wir unterstützen die von Teilen der Bevölkerung geforderte Wiedereinführung der Vermögenssteuer, denn sie würde nur einen ganz kleinen Teil der Bevölkerung betreffen, d.h., nur die Superreichen mit einem Vermögen von mehr als 2 Millionen Euro (Einzelperson) müssten überhaupt Vermögenssteuer zahlen. Ein Verzicht auf die Besteuerung von sehr hohem Vermögen und Erbschaften würde die Kluft zwischen Arm und Reich weiter verschärfen, die von uns und unseren Eltern erkämpften sozialen Standards gefährden. Mit zusätzlichen Mitteln aus Vermögens- und Erbschaftssteuer könnte der Staat umgekehrt dringend benötigte Investitionen vor allem in Bildung, Infrastruktur und den ökologischen Umbau der Wirtschaft finanzieren oder auch zur Bewältigung von Krisen, wie z.B. der Corona-Epidemie, beitragen.

- **Die AfD fordert die Abschaffung der kommunalen Gewerbesteuer**

Bereits in ihrem Grundsatzprogramm von 2016 rüttelte die AfD an der Gewerbesteuer.

Die AfD plane ***„eine Überprüfung der Gewerbesteuer ..., weil sie ertrags-unabhängige Bestandteile in ihrer*** **Bemessungsgrundlage enthält“** *(AfD-Grundsatzprogramm 2016, Kap. 11.4)*. *„Bund, Länder und Gemeinden brauchen eigene Finanzierungsquellen, aus denen sie ihre Tätigkeit selbst finanzieren“, heißt es im Programmentwurf weiter.* Die AfD spricht sich damit sowohl innerhalb Deutschlands wie auf europäischer Ebene für einen Wettbewerbsföderalismus aus (*Die Welt, 16.3.2016*).

In ihrem Leitantrag zum Wahlkampf 2021 geht die AfD noch weiter und fordert: *„... die Gewerbesteuer soll ersatzlos entfallen.“*

Konsequenzen:

Die Gewerbesteuer ist mit insgesamt 55,4 Mrd. Euro 2019 die Haupteinnahmequelle der Gemeinden. Bei der Grundsteuer von insgesamt 14,2 Mrd. beschloss die AfD noch eine Umverteilung von Bund und Ländern auf die Gemeinden, bei der Gewerbesteuer bleibt sie die Antwort vollkommen schuldig. Wenn diese ersatzlos entfällt, gefährdet sie die von den Kommunen benötigten Einnahmen, um ihre vielfältigen Aufgaben der kommunalen Daseinsvorsorge wahrnehmen zu können. Von der Müllabfuhr und Kanalisation bis hin zur Sozialhilfe, zum Meldewesen und Wohngeld, dem Bau von Schulen, Kindergärten und Schwimmbädern sowie dem öffentlichen Nahverkehr und vieles andere mehr.

Position der OMAS GEGEN RECHTS in Deutschland:

Viele Kommunen sind bereits jetzt hoch verschuldet und kämpfen, um ihre vielfältigen Aufgaben finanzieren zu können. Bei einem Wegfall der Gewerbesteuer wird dies noch schwieriger werden. Auch zeigt dies wieder deutlich, wie wenig die AfD am Wohlergehen des „kleinen Mannes“ interessiert ist.

- **Streichung von Verbrauchssteuern**

Jetzt fordert die AfD außerdem die ersatzlose Streichung kleinerer Verbrauchssteuern von Bund und Ländern. *„Ihnen allen ist gemeinsam, dass sie verwaltungsaufwendig und aufkommensschwach sind. Sie leisten keinen nennenswerten Beitrag zur Staatsfinanzierung“ (Leitantrag AfD-Wahlprogramm 2021)*.

Konsequenz dieser Maßnahme:

Diese „kleineren“ Verbrauchssteuern von Bund- und Ländern summierten sich 2019 auf insgesamt **56,35 Mrd. Euro** (Bundessteuern: Alkoholsteuer 2,1 Mrd., Schaumweinsteuer 0,4 Mrd., Kaffeesteuer 1,1 Mrd., Energiesteuer 3,95 Mrd., Tabaksteuer 14,3 Mrd., KfZ-Steuer 9,4 Mrd., Versicherungssteuer 14,1 Mrd., Luftverkehrssteuer 1,2 Mrd., Stromsteuer 6,7 Mrd.; bei den Ländern: Wett-/Lottosteuer 2 Mrd., Feuerschutzsteuer 0,5 Mrd., Biersteuer 0,6 Mrd.). **Diese 56,35 Mrd. Euro würden Bund und Ländern als Steuereinnahme fehlen.**

Position der OMAS GEGEN RECHTS in Deutschland:

Es gäbe sicherlich Vereinfachungsmöglichkeiten bei der einen oder anderen Verbrauchssteuer, aber die ersatzlose Streichung dieser Steuern lehnen wir ab.

- **<u>Wir wollen ein Land von Wohnungseigentümern werden</u>**

„Deutschland ist europaweit mit unter 50 % das Land mit der geringsten Eigentumsquote bei der Wohnungsversorgung." Um den Erwerb von Wohnungseigentum zu erleichtern, plädiert die AfD in ihrem Wahlprogramm für eine Abschaffung der Grunderwerbssteuer beim Erwerb von Immobilien für Eigennutzung *(Leitantrag AfD-Wahlprogramm 2021)*.

Position OMAS GEGEN RECHTS in Deutschland:

Auch wenn hierdurch ein gewisser Teil der insgesamt 15,8 Mrd. Euro Grunderwerbsteuereinnahmen für die Länder wegfällt, unterstützen wir diese Forderung der AfD. Bezahlbarer Wohnraum wird vor allem in Ballungsräumen zu einem immer größeren Problem und der Besitz von Wohneigentum zur Eigennutzung schützt vor Armut und Obdachlosigkeit vor allem auch im Alter.

- **<u>Die AfD will die Mehrwertsteuer reduzieren</u>**

(s. AfD-Grundsatzprogramm 2016, Kap. 11 und Schwarzbuch AfD, S. 42)

2019 haben Bund und Länder rund 243,3 Milliarden Euro über die Mehrwertsteuer eingenommen. In ihrem Wahlprogramm 2021 fordert die AfD eine Reduzierung der Mehrwertsteuer von 19 % auf 15 %. Diese Reduzierung um 4 % würde verminderte Steuereinnahmen für Bund und Länder in Höhe von 9,7 Mrd. Euro bedeuten.

- **<u>Die AfD fordert eine Reduzierung der Benzinsteuer</u>**

Die AfD bezeichnet sich als die „Autofahrerpartei" und fordert in ihrem Wahlprogramm 2021 eine Reduzierung der Benzinsteuer um 30 %.

Position OMAS GEGEN RECHTS in Deutschland:

Wir lehnen diese Forderung strikt ab. Sie bedeutet nicht nur ein vermindertes Steueraufkommen von 36,75 Mrd. Euro (Zahlen von 2019), die dem Staat für einen ökologischen Umbau der Infrastruktur fehlen würden, sie ist außerdem klimafeindlich und technologisch rückschrittlich orientiert. Wir Omas treten für eine klimafreundliche und fortschrittliche Verkehrspolitik ein. (Siehe auch Kapitel Klimapolitik.)

Zusammenfassend lässt sich feststellen, dass die AfD bei Bund, Ländern und Gemeinden insgesamt ca. **230 Mrd. Euro** (inklusive der potentiellen entgangenen Steuereinnahmen von 10 Mrd. aus einer evtl. zukünftigen Vermögenssteuer) wegstreicht. Das gesamte Steueraufkommen 2019 betrug 799,3 Mrd. Euro. Das bedeutet, dass Bund, Ländern und Gemeinden fast 30 % weniger an Steuergeldern zur Verfügung stünden.

3. Die AfD fordert einen ausgeglichenen Staatshaushalt

„Analog zur Schuldenbremse wollen wir eine verbindliche Steuer- und Abgabenbremse im Grundgesetz, um die maximale Summe der Belastung auf einen bestimmten Prozentsatz im Verhältnis zum Bruttoinlandsprodukt festzuschreiben“ (AfD-Grundsatzprogramm 2016, Kap.11.2).

„Die AfD strebt die Rückkehr zu ausgeglichenen Staatshaushalten an. Sie befürwortet die schrittweise Rückführung der ausgeuferten öffentlichen Verschuldung“ (AfD Grundsatzprogramm 2016, Kap. 11.9).

Wer Steuern senkt und keine Neuverschuldung will, muss anderswo Mittel streichen

Dies ist die unausweichliche Konsequenz der AfD-Wirtschaftspolitik.

4. Die „Sparquellen" der AfD

Drastische Reduzierung der Ausgaben für Asylbewerber

Es gibt kaum eine Rede, in der AfD-Politiker nicht über die Kosten der Asylpolitik klagen. Die AfD baut darauf, dass wachsende Teile der Bevölkerung Abstiegsängste haben und in der Zukunft um ihren Wohlstand fürchten. Der Flüchtlingsstrom 2015 war wie ein Wahlgeschenk für diese Partei. Sie schürte gezielt Ängste in der Bevölkerung und machte die Flüchtlinge für jeden Missstand und Mangel in der Gesellschaft verantwortlich. Folgender, vor einigen Jahren in den sozialen Netzwerken verbreiteter Witz spiegelt diese Situation wider: „Ein „Reicher", ein Hartz-IV-Empfänger und ein Asylbewerber sitzen an einem Tisch. Auf dem Tisch liegen zehn Kekse. Der „Reiche" nimmt sich neun Kekse und sagt zum Hartz-IV-Empfänger: Pass auf, der Asylant will deinen Keks". Genauso agiert die AfD, sie will den „reichsten" 10 % der Bevölkerung weitere Steuergeschenke machen, gleichzeitig versucht sie Ängste bei den „Armen" in der Bevölkerung zu schüren, dass die Flüchtlinge ihnen etwas wegnehmen könnten. Die asylbedingten Ausgaben 2019 betrugen knapp 23 Mrd. Euro. Im Wahlprogramm 2021 einigte sich die AfD jedoch darauf, einen Teilbetrag hierfür für Fluchtvermeidung zu verwenden. Im besten Fall würde der maximale Einsparbetrag folglich nur **20 Mrd. Euro** betragen.

Keine Zahlungen mehr an die EU als Folge des geforderten EU-Austritts. Mit **14,3 Mrd. Euro** in 2019 ist Deutschland der größte Nettozahler der EU. Diesen Betrag will die AfD einsparen (siehe hierzu auch Kapitel EU-Politik der AfD).

Das bedeutet, dass die beiden wichtigsten Sparquellen der AfD nicht einmal 35 Mrd. Euro einbringen würden. Diesem Betrag stehen geringere Steuereinnahmen von ca. 230 Mrd. Euro gegenüber, die vor allem den „Reichen" des Landes zugutekommen würden. Es bleibt folglich ein Steuereinnahmendefizit von fast 200 Mrd. Euro.

Dies würde bedeuten, dass der Staat weder Geld für Sozialausgaben noch für erforderliche Investitionen hat (siehe auch Kapitel Sozialpolitik der AfD).

Position OMAS GEGEN RECHTS in Deutschland:

Die Steuergeschenke der AfD würden vor allem der Geldelite zugutekommen und dazu führen, dass die Schere zwischen Arm und Reich noch größer wird. Die Folge der Steuerpolitik der AfD wären Mindereinnahmen für Bund, Länder und Gemeinden von ca. 230 Mrd. Euro jährlich. Diese könnten bei weitem nicht durch Ersparnisse bei der Asylpolitik und Europapolitik von insgesamt etwa 30 Mrd. Euro ausgeglichen werden. Außerdem lehnen wir die menschenverachtende, rassistische Asylpolitik der AfD prinzipiell ab (siehe Kapitel Rassismus und Migration) und wir setzen uns ein für ein starkes Europa und nicht für einen Austritt aus Europa (siehe Kapitel EU-Politik der AfD).

Die Steuerpolitik der AfD würde dazu führen, dass der Staat weder Geld für Sozialausgaben noch Gelder für Bildung, Infrastruktur und sonstige notwendige Investitionen hat.

Vor allem der „kleine Mann", dessen Interessen die AfD angeblich vertritt, wird darunter leiden; deshalb lehnen wir OMAS GEGEN RECHTS in Deutschland das wirtschaftspolitische Programm und die Steuerpolitik der AfD strikt ab.

Wie sozial ist die Sozialpolitik der AfD tatsächlich?

In keinem anderen Bereich gehen innerhalb der AfD die Meinungen so extrem auseinander wie im Bereich Sozialpolitik.

Die national-neoliberalen Vertreter in der Partei, zu denen auch der Parteivorsitzende Meuthen und andere insbesondere westdeutsche AfD-Vertreter zählen, **betrachten Sozialstaatlichkeit nicht mehr als Kernaufgabe des Staates**. *„Es bedürfe einer „Konzentration auf die ... Gebiete: Innere und äußere Sicherheit, Justiz, Auswärtige Beziehungen und Finanzverwaltung." Alles andere bedürfe einer „besonderen Rechtfertigung" (AfD-Grundsatzprogramm 2016, Kap. 1.2)*. Vertreter dieser Richtung halten das jetzige Sozialsystem für dauerhaft nicht finanzierbar und außerdem würden die hohen Sozialabgaben die Wirtschaft zu stark belasten.

Konsequenz:
Die national-neoliberalen Vertreter der AfD verletzen dadurch ein wesentliches **Verfassungsprinzip unseres Grundgesetzes, „den Sozialstaat"**. Dies könnte zu einer Abschaffung einer Vielzahl von Sozialleistungen bis hin zur Abschaffung jeglicher Unterstützung von sozial Schwachen führen *(Verdi Pos., 2016).*

Im Gegensatz dazu spricht **der völkisch-nationale Teil der AfD,** insbesondere der „Flügel", vertreten durch Björn Höcke in Thüringen, von der Notwendigkeit eines **„sozialen Patriotismus", das heißt: mehr staatliche Fürsorge, völkisch unterlegt**. Forderungen nach einer Verschlankung des Wohlfahrtsstaates und stärkerer Eigenverantwortung sind in der Partei immer weniger konsensfähig. Insbesondere die ostdeutschen Landesverbände favorisieren mehrheitlich einen sozialpopulistischen Kurs, der auf die *„**kleinen Leute**"* abzielt.

__**Konsequenz**__:
Der **völkisch unterlegte „soziale Patriotismus"** würde alle „Nichtdeutschen" bei Sozialleistungen extrem benachteiligen, was gleichfalls nicht mit unserem Grundgesetz vereinbar ist, da es den **Grundsatz der Gleichbehandlung verletzt**. Außerdem wären als Folge der wirtschaftspolitischen Ziele der AfD, insbesondere der angestrebten Steuergeschenke für die Geldelite Deutschlands, die geforderten Sozialleistungen **nicht finanzierbar**. Die vorgeschlagenen Sparmaßnahmen, die vor allem die Ausgaben für Migration betreffen, reichen bei weitem nicht aus.

Symptomatisch für den Richtungsstreit war, dass man die Verabschiedung eines sozialpolitischen Konzepts, insbesondere eines Rentenkonzepts, jahrelang hinausschob.

Im Frühjahr 2020 erzielte man mit dem sogenannten „Leitantrag" einen Kompromiss, der Ende November, beim sozialpolitischen Parteitag der AfD in Kalkar, medienwirksam verabschiedet werden sollte. Dies misslang jedoch, denn die stundenlangen, hitzigen Debatten nach der Rede des Parteivorsitzenden Jörg Meuthen drängten nicht nur das eigentliche Thema des Parteitags, „die Sozialpolitik", in den Hintergrund, sondern offenbarten auch die rechtsextreme Einstellung von fast der Hälfte der AfD-Delegierten.

Kernstück des Leitantrags sind Fördermaßnahmen, die zum Wachstum der deutschen Bevölkerung beitragen sollen, sowie renten- und gesundheitspolitische Ziele. Einigkeit zwischen den beiden Flügeln besteht insbesondere darin, dass die Früchte sozialpolitischer Maßnahmen dem eigenen Land und weitestgehend der eingesessenen Bevölkerung vorbehalten bleiben sollen (*Bebnowski, 2015*).

Auch der AfD ist jedoch bewusst, dass sie für ihre sozialpolitischen Ziele **kein** funktionierendes **Finanzierungskonzept** anbietet, was den **Verdacht** aufkommen lässt, dass die in dem Leitantrag beschlossenen „sozialpolitischen Ziele" der AfD **keine echten langfristigen Ziele** sind, deren Umsetzung sie wirklich anstrebt, **sondern nur „Lockvögel“**, um sozial schwächere Wähler, die „kleinen Leute“, zu fangen.

Position OMAS GEGEN RECHTS in Deutschland:

Wir lehnen beide sozialpolitischen Standpunkte der AfD ab. Wir wehren uns gegen einen weiteren Abbau des Sozialstaates und fordern, dass die inzwischen gefährdeten sozialen Standards nicht nur erhalten, sondern wieder verbessert werden, für alle Bürger unseres Landes, ohne Ausgrenzung von Minderheiten.
Dies ist jedoch nur möglich, wenn die reichsten 10 % der deutschen Bevölkerung einen etwas größeren, gerechteren Steuerbeitrag leisten, davon ist aber bei der AfD keine Rede.

Ist das Rentenkonzept der AfD nur ein populistischer Trick?

Innerhalb der AfD standen sich zunächst zwei total gegensätzliche Rentenkonzepte gegenüber.

Erhöhung der gesetzlichen Rente und staatliche Zuschüsse für Kinder, allerdings nur für deutsche Staatsbürger.	**Existenzminimum vom Staat. Darüber hinaus private Altersvorsorge.**

In dem im Frühjahr 2020 erzielten Kompromiss will die AfD nun **am bestehenden Umlagesystem** der gesetzlichen Rentenversicherung **festhalten** und erteilt damit sowohl Meuthens Modell (einer Kombination von steuerfinanzierter Mindestrente und privater Vorsorge) als auch Höckes Vorschlag (einer Zusatzrente nur für deutsche Staatsbürger) eine Absage. Allerdings trägt der Leitantrag, dessen Kernstück die Rentenpolitik ist, doch in weiten Teilen die Handschrift des rechtsnationalen Flügels.

In der Präambel heißt es: *„Die AfD bekennt sich zum Sozialstaat, der sozialen Marktwirtschaft und zur Solidarität und gegenseitigen Hilfe innerhalb unseres Volkes.“ … „Der vorliegende Leitantrag will einen Weg aus der demografischen Krise skizzieren, um die Ursache der Schieflage langfristig zu beheben, und zudem einen Beitrag leisten, die drohende Altersarmut zu vermeiden“ (AfD-Leitantrag, Präambel)*.

Beim Kampf gegen die Altersarmut will sie *„Menschen mit geringem Einkommen“* besserstellen als *„Personen, die größtenteils arbeitslos waren. Dies wird erreicht, indem nur 25 % der Altersrente auf die Grundsicherung im Alter angerechnet wird“ (AfD-Leitantrag, S. 14)*.

Im Leitantrag zur Bundestagswahl 2021 fordert die AfD eine Senkung des Rentenversicherungsbeitrags. *„Der drohenden Überlastung der Beitragszahler muss durch einen höheren Steueranteil in der Rentenfinanzierung entgegengewirkt werden, versicherungsfremde Leistungen sind aus Steuermitteln zu begleichen.“*

Außerdem prangert die AfD an, dass auch nach 31 Jahren Wiedervereinigung die Ostrenten noch immer nicht das Niveau der Westrenten erreicht hätten.

Maßnahmen, mit denen die AfD die Finanzierung ausreichender zukünftiger Renten garantieren will

Zur Erreichung obiger rentenpolitischer Ziele schlägt die AfD ein **Sammelsurium von Maßnahmen** vor, die teilweise bereits auch von anderen Parteien bekannt sind. Den Schwerpunkt legt die AfD jedoch auf eine *„aktivierende Familienpolitik“ (AfD-LA, S.5f)*, die vor allem aus nachfolgenden **steuerfinanzierten politischen Instrumenten** besteht:

„Lastengerechtigkeit zwischen Familien und Kinderlosen herstellen: Die AfD möchte hier einen Ausgleich herstellen, indem Familien für jedes Kind 20.000 Euro Beiträge der Eltern zur Rentenversicherung aus

Steuermitteln erstattet bekommen, ohne dass sich die Rentenansprüche dadurch verringern."

Im Kapitel „Private Vorsorge stärken" heißt es: *„Pro geborenem Kind mit deutscher Staatsangehörigkeit und Lebensmittelpunkt in Deutschland soll der Staat außerdem eine zusätzliche Einzahlung in Höhe von 100 Euro pro Monat bis zum 18. Lebensjahr in die Spardepots der jeweiligen Kinder tätigen" (AfD-LA 2020, S. 15)*.

Finanzieren will die AfD zukünftige Renten auch über eine **Verlängerung der Lebensarbeitszeit** parallel zum Anstieg der Lebenserwartung. *„Das allgemeine Rentenniveau muss sowohl die Interessen der arbeitenden Bevölkerung als auch der Rentner berücksichtigen und einen Ausgleich schaffen. Es muss deshalb auf Grundlage der Lebenserwartung und des Beitragsaufkommens kontinuierlich angepasst werden" (AfD-Leitantrag 2020, S. 14)*.

Die AfD will mehr Beitragspflichtige. Abgeordnete, Selbstständige und ein Großteil der Beamten sollen künftig auch Beiträge zur gesetzlichen Rentenversicherung zahlen. Nur Polizisten, Staatsanwälte und andere mit hoheitlichen Aufgaben betraute Beamte dürften weiterhin Pensionen erhalten.

Im Zusammenhang mit der Anpassung der Ostrenten bekundet die AfD: *„Für die Härtefälle und groben Unbilligkeiten im Renten-überleitungsprozess werden wir einen Ausgleich durch eine Fondslösung schaffen" (Leitantrag AfD-Wahlprogramm 2021)*.

Zuwanderung als Lösungsweg zur Finanzierung der Rente künftiger Generationen **lehnt die AfD ab**. Sie erhofft sich mit obigen Maßnahmen eine demographische Wende und ausreichendes Wachstum der deutschen Bevölkerung.

<u>Beurteilung der rentenpolitischen Forderungen der AfD:</u>

Auch wenn sich der völkisch-nationale Flügel mit seiner „Rente nur für Deutsche" nicht durchsetzen konnte, sind in diesem Leitantrag Aussagen enthalten, die **nicht vereinbar** sind **mit** der im **Grundgesetz** garantierten Gleichbehandlung aller Bürger unseres Landes, unabhängig von deren Nationalität. In Reden und Interviews offenbaren fast die Hälfte der AfD-Abgeordneten zudem ihre radikale völkisch-nationale Haltung und fordern weiterhin eine wesentlich stärkere Bevorzugung deutscher Staatsbürger als im Leitantrag verabschiedet.

Die geforderten Maßnahmen würden außerdem eine **extreme zusätzliche Belastung des Steuerhaushalts** bedeuten:

Die geforderten steuerfinanzierten **Maßnahmen** zur „aktivierenden Familienpolitik" von 20.000 Euro für jedes deutsche Kind würden nach derzeitigem Stand etwa **13,5 Mrd**. Euro jährlich kosten. Da die AfD die Geburtenanzahl deutscher Kinder aber verdoppeln will, kämen Steuermehraufwendungen allein für diese Aktion in Höhe von 27 Mrd. Euro jährlich zustande.

Die zusätzlichen **100 Euro/Monat pro deutschem Kind** zur privaten Vorsorge würden bei der derzeitigen Geburtenzahl jährlich etwa **15 Mrd. Euro** Steuergelder kosten, bei Verdoppelung der Kinderzahl würde dieser Betrag auf etwa 30 Mrd. Euro jährlich ansteigen.

Um die Rentenbeitragssätze zu reduzieren, soll der Staat laut AfD den bisher von ihm noch nicht getragenen Anteil der versicherungsfremden Leistungen übernehmen. 2019 war dies ein Betrag **von 37,7 Mrd. Euro**.

Insgesamt würde die Umsetzung dieser Forderung aktuell bei der derzeitigen Kinderanzahl bereits **66,2 Mrd. Euro** zusätzlichen Steueraufwand bedeuten.

„Dieser höhere Steueraufwand darf jedoch nicht durch Steuererhöhungen finanziert werden. Vielmehr sind die Steuerzuschüsse zur Rente durch konsequente Streichungen von ideologischen Politikmaßnahmen, beispielsweise in der Migrations-, Klima- und EU-Politik, gegen zu finanzieren" (Leitantrag-AfD Wahlprogramm 2021, Rentenpolitik).

Die vorgeschlagenen Maßnahmen zur Finanzierung zukünftiger Renten sind unzureichend:

Die angestrebte Stabilisierung der „deutschen" Bevölkerungszahl ist sehr populistisch dargelegt, mit sehr vielen Unsicherheitsfaktoren und vielfach ein Wunschdenken der AfD. Außerdem würde sie sich frühestens in 30 Jahren positiv auf das Rentensystem auswirken. Dazu käme der negative Effekt der von der AfD geforderten „traditionellen Familienpolitik", die dazu führen wird, dass die von Frauen geleisteten Rentenbeitragsleistungen sinken werden.

Wie die afrikanischen Länder zeigen, garantieren viele Kinder nicht die zukünftige Alterssicherung. Wichtig ist vor allem, was die Volkswirtschaft an Wertschöpfung erbringt (*Christoph Butterwege in Dlf-Audiothek*).

Erneut sollen Einsparungen aus Migrations-, Klima- und EU-Politik zur Gegenfinanzierung herangezogen werden, obgleich diese bereits für die geforderten Steuersenkungsmaßnahmen verwendet wurden. Es stellt sich die Frage, was diese „Tropfen auf den heißen Stein" noch alles finanzieren sollen?

In der Tat gibt es sowohl bei den Löhnen als auch bei den Renten noch immer ein Gefälle von West nach Ost. Trotzdem zielt dieser im Leitantrag zur Bundestagswahl eingeführte Absatz vor allem auf Wählerfang in den neuen Bundesländern ab. Auch in den westlichen Bundesländern gibt es Unterschiede bei den Renten, je nach Lohnniveau. Fairerweise sollte man jedoch auch jeweils die unterschiedlichen Lebenshaltungskosten in unterschiedlichen Regionen berücksichtigen, die in den westlichen Ballungsgebieten vor allem über die Mietpreise zu Buche schlagen. Es wurde z.B. berechnet: Wer z.B. 2019 in München 50.000 Euro im Jahr verdient, bräuchte in Dresden lediglich 30.855 Euro, um den gleichen Lebensstandard zu halten. Vor diesem Hintergrund erlauben die Ostrenten den Bewohnern in den östlichen Bundesländern sogar einen höheren Lebensstandard als den Rentnern im Westen *(vgl. Focus online, 18.10.2019)*.

Position OMAS GEGEN RECHTS in Deutschland:

Dass die demographische Entwicklung in Deutschland die größte Gefahr für unser Rentensystem darstellt, ist unbestritten. Wie auch andere Parteien fordern wir OMAS GEGEN RECHTS eine **familienfreundlichere Politik.** Wir lehnen jedoch die von der AfD befürwortete Zurückdrängung der Frauen in das traditionelle Rollenbild strikt ab und fordern vielmehr **Maßnahmen, die es Frauen leichter machen, Familie und Beruf miteinander zu verbinden,** wie z.B. die von der AfD abgelehnten Ganztagsschulen usw.

Die **generationenübergreifende Solidarität** darf nicht nur für „das deutsche Volk“ gelten, sondern für alle sozialversicherungspflichtigen Beschäftigten, **unabhängig von der Nationalität.**

Wir befürworten, dass sich **alle an der Rentenfinanzierung beteiligen**, d.h. auch Selbständige, Freiberufler, Beamte und Politiker. Da jedoch vor allem die Wertschöpfung unserer Volkswirtschaft Rentenzahlungen ermöglicht, fordern wir abweichend von der AfD, dass alle Einkommen einen Beitrag zur Rentenfinanzierung leisten sollten, das heißt **nicht nur Löhne und Gehälter, sondern auch Kapitalerträge.**

Das Rentenkonzept der AfD ist unrealistisch und nicht finanzierbar.

Im Ausblick zur Rentenfinanzierung stellt die AfD dann ihr gesamtes Konzept selbst in Frage, weil angeblich das Umlageverfahren dem demographischen Wandel nicht gewachsen ist. Die mögliche Lösung ist dann wieder das national-neoliberale Konzept einer steuerfinanzierten Minimalrente. Dies führt zu dem **Verdacht, dass die neuen sozialen Ideen der AfD nicht ehrlich gemeint sind**, sondern nur dazu dienen, die Wählerstimmen des „kleinen Mannes“ in populistischer Weise einzufangen.

Ist die Arbeitnehmerpolitik der AfD nur ein Köder?

Im Leitantrag der AfD zum Bundestagswahlkampfprogramm 2021 fehlt ein eigenständiges Kapitel zur Arbeitnehmerpolitik. Mit dem Änderungsantrag **WP 102** wurde gefordert, das Kapitel Arbeit- und Soziales aufzunehmen; *„Die Mitglieder des Arbeitskreises Arbeit und Soziales der AfD-Bundestagsfraktion vertreten den Standpunkt, dass es der Anspruch unserer AfD als Volkspartei sein muss, Lösungen für die wichtigsten Problemlagen im Bereich der Arbeits- und Sozialpolitik anbieten zu können"*, und dies werde auch von den Wählern erwartet. Der Antrag wurde mit großer Mehrheit genau in der vorgelegten Form angenommen, da er *„Standards enthält, die wir im Grundsatzprogramm haben und im Wahlkampf 2017 bereits hatten"*, *er sei ohne Überraschungen und enthalte keine versteckten Widersprüche*. *(Annahmebegründung auf dem Bundesparteitag 2021)*.

Arbeitsrecht reformieren und vereinfachen (WP 102)

Unter der Überschrift *„Arbeitsmarkt von unnötiger Bürokratie befreien" (AfD-Grundsatzprogramm 2016, Kap. 5.1)* fordert die **AfD ein „Arbeitsgesetzbuch"**.

Dies ist eine alte Forderung der Arbeitgeber, die die Rechte der Arbeitnehmer und insbesondere auch Mitbestimmungsrechte beschneiden würde.

Zum Schutz des Mittelstandes als „Herz unserer Wirtschaftskraft" fordert die AfD einen Abbau von Regeln, da diese Kosten verursachten. *„Wir wollen daher deutliche Vereinfachungen beim betrieblichen Auftragswesen, bei betrieblichen Sicherheitsbestimmungen oder beim Mindestlohn" (AfD-Grundsatzprogramm 2016, Kap. 10.9)*.

Die Folge wäre eine Erhöhung der Gewinne zu Lasten der Sicherheit und des Schutzes der Arbeitnehmer.

Arbeitsleben würdigen – Arbeitslosengeld I gerecht gestalten (WP 102)

In **ihrem Grundsatzprogramm von 2016** vertrat die AfD auch im Bereich der Arbeitnehmerpolitik eine **neoliberale wirtschaftspolitische Einstellung:** *„Die AfD will die Bundesagentur für Arbeit auflösen und ihre Aufgaben vor allem auf kommunale Jobcenter übertragen“ (AfD-Grundsatzprogramm 2016, Kapitel 5.2)*. Ein erster Entwurf enthielt sogar Pläne zur Privatisierung des Arbeitslosengeldes.

Die Folge wäre ein weiterer Anstieg prekärer Beschäftigung und die Ausgrenzung und fortschreitende Verarmung ganzer Bevölkerungsgruppen gewesen.

In Köln, im April 2017, als die Partei ihr Programm für die Bundestagswahl beschloss, **fraß die AfD** deshalb **Kreide** und unternahm einige Kehrtwendungen. Nun stand nicht mehr die Privatisierung und damit die Abschaffung des Arbeitslosengeldes I zur Debatte, es wurde sogar dessen Erhöhung gefordert. In WP 102 setzt sich die AfD jetzt gegen eine Geringschätzung der langjährigen Beitragszahler ein, mit der Forderung nach einer Bezugsdauer von Arbeitslosengeld I, die von der Dauer der Vollbeschäftigung abhängt und nicht wie bisher nach 12 Monaten endet (*AfD-Wahlprogramm 2017, Ziffer 11.8*).
Dies würde sicherlich Arbeitnehmern finanziell mehr Sicherheit geben, es gibt jedoch einige Gründe, die uns vermuten lassen, dass es sich um eine populistische Forderung handelt, deren Umsetzung nicht wirklich erfolgen würde. Wie bei allen sozialpolitischen Forderungen bleibt die AfD die Antwort auf deren Finanzierung schuldig. Im Rahmen einer **Reform der Arbeitslosenversicherung** (WP 102) soll *„der Beitragssatz in der Arbeitslosenversicherung abgesenkt werden, um die Einkommen der Arbeitnehmer zu erhöhen und den Produktionsfaktor Arbeit zu entlasten*. *Dazu soll die Arbeitslosenversicherung von versicherungsfremden Leistungen entlastet werden.“* Bei den versicherungsfremden Leistungen in diesem Bereich handelt es sich um Wiedereingliederungsmaßnahmen in den Arbeitsprozess, um sonstige Leistungen zur aktiven Arbeitsförderung und um Vereinigungslasten.

Eine vollständige Übernahme dieser Aufwendungen durch den Staat würde den Steuerhaushalt, Stand 2019, um weitere 22,8 Mrd. Euro belasten, die nicht vorhanden wären. Außerdem stellt sich die Frage der Glaubwürdigkeit bei derartigen sozialpolitischen Forderungen, wie das nachfolgende Beispiel von Hartz IV zeigt.

Aktivierende Grundsicherung – Arbeit, die sich lohnt (WP 102)

In ihrem Wahlprogramm 2017 forderte die AfD eine Erhöhung der **Hartz-IV-**Sätze, ausgenommen für in das Sozialsystem Zugewanderte *(Schwarzbuch AfD, S. 31f).* **Nach den Wahlen** lehnt die AfD jedoch **2019** eine Erhöhung der **Hartz-IV-Sätze** ab, insbesondere mit der Begründung, dass 1/3 der Hartz-IV-Empfänger Ausländer seien, die unser Sozialsystem ausnutzten, und dass diese Erhöhung Rentner und Niedriglohnempfänger benachteiligen würde – *„sonst würde es sich ja nicht lohnen zu arbeiten"*. Noch deutlicher zeigt sich die wahre „soziale Gesinnung" vieler AfD-Abgeordneter in ihrer Reaktion auf das Urteil des Bundesverfassungsgerichts vom 5.11.2019, welches Hartz-IV-Sanktionen über 30 % als verfassungswidrig einstufte. In einem Facebook-Post beschreibt z.B. Rainer Rahn (AfD-Landtagsabgeordneter in Hessen) die Karlsruher Entscheidung als ***„völlig falsches Signal"*** der Politik und des Verfassungsgerichts. Er beschreibt das Verhalten von arbeitsunwilligen Leistungsbeziehern (Hartz-IV-Empfängern) als schmarotzerhaft: Es sei *„äußerst **parasitär** und **unsozial**, wenn jemand, der eigentlich arbeiten könnte, Transferleistungen bezieht, weil es **bequemer** ist" (www.hartziv.org/news/20191113, Jana Hacker)*.

Im WP 102 fordert die AfD jetzt *„keine Auszahlungen von Sozialleistungen wie z.B. Hartz-IV auf ausländische Konten"* mit nachfolgender Begründung: *„Überzahlungen oder Fehlzahlungen können nur unter erschwerten Bedingungen zurückgeholt werden, wodurch dem deutschen Sozialsystem ein erheblicher finanzieller Schaden entsteht."* Außerdem fordert sie eine *„Aktivierende Grundsicherung" als Alternative zum Arbeitslosengeld II (sogenanntes „Hartz IV"). **Das erzielte Einkommen soll nicht wie bisher vollständig mit dem***

***Unterstützungsbetrag verrechnet werden**. Stattdessen verbleibt dem Erwerbstätigen stets ein spürbarer Anteil des eigenen Verdienstes. Dadurch entsteht Arbeitsanreiz. Wer arbeitet, wird auf jeden Fall mehr Geld zur Verfügung haben als derjenige, der nicht arbeitet, aber arbeitsfähig ist (Lohnabstandsgebot).“*

Mindestlohn beibehalten (WP 102)

Obgleich viele Spitzenvertreter der AfD wie z.B. Alice Weidel gegen den gesetzlichen **Mindestlohn** waren, befürwortet die AfD in ihrem Grundsatzprogramm Ziffer 5.3 und auch in ihrem jetzigen Wahlprogramm dessen Beibehaltung. Allerdings begründet sie seine Notwendigkeit rassistisch, indem sie wegen der Migrationsbewegungen Ängste um das Lohnniveau schürt. Entgegen den Behauptungen der AfD erlaubt der jetzige Mindestlohn keine Existenz jenseits der Armutsgrenze und garantiert auch keine Rente, die vor Altersarmut schützt.

Lohndumping in der Leih- oder auch Zeitarbeit verhindern (WP 102)

„Leiharbeitnehmer werden vergleichbaren Stammarbeitnehmern hinsichtlich der Entlohnung ab dem ersten Arbeitstag mindestens gleichgestellt ... Entgeltunterschiede von 42 Prozent gegenüber regulär Vollzeitbeschäftigten zeigen, dass für Arbeitgeber ein hoher finanzieller Anreiz besteht, reguläre Beschäftigung durch Leiharbeit zu ersetzen.“
Auch wenn die Absicht der AfD vermutlich darauf abzielt, Lohndumping vor allem durch Migrationsbewegungen aus den anderen europäischen Ländern zu behindern, ist diese Forderung eine der sozialen Forderungen, die unterstützenswert ist. Die Forderung nach einer Reduktion von Zeitarbeitsverträgen ist aber auch in den Programmen anderer Parteien enthalten und nicht etwas, wodurch sich die AfD hervorheben könnte. Ähnliches gilt auch für die von der AfD geforderte stärkere Kontrolle von Schwarzarbeit.

Die Forderung der AfD nach mehr sozialem Wohnungsbau, um die Wohnungsnot und Obdachlosigkeit zu reduzieren, wird von allen anderen Parteien in gleicher Weise geteilt. Da die AfD fordert, die Gewerbesteuer und andere Steuern, die den Kommunen zugutekommen, abzuschaffen, werden die Gemeinden hierzu jedoch finanziell keinesfalls in der Lage sein.

Die Familienpolitik der AfD werden wir im Kapitel Gesellschaftspolitik näher behandeln.

Position OMAS GEGEN RECHTS in Deutschland:

Allen von der AfD in jüngerer Zeit geforderten arbeitnehmerpolitischen Maßnahmen **fehl**t das **Finanzierungkonzept.**
Unsoziales Abstimmungsverhalten: Im Bundestag und Europa-Parlament lehnt die AfD Anträge, die die soziale Lage der sozial Schwächeren in unserem Land verbessern würden, in der Regel ab, auch bei Maßnahmen, die sie selbst in ihrem Wahlprogramm 2017 gefordert hatte. Viele der von der AfD in Wahlprogrammen geforderten sozialen Maßnahmen sollen nur „Deutschen" zugutekommen und **verletzen** den **Gleichbehandlungsgrundsatz** in unserem Grundgesetz.
Die ständigen **Richtungskämpfe** in der AfD zeigen, dass viele Abgeordnete die sozialpolitischen Ziele nicht wirklich mittragen. All dies verstärkt den Verdacht, dass die AfD diese Maßnahmen hauptsächlich fordert, **um** Arbeiter, Unzufriedene und sozial Schwächere als **Wähler für die AfD zu ködern, ohne eine Umsetzung ernsthaft anzustreben.**

Die Gesundheits- und Corona-Politik der AfD

Die Gesundheitspolitik der AfD vor Corona: Eine populistische Wunschliste ohne Umsetzungs- und Finanzierungskonzept

Vor der Corona-Pandemie war die Gesundheitspolitik der AfD **wenig spektakulär**. Das Grundsatzprogramm 2016 enthielt keine spezifischen gesundheitspolitischen Punkte. Im Wahlprogramm 2017 und im Leitantrag zur Sozialpolitik 2020 gibt es eine Ansammlung einer Vielzahl von Vorschlägen, unter anderem auch die Forderung nach einer **paritätischen Finanzierung der Krankenkassenbeiträge**, **keine Kopfpauschalen** und **keine Bürgerversicherung**. Aufgegriffen werden gesundheitsspezifische Themen, die in der Debatte sind, teilweise mit eingestreuten migrationsfeindlichen oder europafeindlichen Ressentiments. Die Gesundheitspolitik hatte für die AfD keinen großen eigenen Stellenwert. Die **Ansammlung von Vorschlägen im Leitantrag** vom Frühjahr 2020 zum Gesundheits- und Pflegebereich entsprechen weitestgehend Forderungen, die auch von anderen politischen Parteien und Organisationen bereits erhoben werden. Da die AfD jedoch kein schlüssiges Finanzierungskonzept dafür hat, muss man sich auch hier fragen, inwieweit die Umsetzung all dieser Maßnahmen wirklich beabsichtig ist oder ob es sich lediglich um **eine populistische Wunschliste** handelt, die möglichst viele Wähler ködern soll.

Die Corona-Politik der AfD gefährdet unsere Gesundheit und unsere parlamentarische Demokratie

Wie wenig es der AfD wirklich um das Wohl der Bevölkerung geht, zeigt ihr Verhalten in der Corona-Pandemie. Zu Beginn der Pandemie forderte die AfD eher strengere Maßnahmen zur Bekämpfung der Pandemie. Nachdem die schwierigen wirtschaftlichen Folgen von Corona-Bekämpfungsmaßnahmen ersichtlich wurden und aus einem Teil der Bevölkerung der Ruf nach Lockerungen kam, änderte die AfD ihre Politik zu 100 %. Als populistische Partei sah sie in dieser Pandemie eine Chance, ihren sinkenden Zuspruch in der Bevölkerung wieder zu erhöhen. Nach dem bereits bekannten Motto – *„Deutschland muss es schlecht gehen, damit es der AfD gut geht“* machte sie sich zum Fürsprecher aller Kritiker der Corona-Politik der Bundesregierung und rief gemeinsam mit diesen sogar zum Sturz der Regierung auf.

Die Corona-Pandemie hat auch die bereits vorher bekannten Probleme in unserem Gesundheitssystem sehr deutlich werden lassen. Die AfD wird jede Schwachstelle für ihren Wahlkampf gnadenlos auszuschlachten versuchen.

Trotz bereits rasant steigender Infektionszahlen hält die AfD, als einzige Partei in diesen Pandemie-Zeiten, Ende November 2020 und im April 2021 einen Präsenzparteitag ab. Bereits im November in Kalkar wurde mit großer Mehrheit eine Passage zu Corona aufgenommen, in der sie die Kritik an den *„panikartigen Corona-Maßnahmen der Bundesregierung“* bekräftigt. Im Leitantrag zum Bundestagswahlkampf 2021 wurde sogar ein eigenes Kapitel zur Corona-Pandemie eingeführt. Die AfD bezeichnet sich jetzt als die einzige Partei, die die Freiheit und Eigenverantwortlichkeit der deutschen Bürger schützt vor den diktatorischen Maßnahmen der „Altparteien“, die den Bürgern ihre Grundrechte wegnehmen.

Die in dem Leitantrag der AfD zur Bundestagswahl gestellten Forderungen waren jedoch vielen Delegierten noch nicht radikal genug. Mit großer Unterstützung von Höcke und seinen Anhängern wurden die Antragspunkte weiter verschärft und eine radikale zusätzliche Resolution beschlossen.

Im Leitantrag wurde gefordert: *„Eigenverantwortlichkeit, betriebliche sowie staatliche Maßnahmen müssen dabei stärker in den Mittelpunkt einer notwendigen Prävention und Diagnostik rücken. Die Corona-Pandemie verdeutlicht, dass der Schutz der Bevölkerung verlässlich, seriös und konsequent umgesetzt werden muss. Die Effektivität unseres Gesundheitswesens soll daher neu bewertet werden, Eigenverantwortlichkeit sowie Prävention gestärkt und der*

Einflussnahme von Lobbyisten strengere Grenzen gesetzt werden" (Leitantrag AfD-Wahlprogramm 2021).

Diese Formulierung wurde jedoch von den Delegierten abgelehnt, man bräuchte keine betrieblichen und staatlichen Maßnahmen, sie würden die Freiheit und Eigenverantwortlichkeit der Bürger einschränken. Auch Maßnahmen zum Schutz der Corona-Pandemie wollte man nicht, denn dadurch würde eine Gefährlichkeit der Pandemie suggeriert, die es gar nicht gäbe. Die neue von der Mehrheit der Delegierten angenommene Formulierung lautet jetzt: *„Unser Ziel ist eine am Menschen orientierte und wohnortnahe medizinische Versorgung. Die Effizienz unseres Gesundheitswesens soll neu bewertet werden, Eigenverantwortlichkeit, natürliche Prävention sowie Therapiefreiheit gefördert und der Einflussnahme von Lobbyisten strengere Grenzen gesetzt werden."*

Im Leitantrag fordert die AfD: *„Das Tragen von Masken in Kindertagesstätten, Horten und Schulen lehnen wir ab."* Mittels eines Änderungsantrages wird diese Forderung noch radikaler formuliert: *„Die Pflicht zum Tragen einer Maske lehnen wir ab"*, denn die AfD sei die Partei der Freiheit und der Selbstbestimmung. Die Gegenargumente, man solle doch wenigstens hinzufügen: „Außer im medizinischen Bereich wie in Krankenhäusern und Operationssälen oder in Altenheimen zum Schutz der Risikogruppen" wurden abgelehnt. Sollten wir demnächst operiert werden, wäre es, wenn es nach der AfD geht, durchaus möglich, dass der operierende Arzt dann keine Maske trägt.

„Eine verpflichtende Impfung (direkt und indirekt), Immunitätsausweise sowie Tracking Apps oder sonstige Überwachungsmaßnahmen lehnen wir ab. Wir wollen dafür sorgen, dass der öffentliche und wissenschaftliche Diskurs sowie die Achtung des Meinungspluralismus gewahrt bleiben."

Der gesamte Absatz im Leitantrag zur Bundestagswahl mit dem Titel: *„Infektionsschutz umsetzen und aktualisieren"*, der sich mit einer

Weiterentwicklung des Pandemie- und Infektionsschutzplanes befasst, wurde gestrichen und ersetzt durch die Formulierung: *„Impfen muss freiwillig bleiben."*

Außerdem wurde ein Antrag mit der Forderung nach einem parlamentarischen Untersuchungsausschuss mit großer Mehrheit angenommen. *„Die Wähler werden bei der Wahl sehr genau hinschauen, mit welchen Mitteln die AfD sich gegen die nie dagewesenen Eingriffe in unsere Grund- und Freiheitsrechte und somit komplett veränderten Lebensumstände stellen wird ... Die Forderung der Untersuchung der Bereicherungsaffären von Politikern der Regierung birgt ein besonderes Potenzial für uns als Oppositionspartei."*

Die AfD versucht sich mit diesem Untersuchungsausschuss als herausragende Stimme der Opposition zu positionieren und Wähler jenseits ihrer Stammwählerschaft für sich zu gewinnen.

Noch bevor es auf dem Parteitag zur Besprechung des Leitantrags des Wahlprogramms zur Bundestagswahl 2021 kam, brachte Karsten Hilse, ein Polizeibeamter aus Hoyerswerda, eine **Corona-Resolution ein.** Hilse war in der Vergangenheit bereits wiederholt als Maskenverweigerer, Teilnehmer und Co-Organisator von Demonstrationen gegen die Pandemiemaßnahmen aufgefallen.

Die Resolution zeigt, dass die AfD nicht nur die Notwendigkeit der von der Regierung getroffenen Corona-Pandemie-Bekämpfungsmaßnahmen und deren Verhältnismäßigkeit grundsätzlich in Zweifel zieht, sondern auch die Gefährlichkeit der Pandemie selbst. *„Derzeit leiden 99,82 % der Bevölkerung unter den verordneten Maßnahmen aufgrund von nur 0,18 % positiv Getesteten ... Der PCR-Test allein ist nicht geeignet, um eine Infektion sicher nachzuweisen."*

Die realen positiven Tests liegen in Deutschland jedoch bei über 4,2 % der Bevölkerung mit einer noch im März und April 2021 ständig steigenden Inzidenz. Die inzwischen fast 90.000 Menschen, die an oder mit Corona gestorben sind, erwähnt die AfD gar nicht.

Die Resolution warnt vor den nach ihrer Meinung nicht ausreichend getesteten Impfstoffen und behauptet, nach Corona-Impfungen habe es in Altenheimen vermehrt Infektionen und Sterbefälle gegeben. Jeder direkte und indirekte Zwang zu Corona-Tests und -Impfungen und zum Tragen einer Maske wird abgelehnt. Anstelle einer *„Politik der Angst"* solle die Bundesregierung, so die Resolution, *„Maßnahmen zur Stärkung des Immunsystems vorantreiben ... den Menschen wieder Eigenverantwortung und Freiheit zurückgeben. Dabei soll es den mündigen Bürgern überlassen bleiben, in welchem Maße sie sich selbst schützen möchten ... den staatlich verordneten Lockdown sofort zu beenden und den vielen existenzgefährdeten Betrieben und ihren Mitarbeitern und allen Menschen wieder ihre grundgesetzlich garantierten Freiheitsrechte allumfassend zurückzugeben."*

Mehrere Redner machten deutlich, dass sie die Resolution in Teilen für unsinnig und ideologisch aufgeladen und in einigen Punkten für fatal halten. Sie forderten: *„Lasst uns mit diesem sehr wichtigen Thema differenziert umgehen; nicht Angst streuen, aber auch nicht das Umgekehrte machen."* Unterstützt von Björn Höcke wurde die Resolution jedoch angenommen. Unter Applaus der Delegierten bekundete er, dass die Inzidenzwertpolitik, die 99,9 % der Bevölkerung, ohne dass sie infiziert seien, ihrer Freiheitswerte beraubt, verfassungswidrig sei. Er stehe voll und ganz hinter diesem Antrag und es gehe hier und heute um das politische Zeichen, und das müsse die AfD setzen. Im Zusammenhang mit Test-Verpflichtungen rief er in den Saal: *„Die Schraube wird immer fester gezogen. Die Diskussion um eine Novellierung des Pandemiegesetzes ist eine Attacke auf den Föderalismus, eine Attacke auf die Staatsqualitäten der Bundesländer, die Ewigkeitsgarantie haben, und das werden wir nicht zulassen." „Das politische Establishment hat sich in eine für politische Strategen ganz klar erkennbare Sackgasse manövriert. Die einzige relevante Partei, die außerhalb dieser Sackgasse steht, das ist die AfD, unsere Partei, und wir sollten einen Teufel tun, dem politischen Establishment, das mit seiner Politik den Leidensdruck in der Bevölkerung immer weiter erhöht, auch* *nur einen einzigen Schritt in diese Sackgasse zu folgen."* Die AfD schwingt sich hiermit zum parlamentarischen Arm der Corona- Proteste auf. Sie will alle Splittergruppen für sich gewinnen. Demonstrierende Corona-Skeptiker werden als potentielle Wähler umworben. *„Das sind aktive Menschen, die müssen wir für die AfD gewinnen"*, sagte Arnulf Fröhlich von der AfD. Die Annahme dieser Resolution ist ein weiterer Sieg Höckes, Chrupallas und deren Anhänger über Jörg Meuthen, der sich wiederholt gegen eine Annäherung an die sogenannte Querdenkerszene ausgesprochen hatte.

Position OMAS GEGEN RECHTS in Deutschland:

Es besteht kein Zweifel. Nach einem Jahr Corona sind wir alle genervt von den Einschränkungen und verärgert über die offensichtlichen Fehler, die seitens der Regierung bei Bund und Ländern gemacht wurden. Verärgert über widersprüchliche Informationen, die uns z.B. über Masken und Tests gegeben wurden, anstatt ehrlich den bestehenden Mangel an vorhandenen Masken und Tests zuzugeben. Verärgert über die fehlerhafte Impfstoffbeschaffung, darüber, dass die Sommerpause 2020 nicht genutzt wurde, um die Schulen mit Luftfiltern auszustatten und die digitalen Voraussetzungen für Fernunterricht zu organisieren, verärgert über den Flickenteppich sich ständig ändernder Regeln. Die Liste könnte lange fortgesetzt werden. Auch die bereits bekannten Probleme in unserem Gesundheitssystem wurden noch offensichtlicher.

Die Corona-Politik der AfD lehnen wir OMAS GEGEN RECHTS in Deutschland jedoch **strikt ab**, da diese aus populistischem Eigeninteresse bewusst die Gesundheit der Bevölkerung gefährdet. *„Das ständige Leugnen des Virus durch die AfD hat dazu geführt, dass Bürger unvorsichtig wurden. Ich sage sogar: Die AfD hat mit ihrem Verhalten indirekt Menschenleben auf dem Gewissen"* *(Spiegelinterview 17.12.2020 von Tino Lehmann mit Voigt, dem Spitzenkandidaten der CDU Thüringen)*. Die Zahlen scheinen ihm recht zu geben, denn in den

Regionen, in denen die AfD stark ist, sind die Infektionszahlen überdurchschnittlich hoch.
Die AfD stellt die Eigenverantwortlichkeit der Bürger über alles. Die Pandemie sei ja nicht so gefährlich. Aber was wäre, wenn es keinerlei Einschränkungen gäbe, wir keine Abstands- und Hygieneregeln befolgen würden, alle keine Masken tragen, sich niemand testen und impfen lassen würde? Die Zahl der Toten wäre dann vermutlich nicht 90.000, sondern weit über eine Million. Gestorben wären vor allem viele ältere Menschen. Ein schrecklicher, sarkastischer Gedanke schleicht sich da ein, vielleicht ist der AfD eine „natürliche Auslese" gar nicht unwillkommen – so könnte sie vielleicht auch einen Teil des Rentenfinanzierungsproblems lösen?
Der AfD geht es jedoch nur vordergründig um die Corona-Pandemie. Sie macht sich zum Fürsprecher aller Kritiker der Corona-Politik der Bundesregierung, einschließlich von Querdenkern, Verschwörungsgläubigen, Reichsbürgern, Neonazis usw. Seite an Seite demonstrieren einige AfD-Abgeordnete mit „ihren neuen Freunden", beschimpfen die Corona-Maßnahmen der Regierung als *„Corona-Diktatur"* und rufen sogar zum Sturz der Regierung auf. Einige AfD- Abgeordnete scheuen nicht einmal davor zurück, Radikale in das Bundestagsgebäude einzuschleusen, um unsere parlamentarische Demokratie anzugreifen. Die Presse wird als Lügenpresse beschimpft und von immer radikaleren Demonstranten sogar körperlich attackiert. Obgleich die Querdenker sich selbst als Verteidiger der Meinungsfreiheit bezeichnen, lassen sie nur ihre eigene verschwörungsideologische Meinung gelten. Wie damals die Flüchtlingskrise wird die AfD die Corona-Pandemie und die dadurch entstandene gesundheitliche, wirtschaftliche, gesellschafts- und sozialpolitische Krise gnadenlos im Bundestagswahlkampf versuchen zu ihren Gunsten auszunützen und die Gesellschaft spalten, um mehr Wähler zu gewinnen, um ihre völkisch-nationalistische, rechtsextreme, antidemokratische Agenda weiter durchzusetzen.

Aus welcher Zeit stammt die Gesellschaftspolitik der AfD?

Verfasserin: Jutta Shaikh

Die Familienpolitik der AfD – eine Mischung aus Ideen des 19. Jahrhunderts und der Zeit des Nationalsozialismus

„Die AfD bekennt sich zur Familie als Keimzelle unserer Gesellschaft, bestehend aus Vater, Mutter und Kindern. Familie bedeutet Sicherheit, Obhut, Heimat, Liebe und Glück. Durch ideologisch motivierte Desorientierung von linksgrüner Seite soll das in den Familien überlieferte Werte- und Bezugssystem aufgebrochen und durch pseudofamiliäre Leitbilder ersetzt werden. Wir fordern dagegen die Wiederherstellung des grundgesetzlich garantierten, besonderen Schutzes der Familie" (Leitantrag AfD-Wahlprogramm 2021).

Diese Politik stammt aus der Mitte des 19. Jahrhunderts und versucht, eine verklärte heile Welt wieder heraufzubeschwören, die nichts mehr mit der Gegenwart, in der wir leben, zu tun hat. Es handelt sich um ein stark rückwärtsgewandtes Familienbild, dessen Zeit schon lange vorbei ist. Das traditionelle Familienleitbild führt zu einer Diskriminierung von Alleinerziehenden und von Minderheiten.

Während des Parteitages am 10.und 11. April 2021 der AfD in Dresden wurde auch ein Änderungsantrag mit großer Mehrheit angenommen, das Kapitel Familienpolitik umzubenennen in: *„Familienpolitik und Gender"* und ein Unterkapitel einzuführen *„zur Ablehnung des Wahnprojekts einer Gendertheorie … In einer Zeit, in der Politiker anderer Parteien nicht wissen, wie viele Geschlechter es eigentlich gibt, ist dies ein wichtiges Alleinstellungsmerkmal unserer Partei."*

Mit der Aussage *„Das biologische Geschlecht ist eine Realität"* ***lehnt die AfD*** **„Geschlechtsumwandlungen" bei Kindern und Jugendlichen strikt ab.** Ebenso wie gleichgeschlechtliche Ehen, ja sogar das Hissen der Regenbogenflagge.

In den letzten Jahren war es gelungen, Vorurteile gegenüber Homosexuellen und damit verbundene Benachteiligungen abzubauen. Die Politik der AfD will dies alles wieder zunichtemachen.

Das einzige Problem, das unser Volk hat, ist für die AfD die demographische Katastrophe

Die demographische Katastrophe wurde auch auf dem Parteitag 2021 als die *„Mutter aller Probleme bezeichnet"*, *„Frauen müssen wieder mehr Kinder kriegen, sonst droht der Volkstod."*

Die AfD befürwortet eine geburtenfördernde Familienpolitik für eine höhere Geburtenrate der einheimischen deutschen Bevölkerung. *„Die volkswirtschaftlich nicht tragfähige und konfliktträchtige Masseneinwanderung ist dafür kein geeignetes Mittel" (AfD-Wahlprogramm 2017)*.

Erreicht werden soll dies über finanzielle Anreize zum Kindergebären (siehe Kapitel Rentenpolitik) und über *„Maßnahmen, die zu einer größeren Wertschätzung der Familienarbeit der Frau führen sollen"* - damit sich diese zuhause um die Kinder kümmert. Ein Betreuungsgeld für die ersten drei Jahre des Kindes soll einen finanziellen Ausgleich schaffen. Das Kindergeld will die AfD beibehalten, *„Missbrauchsmöglichkeiten müssen aber unterbunden werden"*. So ist zum Beispiel für im Ausland lebende Kinder nur der dort übliche Betrag zu zahlen *(AfD-Wahlprogramm 2021)*.

Die AfD kritisiert*: „Die Wahrnehmung des Staates als Helfer in allen Lebenslagen hat die Vorstellung von der* ***eigenen Familie auch als generationenübergreifende Wirtschafts- und Versorgungs-Gemeinschaft*** *ersetzt" (AfD-Wahlprogramm 2021)*.

Dies weist darauf hin, dass die AfD viele soziale Aufgaben wieder in die Familie zurückverlagern will. Z.B. die Altenpflege. Versteckt kommt in der Familienpolitik der AfD immer wieder der ursprüngliche Gedanke dieser Partei zum Ausdruck, dass Sozialpolitik keine Kernkompetenz des Staates sein sollte, außer bei Maßnahmen zur Geburtenförderung.

Position OMAS GEGEN RECHTS in Deutschland:

Wir lehnen die Politik der AfD mit ihrem völkischen, traditionellen Familienbild ab. Es ist rückständig und verstößt gegen den im Grundgesetz verankerten Gleichheitsgrundsatz aller Menschen. Es schafft Ausgrenzung und Elend und treibt die Spaltung in der Bevölkerung voran.
Wir stehen für einen gesellschaftlichen Pluralismus, in dem Minderheiten nicht benachteiligt werden.

Die frauenfeindliche und antifeministische Politik der AfD

Schon länger versucht sich die AfD zur Schützerin von Frauenrechten, gar zu einer feministischen Partei zu stilisieren und damit Wählerinnen zu gewinnen. So warnen vermehrt Abgeordnete der AfD vor dem Verlust der Frauenrechte und der Rückgängigmachung der Gleichberechtigung von Frau und Mann durch eine vermeintliche „Islamisierung“ Deutschlands. Dabei geht es der AfD nie um die Rechte der Frau und ihre Emanzipation per se, sondern Feminismus wird als Freifahrtsschein dafür genutzt, gegen Muslime und den Islam zu hetzen *(Volksverpetzer: So antifeministisch und frauenfeindlich ist die AfD, Anastasia Tikhomirova, 13.8.2020).*

Das Parteiprogramm und die Stellungnahmen von AfD-Parlamentariern zu Frauenfragen zeigen dagegen ein sehr frauenfeindliches Bild auf:

Das klassische Rollenverständnis: *„die natürliche Rolle der Frau ist die der Mutter“.* Diese Rolle **soll wieder stärker betont werden**, es soll außerdem auf eine Erziehung zur *„gefestigten Nationalidentität“* Wert gelegt werden *(Wahlprogramm Sachsen-Anhalt 2014).*

Der Gedanke einer *„vorrangigen Selbstverwirklichung"* hat laut AfD dazu geführt, zugunsten von Einkommen und Karriere Kinderwünsche zurückzustellen oder gänzlich aus der eigenen Lebensplanung zu verdrängen *(AfD-Wahlprogramm 2021)*.

Das von der AfD vertretene Frauenbild ist antiquiert und antifeministisch.

Die Idealisierung der Mutter erinnert fatal an die Zeiten des Ehrenkreuzes der deutschen Mutter. Das Verlangen nach den alten Werten beinhaltet gleichzeitig eine deutlich erhöhte Abhängigkeit der Frauen von ihren Ehemännern durch unbezahlte Familienarbeit. Die Frauen sollen wieder zu Geburtsmaschinen und Nur-Hausfrauen degradiert werden. Frauen sollen mehr Kinder bekommen, „um das deutsche Volk" vor dem vermeintlichen Aussterben zu bewahren und vor „Überfremdung" zu schützen.

Kitas werden von der AfD als staatlich organisierte Erziehungsanstalten diffamiert.

Der Staat bemächtigt sich – und auch das wie in der DDR – immer mehr der Kindheit, um von frühester Kindheit an in seinem linkssozialistischen Sinne zu indoktrinieren (Jörg Meuthen, Youtube-Beitrag 26.9.2019). Jörg Meuthen legt in seiner Aussage nahe, dass er keinen staatlichen Erziehungsauftrag sieht. Diesen gibt es aber natürlich, festgelegt in Art. 7 Abs. 1 Grundgesetz. Für die AfD ist eine auf dem Grundgesetz basierende frühkindliche Bildung nur *„linkssozialistische Indoktrination“*. Im Gegensatz hierzu zeigt die aktuelle Bildungsforschung jedoch, dass frühkindliche Bildung gut für alle ist und dabei hilft, Chancengleichheit zu erreichen, was besonders für sozial benachteiligte Familien wichtig ist.

Um eine verantwortungsvolle Kinderbetreuung zu gewährleisten, sollten die Kinder in den ersten drei Jahren zuhause betreut werden. *„Die AfD fordert daher die Gleichbehandlung weiblicher Lebenswünsche und damit die Aufwertung von Frauen, die Familien gründen und Kinder großziehen wollen. Dadurch wird ein Gegengewicht zur Einseitigkeit feministischer Geschlechterpolitik und damit mehr Gerechtigkeit hergestellt. In diesem Sinne sind Mädchen und heranwachsende junge Frauen davor zu schützen, in männliche oder aber sexualisierte Rollenbilder gezwungen zu werden" (Bundestagswahlprogramm 2021, WP 100).*

Selbst wenn die Frauen, wie von der AfD gewünscht, wie „Gebärmaschinen" funktionieren und jedes zweite Jahr ein Kind bekämen, würde es bedeuten, dass sie mindestens 7 Jahre aus dem Berufsleben ausscheiden, was das Ende jeder Karriere für Frauen bedeuten würde.

Im Leitantrag zur Bundestagswahl wendet sich die AfD im Kapitel „Familienfreundliches Deutschland" gegen die Aufnahme von Kinderrechten ins Grundgesetz, *„da diese nur die Elternrechte schwächen würden".*

„Abtreibungen müssen die absolute Ausnahme bleiben."
(AfD-Grundsatzprogramm 2016, Kap. 6/7)

Die AfD will, dass Abtreibungen meldepflichtig sind. Ärzte, die sich nicht daran halten, sollen sanktioniert werden und Schwangeren-Konfliktberatungen sollen ausschließlich den Schutz des ungeborenen Lebens zum Ziel haben. Das Postulat, die Abtreibung zu einem Menschenrecht zu erklären, wird abgelehnt. Stattdessen sollen Maßnahmen zur Familienförderung ergriffen werden. Nach § 218 des Strafgesetzbuches stellen Abtreibungen in Deutschland auch heute noch eine Straftat dar und können nur unter bestimmten Bedingungen – nach einer Schwangerschafts-Konfliktberatung und einer verpflichtenden dreitägigen Bedenkzeit – straffrei durchgeführt werden. Die von der AfD geforderte Verschärfung des Gesetzes würde jedoch noch massiver in die Rechte von Frauen auf körperliche Selbstbestimmung eingreifen und das Leben des Fötus über das der Schwangeren erheben. Ein absolutes Verbot von Abtreibungen führt bewiesenermaßen nicht zur Unterbindung dieser, sondern verwehrt Frauen die Möglichkeit, sicher abtreiben zu können, es verwehrt ihnen die Entscheidung über ihren eigenen Körper *(Volksverpetzer: Anastasia Tikhomirova, 13.8.2020)*.

Gleichstellungsbeauftragte und Frauenquoten werden abgelehnt

„Man möchte entgegen der menschlichen Natur gleichstellen, was – das sage ich auch aus einer spezifischen maskulinen Perspektive naturgemäß grundverschieden ist ... Gleiche Jobs für alle, Frauenquoten und Quotenfrauen. Aus Männern sollen Frauen und aus Frauen Männer gemacht werden“ (Jörg Meuthen, Youtube-Beitrag vom 26.9.2019). „Gleichstellungspolitik muss unverzüglich und ersatzlos beendet werden, da sie aus biologischen Gründen zum Scheitern verurteilt ist“ (*Meuthen 2015*). *„Statt eines Gleichstellungsbeauftragten wollen wir Familienbeauftragte, die familienfreundliche Entscheidungen sicherstellen und somit die aktivierende Familienpolitik unterstützen. Staatliche Leistungen und Verwaltungsabläufe sind systematisch auf Familienfreundlichkeit zu prüfen und anzupassen. Über soziales Marketing soll für Familiengründungen und das Leitbild der 3-Kind-Familie geworben sowie über die damit verbundenen Angebote informiert werden.“*

Die AfD fordert auch einen Verzicht von Frauenquoten: *„Schließlich ist die Frauenquote kein Fortschritt für Frauen. Sie ist als Top-Down (von oben nach unten) eingeführtes politisches Instrument nicht demokratisch legitimiert, bevorzugt eine kleine Minderheit privilegierter Frauen und wertet Frauen ab, weil sie zu dem Schluss führt, dass diese ohne staatliche Hilfe gar nicht aufsteigen könnten“ (WP 100 zum AfD-Bundestagswahlprogramm 2021)*.

„Die Antragsteller sehen es als nötig an, als AfD eine Antwort zur linksgrünen Frauenpolitik zu liefern. 50 % der Wähler sind Frauen. Frauenpolitik hat sich in den letzten Jahrzehnten als eigenständiges Politikfeld etabliert, mit eigenen Ministerien, Beauftragten etc. Inzwischen hat sich die feministische Geschlechterpolitik als Kampffeld

der Links-Rot-Grünen zu einem spalterischen Element unserer Gesellschaft entwickelt, dem die AfD entgegentreten muss."

Aussagen wie die von T. Ehrkorn 2019, die ungleiche Bezahlung von Frauen und Männern sei ein Märchen, Frauen müssten nur mehr arbeiten, dann bekämen sie auch die gleiche Bezahlung, können jeder Frau nur wie eine unverschämte Verhöhnung vorkommen. Eine gut ausgebildete, beruflich aktive Frau wird nicht geschätzt, was auch erhebliche volkswirtschaftliche Folgen in Bezug auf Wirtschaft und Renten mit sich bringt. Die AfD verzichtet leichtfertig auf die Hälfte des Potentials in der Bevölkerung. Im Bundestag ist die AfD die Partei mit dem bei weitem geringsten Frauenanteil.

Position OMAS GEGEN RECHTS in Deutschland:

Unsere Generation hat jahrzehntelang für die Gleichberechtigung von Frauen gekämpft und wir lassen nicht zu, dass die AfD diese Erfolge zerstört und ihr antiquiertes, antifeministisches Frauenbild in unserer Gesellschaft umsetzt. Wir werden uns weiterhin für die Rechte der Frauen einsetzen, bis das Ziel der Chancengleichheit und gleiche Bezahlung für gleiche Arbeit erreicht ist. Die Generation von uns OMAS GEGEN RECHTS in Deutschland hatte noch keinen Anspruch auf einen Krippen- oder Kindergartenplatz. Wir wissen aus Erfahrung, wie schwierig es war, Karriere und Kindererziehung miteinander zu vereinbaren. Wir haben jahrzehntelang für eine Verbesserung diesbezüglich gekämpft und erste Fortschritte erzielt. All diese Fortschritte will die AfD, deren Gedankengut vor allem von Männern getragen wird, nun zerstören.

Wir OMAS GEGEN RECHTS in Deutschland fordern im Gegensatz zur AfD Verbesserungen bei der Kinderbetreuung. Wenn es einfacher ist, Kindererziehung und Beruf miteinander zu vereinbaren, ist es auch leichter für Frauen, Kinder zu bekommen.

Wir unterstützen die Abschaffung des § 218. Schwangerschafts-Abbruch darf nicht mehr kriminalisiert werden. Außerdem befürworten wir Maßnahmen, die es Frauen erleichtern, Familie und Beruf miteinander zu vereinbaren, z.B. im Bereich der Schulpolitik.

Die Schul- und Bildungspolitik der AfD – das Ende jeglicher Chancengleichheit

Die AfD will die Rückkehr zum alten dreigliedrigen Schulsystem – keine „nivellierende Einheitsschule“

„Die AFD wünscht eine Rückkehr zum alten gegliederten Schulsystem. Die nivellierende Einheitsschule ist abzulehnen“, da diese die Zukunftsfähigkeit junger Menschen und die Konkurrenzfähigkeit unserer Wirtschaft gefährde, die AfD jedoch das Leistungsprinzip befürworte.

Die AfD wendet sich gegen moderne Ansätze eines längeren gemeinsamen Lernens, zum Beispiel in Gemeinschaftsschulen. Sie hält am umstrittenen gegliederten Schulsystem fest und steht für den damit verbundenen Auslesedruck. Dass die AfD das „Leistungsprinzip" besonders betont, lässt vermuten, dass Schulbildung noch weniger dem Erwerb sozialer Kompetenzen dienen soll. Die Vermittlung von verwertbarem Wissen für die Wirtschaft steht im Vordergrund. *„Sie wünscht eine Grundfinanzierung statt politisch-ideologischer Vergabe von Drittmitteln“ (A. Weidel)*.

Ablehnung von Inklusion durch die AfD

„Inklusion um jeden Preis verursacht hohe Kosten und hemmt letztendlich alle am Lernerfolg. Die Starken dürfen nicht in ihrer Entwicklung gehindert werden.

Integration von Flüchtlingskindern ist zu teuer und muss auf ein Minimum reduziert werden. Problematische Schüler brauchen keine Betreuung durch Sozialpädagogen, sondern Autorität. Die AfD setzt sich für den Erhalt von Förder- und Sonderschulen ein. Geschlechterquoten, in welchem Bereich auch immer, werden generell abgelehnt (Grundsatzprogramm 2016, Kap. 8.2).

Das Bildungsmagazin „News4teachers" zeigt in einem Artikel vom 23.4.2018 „Wie die AfD gegen die Inklusion hetzt": Sie setzt Behinderungen in Zusammenhang mit „Inzest" und „Krankheit". Mit Äußerungen zu Behinderten haben Parlamentarier der AfD für Empörung gesorgt. Mit einer großformatigen Zeitungsanzeige in der „Frankfurter Allgemeinen Sonntagszeitung" protestieren 18 Sozialverbände aus ganz Deutschland gegen eine Anfrage von AfD-Bundestagsabgeordneten, in der eine Verbindung zwischen Behinderung, Inzest und Migration gezogen wird. *„Wir rufen die Bevölkerung auf, wachsam zu sein, und sich entschlossen gegen diese unerträgliche Menschen- und Lebensfeindlichkeit zu stellen"*, heißt es in der Anzeige. In einer Kleinen Anfrage wollten AfD-Bundestags-abgeordnete von der Bundesregierung wissen, wie sich die Zahl der Behinderten in Deutschland seit 2012 entwickelt habe, und zwar insbesondere *„durch Heirat innerhalb der Familie"*. Daran schlossen sie die Frage an, wie viele dieser Fälle einen Migrationshintergrund hätten. Die Sozialverbände äußern sich in der Zeitungsanzeige (***Titel: „Es geht uns alle an: Wachsam für die Menschlichkeit"***) entsetzt über das Vorgehen der Rechten. *„Die Fraktion der AfD erkundigt sich vordergründig nach der Zahl behinderter Menschen in Deutschland, suggeriert dabei jedoch in bösartiger Weise einen abwegigen Zusammenhang von Inzucht, behinderten Kindern und Migrantinnen und Migranten."* Die Anfrage erinnere damit *„an die dunkelsten Zeiten der deutschen Geschichte, in denen Menschen mit Behinderung das Lebensrecht aberkannt wurde und die zu Hunderttausenden Opfer des Nationalsozialismus wurden"*, d.h., Behinderte werden ausgegrenzt.

Durch die Ablehnung von Kita, Ganztagsschulen und integrierten Gesamtschulen werden auch die Bildungsmöglichkeiten sozial schwächerer Bevölkerungsschichten beeinträchtigt. Kinder aus Akademikerhaushalten erhalten zuhause viel mehr Unterstützung beim

Lernen als Kinder aus sozial schwächeren Schichten, die auf die Hilfestellung in der Schule und auf ein durchlässiges Schulsystem angewiesen sind, um zu einer besseren Bildung zu gelangen.

Vor der AfD geforderte Änderungen bei den Lerninhalten der Schulen

„Die Frühsexualisierung ist für mich der übelste Auswuchs des in Europa um sich greifenden Ökofaschismus. Wir reden darüber, dass Kinder [...] von Erwachsenen angeleitet werden sollen zu masturbieren. Für mich ist das pervers und für mich ist das krank" (Guido Reil, MdEP: Frühsexualisierung ist krank und pervers! Facebook-Beitrag vom 14.11.2019).

„Die einseitige Hervorhebung von Homo- und Transsexualität im Unterricht wird abgelehnt. Genderforschung ist eine Ideologie, die an den Schulen zur Frühsexualisierung führt, sie genügt nicht." Mit dem Begriff Frühsexualisierung wird eine fortschrittliche Sexualaufklärung in der Schule kritisiert. Mit einer angeblichen Anleitung zur Selbstbefriedigung durch Erwachsene soll Angst vor Missbrauch und einer Zerstörung der Kindheit inklusive der traditionellen Familienstruktur geschürt werden. Diese Behauptungen sind unzutreffend. Hinter diesem Vorgehen steht insbesondere der Versuch, den selbstbestimmten Umgang mit Sexualität zu verhindern. Zudem geht es auch darum, Sexualität und die gleichrangige Thematisierung von nicht-heterosexuellen Lebensformen zu verhindern. Hier sollen bei Eltern Angst und Zweifel an den Lerninhalten und -methoden in Kita und Schule geschürt werden.

Geschichtsunterricht und politische Bildung

Der Geschichtsunterricht soll mit Hilfe positiver Anknüpfungspunkte die einseitige Konzentration auf die Zeit des Nationalsozialismus einschränken und die Entwicklung eines neuen Patriotismus ermöglichen. Eine „Erziehung zur Männlichkeit" wird propagiert. Der Islamunterricht wird abgelehnt. Der Einsatz von Jugendoffizieren an den Schulen soll erleichtert und gefördert werden. Es wurde wiederholt vorgeschlagen, das gesamte Deutschlandlied jeden Morgen absingen zu lassen. Lehrer, die zu kritischer Beurteilung der AfD anregen, werden kriminalisiert.

Deutsches Kulturgut im Unterricht vermitteln

„Das traditionelle deutsche Kulturgut (Literatur, Musik, Geschichte) ist immanenter Bestandteil der deutschen Identität. Die AfD wird allen Bestrebungen, dieses aus den Lehrplänen zu entfernen, zu verfälschen oder zu reduzieren, entgegenwirken. Bereits ab der Grundschule müssen diese Inhalte zum Pflichtstoff des Unterrichts gehören" (AfD-Leitantrag zur Bundestagswahl 2021).

*„Unsere hart erarbeiteten Steuergelder sollten nicht weiter zur Indoktrination mündiger Bürger aus dem Fenster geworfen werden. Es muss Schluss sein mit der staatlichen Finanzierung einer Stiftung [*gemeint ist die Amadeu-Antonio-Stiftung, Anm. d. Red.*], die eine demokratische Partei mit berechtigten Anliegen und großem Rückhalt in der Bevölkerung pauschal als rechtsradikal diffamiert" AfD NRW, (2019), +++ Noch mehr linke Propaganda aus deutschen Steuergeldern? +++ Facebook-Beitrag vom 15.9.2019, (aus DGB-Studie NRW).*

Politische Bildung lehnt die AfD als ideologische Indoktrination ab

Ziel der AfD ist es, die politische Bildung zu beschneiden, zu verunmöglichen oder aber einseitig im Sinne der AfD auf den politischen Gegner zu fokussieren. Die politische Bildung agiert nach klaren Rahmenbedingungen mit dem Ziel, Menschen dabei zu unterstützen, politische Zusammenhänge zu durchdringen, sich ein eigenes Urteil zu bilden und auf dieser Basis politisch zu handeln: Laut Oskar Negt ist Demokratie die einzige Staatsform, die gelernt werden muss. Dazu gehört auch die Thematisierung gesellschaftlicher Zusammenhänge wie soziale Ungleichheit und Diskriminierung. All das ist der AfD ein Dorn im Auge, denn es läuft ihrer Strategie zuwider, durch Desinformation, Abwertung und Ausgrenzung bestimmter Gruppen eine Politik der Spaltung zu betreiben. Mündige, reflektierte Bürger*innen mit ausgeprägter Medienkompetenz sind weniger anfällig für Hass und Hetze – und damit für die AfD (s. *Studie DGB NRW*).

Die AfD kritisiert auch die Landeszentrale für politische Bildung; sie versucht, ihr einen einseitigen Fokus auf Rechtsextremismus zu unterstellen und sie dadurch als unglaubwürdig darzustellen.

Position OMAS GEGEN RECHTS in Deutschland:

Die Schulpolitik der AfD will alle Veränderungen der letzten Jahrzehnte zurückdrehen und wird in keiner Weise den jetzigen Gegebenheiten gerecht. Auch würde der Zuzug von qualifizierten Auslandsbewerbern wieder erheblich erschwert werden. Die AfD will keine inklusiven Schulen, keine Bildung für Menschen mit Förderbedarf, keine vielfältige Sexualerziehung, keine Geschlechtergerechtigkeit, wohl aber die Ausgrenzung Behinderter.
In unseren Augen ist es ein komplett rückschrittliches Programm. Durch die Ablehnung von Kita, Ganztagsschulen und integrierten Gesamtschulen werden die Bildungsmöglichkeiten sozial schwächerer Bevölkerungsschichten beeinträchtigt. Kinder aus Akademikerhaushalten erhalten zuhause viel mehr Unterstützung beim Lernen als Kinder aus sozial schwächeren Schichten, die auf die Hilfestellung in der Schule und auf ein durchlässiges Schulsystem angewiesen sind, um zu einer besseren Bildung zu gelangen. Im Sinne von mehr Chancengleichheit unterstützen wir OMAS GEGEN RECHTS deshalb den weiteren Ausbau von Ganztagsschulen und ein durchlässiges Schulsystem.
Wir OMAS GEGEN RECHTS setzen uns für höhere Bildungsausgaben der Regierung ein, für mehr Schulen, mehr Lehrer, Digitalisierung der Schule und mehr politische Bildung, um die Schüler sowohl fachlich, aber auch sozialpolitisch besser auf die berufliche und gesellschaftliche Zukunft vorzubereiten.

Die AfD will ihre sogenannte „deutsche Leitkultur" erzwingen

„Kultur ist außerdem die zentrale Klammer, in der sich auch ein neues Politikverständnis sehen muss. Unser aller Identität ist vorrangig kulturell determiniert. Sie kann nicht dem freien Spiel der Kräfte ausgesetzt werden. Vielmehr soll ein Bewusstsein gestärkt werden, welches kulturelle Verbundenheit wahrnimmt, fördert und schützt. Für die AfD ist der Zusammenhang von Bildung, Kultur und Identität für die Entwicklung der Gesellschaft ..." (AfD Grundsatzprogramm 2016, Kap. 7.2).

„Einer islamischen Glaubenspraxis, die sich gegen die freiheitlich-demokratische Grundordnung, unsere Gesetze und gegen *die jüdisch-christlichen und humanistischen Grundlagen unserer Kultur richtet, tritt die AfD klar entgegen" (AfD-Grundsatzprogramm 2016, Kap.7.6)*. *„Die Ideologie des Multikulturalismus, die importierte kulturelle Strömungen auf geschichtsblinde Weise der einheimischen Kultur gleichstellt und deren Werte damit zutiefst relativiert, betrachtet die AfD als ernste Bedrohung für den sozialen Frieden und für den Fortbestand der Nation als kulturelle Einheit. Ihr gegenüber müssen der Staat und die Zivilgesellschaft die deutsche kulturelle Identität als Leitkultur selbstbewusst verteidigen" (AfD-Grundsatzprogramm 2016, Kapitel 7.2)*.

„Durch das Sich-Ausbreiten der konfliktträchtigen Multi-Minoritätengesellschaften erodieren der soziale Zusammenhalt, das gegenseitige Vertrauen und die öffentliche Sicherheit als unverzichtbare Elemente eines stabilen Gemeinwesens" (AfD-Grundsatzprogramm 2016, Kap. 6.2).

Beurteilung:

In den Augen der AfD ist die deutsche Kultur eine homogene, völkisch-national gedachte Einheit, die vor „Vermischung" mit einem konstruierten Fremden geschützt werden muss. Diese vielbeschworene kulturelle Einheit der AfD gab es nie in den vergangenen 150 Jahren. Die Arbeiterfamilie des 19. Jahrhunderts lebte nicht in einer kulturellen Einheit mit der bürgerlichen Familie – und schon gar nicht mit den feudalen Herrschaften. Auch zwischen den Menschen in den südlichen und nördlichen Regionen Deutschlands gibt es erhebliche kulturelle

Unterschiede. Außerdem werden bei der Definition der Leitkultur vielfältige Einflüsse aus der jüdischen und arabischen Welt unterschlagen *(Carsten Weikamp, Artikel 7.2.2017)*.

Kulturelle Vielfalt wird von der AfD als „Bedrohung für den sozialen Frieden" und für den Fortbestand der Nation als kulturelle Einheit empfunden. Hierdurch sollen Ängste geschürt und ein Kreuzzug gegen die Andersartigen inszeniert und eine Spaltung in der Gesellschaft erzeugt werden. Die Aussagen der Bundes- und Landtagsabgeordneten der AfD zeigen, dass deren wahre Einstellung noch viel radikaler vom völkisch-nationalistischem Gedankengut geprägt ist, als es im Grundsatzprogramm zu sein scheint. Z.B.: *„Ungesteuerte Massen-Zuwanderung ist ein Verbrechen an unseren Kindern." „Willkommenskultur"*, vermutet André Poggenburg (AfD-Landeschef und Spitzenkandidat in Sachsen-Anhalt), könne das *„Unwort des Jahres" werden (FAZ, 6.1.16).* Die Kritik an seinem Aufruf, sich Gedanken zu machen *„über gemeinsame Werte, Verantwortung für die Volksgemeinschaft"* verteidigt er wie folgt*: „Dieser Begriff sei „positiver Ausdruck und Bestandteil der deutschen Sprache".* Es könne also nicht sein*, „dass allein durch propagandistischen Missbrauch zuvor positiver, gesellschaftlich anerkannter Begriffe durch die NS-Diktatur diese nun nicht mehr Bestandteil unserer deutschen Sprache sein dürfen". (...) „Die deutsche Sprache mit ihrer langen Geschichte und Entwicklung gehört allein dem deutschen Volk und nicht einer Demagogenclique."*

Position OMAS GEGEN RECHTS in Deutschland:

Unsere „abendländische Kultur" ist keine Monokultur, sie ist vielmehr geprägt von vielfältigen Einflüssen aus dem Judentum, aus der arabischen und asiatischen Welt und in jüngster Zeit auch von Einflüssen aus den USA. Wir OMAS GEGEN RECHTS empfinden kulturelle Vielfalt als eine Bereicherung, sei es beim Essen, in der Musik, beim Tanz, in der Kunst, in der Medizin und in vielen anderen Bereichen unseres täglichen Lebens. Für uns ist Kultur von Austausch

und Vielfalt geprägt und wir bevorzugen demokratisch-pluralistische Gemeinschaften.
Wie auch Carsten Weikamp in seinem Artikel lehnen wir OMAS GEGEN RECHTS außerdem den bösartigen Missbrauch des Kulturbegriffs im Dienste des Nationalismus ab. Statt einzelne Konfliktsituationen, die es zwischen Menschen verschiedener Herkunft geben mag, konstruktiv zu beheben, verkauft die AfD den Menschen die dramatische soziale Schieflage und die daraus resultierenden Ängste als Folgen der Überfremdung und des Kampfes der Kulturen. Das ist eine gefährliche Demagogie, eine Lüge, deren zerstörerisches Potential wir OMAS GEGEN RECHTS in Deutschland aus der deutschen Vergangenheit kennen und deshalb konsequent zurückweisen. Denn der soziale Frieden wird nicht durch kulturelle Unterschiede miteinander lebender Menschen gefährdet, sondern durch zu große soziale Ungleichheit *(Carsten Weikamp, 7.2.2017)*.

Die Gefahr der Ideologisierung der Kunst durch die AfD

„Die AfD fordert, dass sich die Kulturpolitik an fachlichen Qualitätskriterien und ökonomischer Vernunft orientiere. Es wird verpflichtend gefordert, einen positiven Bezug zur eigenen Heimat zu fördern. Das Theater hat einen volkspädagogischen Anspruch. Wenn die Angebote nicht diesen Ansprüchen genügen, werden Auszeichnungen und Fördermittel gestrichen“ (AfD-Landtagswahlprogramm Sachsen-Anhalt 2014).
Kunst hat in den Augen der AfD eine ganz bestimmte Funktion zu erfüllen: die Menschen in einer sogenannten „deutschen kulturellen Identität“ zu bestärken und zur positiven Identifizierung mit der deutschen Geschichte beizutragen.

Alles, was nicht in dieses Verständnis passt, versucht die AfD anzugreifen. Sie ist zwar eine antidemokratische, jedoch demokratisch in die Parlamente gewählte Partei und somit nutzt sie parlamentarische Mittel – allerdings mit undemokratischen Zielen. Mit gezielten sogenannten kleinen Anfragen in den Parlamenten verschafft sie sich öffentliche Aufmerksamkeit, um ihre nationalistischen und rassistischen Ideen zu propagieren. Als parlamentarische Kraft bereitet sie gleichzeitig den Boden für andere rechte Gruppen, deren demokratiefeindliche und menschenverachtende Positionen durch eine Verschiebung im Diskurs ‚sagbarer' gemacht werden. Auch diese Akteure mischen sich – von der AfD nicht trennbar – in den Kulturkampf um den sogenannten „vorpolitischen Raum" ein und versuchen ihn durch Drohungen und Einschüchterungen zu beeinflussen.

Eine ausgezeichnete Recherche von ARD und SZ dokumentiert, anhand zahlreicher exemplarischer Vorfälle, wie Theater, Opernhäuser und Museen von der Neuen Rechten unter Druck gesetzt und bedroht werden, wie versucht wird, die deutsche Geschichte, insbesondere die Schrecken des Nationalsozialismus, zu relativieren und ihre islamfeindliche Ideologie zu propagieren. „Manchmal sind es anonyme Hassmails oder Mord- und Bombendrohungen. Manchmal sind es Strafanzeigen, Störaktionen, Demonstrationen gegen Kunstprojekte oder Polemiken gegen *„hohle Experimente und dümmliche Willkommenspropaganda"* an Theatern, Opern, Museen.

Die Akteure aus dem rechten und rechtsextremen Milieu und ihre Mittel sind unterschiedlich. Was sie verbindet, ist die Aversion gegen ein weltoffenes, liberales Kulturleben und der Versuch, Kunstinstitutionen zu diskreditieren.

Dazu werden auch völlig legitime Mittel verwendet, z.B. parlamentarische Anfragen der AfD in Parlamenten, Gemeindevertretungen und Kulturausschüssen zur Finanzierung. Ausgerechnet die parlamentarische Bühne bietet der Partei ein Forum, um Stimmung gegen Künstler zu machen, die ihr Weltbild nicht teilen. Gleichzeitig haben die aggressiven, auch gewalttätigen Attacken auf Kultureinrichtungen auf präzedenzlose Weise zugenommen. Die Neue Rechte hat Kultur als Kampffeld entdeckt, um die Gesellschaft weiter zu polarisieren. Viele Kultureinrichtungen gehen davon aus, dass dieser Konflikt ihre Arbeit in den kommenden Jahren begleiten wird.

Position OMAS GEGEN RECHTS in Deutschland:

Die Politik der AfD im Zusammenhang mit Kunst erinnert fatal an die Zeit des Nationalsozialismus, wo Literatur, Malerei, Musik, Theater, Museen usw. zensiert wurden und aus ideologischen und rassistischen Gründen häufig verboten oder zerstört wurden. Jüdische Künstler, aber auch andere, die kritisch dem Nationalsozialismus gegenüberstanden, wurden verfolgt und vernichtet. So etwas darf nie wieder geschehen.

Die Vorstellung, Kultur zu zensieren, bedeutet eine Renationalisierung von Kunst und Kultur. Die Instrumentalisierung von Kunst und Ästhetik sowie die Einflussnahme auf Spielpläne verstößt gegen die durch das Grundgesetz geschützte Freiheit der künstlerischen Meinungsfreiheit.

Hass, Hetze, der Aufruf zu Gewalt oder der Aufruf zur Zerstörung unserer im Grundgesetz gesicherten Demokratie sind nicht durch das Recht auf Meinungsfreiheit geschützt – denn Hass und Gewalt sind keine Meinung. Dies trifft z.B. auf rechtsradikale Rockkonzerte zu. Wir OMAS GEGEN RECHTS in Deutschland treten ein für eine freie Kunst, die die kulturelle Vielfalt unserer Gesellschaft widerspiegelt, die gesellschaftskritisch sein kann, ohne Repressalien befürchten zu müssen, und die auch weiterhin einen Beitrag zu einem kritischen Geschichtsbewusstsein leistet, denn die Schrecken des Nationalsozialismus dürfen niemals in Vergessenheit geraten.

Mehr Polizei, strengeren Strafvollzug und Waffen für jedermann, das sind die innenpolitischen Sicherheitsziele der AfD

Die AfD behauptet: *„Die Innere Sicherheit in Deutschland nimmt immer mehr ab“* **Sie fordert** daher einen ***„sicherheitspolitischen Befreiungsschlag,*** *um den Schutz der Bürger an erste Stelle zu setzen. Andere Belange haben sich dem unterzuordnen. Wir wollen einen klaren Systemwechsel hin zu Behörden, die zum maximalen Schutz der Bürger in der Lage sind: Ausländerbehörden, Polizei und Strafverfolgung. Wir wollen den Sicherheitsbehörden bessere und moderne Vorschriften geben“ (AfD-Grundsatzprogramm 2016, Kap. 9.6)*. Es soll *„konsequent bestraft“* und *„verloren gegangener Respekt wiederhergestellt“* werden.

„Ungeregelte Masseneinwanderung steigert die Kriminalität *... Die AfD fordert, dem Schutz der Bürger vor einwanderungsbedingter Kriminalität oberste Priorität einzuräumen“ (AfD-Grundsatzprogramm 2016, Kap. 9.6). „Menschen aus den genannten (arabischen und afrikanischen) Kulturkreisen reißen die Kriminalitätsstatistik auch in Freibädern nach oben mit und ohne deutsche Staatsangehörigkeit“ (AfD-Fraktion NRW 2019)*.

In Deutschland ist, entgegen den Behauptungen der AfD, die Gesamtzahl der Straftaten in den letzten Jahren nicht gestiegen, sondern gesunken. Auch die angeblich erhöhte Kriminalität unter Migranten trifft nicht zu. Kriminologische Statistiken zeigen zwar, infolge der sozialen Notlage, recht viele Delikte bei Schwarzfahren und Ladendiebstählen, bei Kapitalverbrechen ergibt sich jedoch kein Unterschied zur Bevölkerung mit deutschem Pass *(Verdi-Position Punkt 2)*.

Das Jugendstrafrecht verschärfen:

„Wir wollen die Polizei und Justiz stärken, um sie in die Lage zu versetzen, Verbrechen effektiver zu bekämpfen. Vor dem Hintergrund der steigenden Brutalität jugendlicher Krimineller ist auf volljährige Täter

*das Erwachsenenstrafrecht anzuwenden und das **Strafmündigkeitsalter auf zwölf Jahre zu senken**" (AfD-Grundsatzprogramm 2016, Kap. 9.6)*. Eine Forderung, die auch im Leitantrag zum Wahlprogramm 2021 wieder enthalten ist, verbunden mit der Forderung, auch das Haftrecht wesentlich zu verschärfen.

Bei einem dicken „**Law-and-Order Paket**", das die AfD schnüren will, fühlt man sich **an amerikanische Verhältnisse erinnert**, wo Menschen in überfüllten, teilweise sogar privaten, profitorientierten Gefängnissen wegen Nichtigkeiten weggesperrt werden. Dass Strafen und Wegsperren keine sozialpolitischen Probleme löst und auch keineswegs zu einer niedrigeren Kriminalitätsrate führt, zeigt das amerikanische Beispiel deutlich. Wie gefährlich eine Politik „geistiger Brandstifter" ist, zeigen die Ausschreitungen in den USA, die eine Folge des „Trumpismus" sind, einer Politik, die an die Politik der AfD erinnert.

Linke Gewalt entschieden bekämpfen:

Beim Kapitel Innere Sicherheit legt die AfD in ihrem Leitantrag zur Bundestagswahl 2021 gleich zu Beginn den Schwerpunkt auf die Gefahr, die nach Meinung der AfD vom **Linksextremismus ausge**ht. *„Die Gewaltexzesse der linksextremen Antifa und migrantischer Jugendbanden in den Straßen unserer Städte machen deutlich, wie sehr die innere Sicherheit Schaden genommen hat. Zunehmende Straßengewalt, Terror und Kriminalität sind jedoch keine Naturereignisse, die man kritiklos hinnehmen muss. Sie sind menschengemacht und haben Ursachen, die man bekämpfen kann. Genau das wollen wir tun."*

Diese Formulierung geht einer großen Mehrheit der Delegierten auf dem Parteitag jedoch bei weitem nicht weit genug. Sie beschließen eine lange Ergänzung, die unter dem Motto *„Linke Gewalt entschieden bekämpfen"* unter anderem folgende Aussagen und Forderungen enthält: *„Linksextremistische Gewalt ist eine Gefahr für die Freiheit im Land. Sie wird von den Altparteien und den eingebetteten Medien verschwiegen oder verharmlost. Die Unterstützung gewalttätiger linksextremistischer Gruppierungen durch steuergeldfinanzierte*

Regierungsprogramme ist skandalös und muss umgehend beendet werden.
Die 2014 abgeschaffte sogenannte Extremismus-Klausel ist in der ursprünglichen Form wieder einzuführen. Gewalttätige und unterstützende linksradikale und autonome Gruppen, die der sogenannten Antifa zuzuordnen sind, sind als terroristische Vereinigung einzustufen. Die regelmäßig zu Gewalttaten aufrufende Internet-Plattform Indymedia` ist ebenso wie ihr Vorgänger ´Linksunten` zu verbieten. Die von der Bundesregierung beabsichtigte Privilegierung von ´Antifa-Recherchen` bei Strafbarkeit der Veröffentlichung von sogenannten Feindes- oder Todeslisten muss verhindert bzw. umgehend abgeschafft werden."

Tatsache ist jedoch: Nicht Linksextremismus, sondern Rechtsextremismus ist die größte Gefahr:

„Inzwischen gibt es alle 24 Minuten in Deutschland eine rechtsextrem motivierte Straftat. Das sind keine Einzelfälle, sondern das ist die bittere rechtsradikale Realität in Deutschland", sagte der SPD-Politiker Heiko Maas der Deutschen Presse-Agentur.

Während, wie bereits erwähnt, die Gesamtzahl der Straftaten in Deutschland zurückging, zeigte die r**echtsextreme** politisch motivierte **Kriminalität** einen **starken Anstieg.** Bis Oktober 2019 waren im kriminalpolizeilichem Meldedienst insgesamt 22.337 derartige Delikte gemeldet. Darunter fielen vor allem Propagandadelikte und Fälle von Volksverhetzung, aber auch fast 1000 versuchte und vollzogene Gewalttaten wie Körperverletzung und in Einzelfällen auch Tötungsdelikte. Am 19. Februar erschütterte der rassistische Terrorakt in Hanau, bei dem ein rechtsradikaler Täter 9 unschuldige Menschen und dann seine Mutter und sich selbst erschoss, ganz Deutschland. **Die AfD mit ihrer Hetze gegen Migranten** ist als **geistiger Brandstifter mitverantwortlich für die Toten** in Halle und in Hanau. Selbst sehr konservative Politiker wie Horst Seehofer bezeichnen jetzt den Rechtsextremismus als die größte Gefahr für unsere Sicherheit und unsere Demokratie.

Die zahlreichen gewalttätigen Ausschreitungen auf den von Rechtsextremen orchestrierten Querdenker-Demonstrationen erhöhen diese Gefahr nochmals.

Da erwiesen ist, dass Verantwortliche in Politik und bei den Sicherheitsbehörden lange Zeit auf dem „rechten Auge blind" waren, jetzt aber die AfD endlich als rechtsextreme Partei vom Verfassungsschutz beobachtet werden soll, stellt die AfD nun die Gegenbehauptung auf, die Behörden seien auf dem linken Auge blind.

Forderung der AfD nach einer Reform der Polizei:

Im Leitantrag zur Bundestagswahl 2021 fordert die AfD auch eine umfassende Reform der Polizei, insbesondere der Bundespolizei. *„Die öffentliche Sicherheit ist trotz großen persönlichen Einsatzes der Polizeibeamten in Bund und Ländern nicht angemessen gewährleistet .... Die AfD fordert eine Neustrukturierung der Bundespolizeien unter einheitlicher Führung."* Die Delegierten lehnen dies ab, sie wollen zwar die Polizei stärken, aber dezentral. In der aktuellen Fassung käme dies einer politischen Forderung nach einer „Einheitspolizei" gleich, die schon aus dem Prinzip des Föderalismus heraus abzulehnen ist.

Im Gegenzug wurde folgender Antrag mit großer Mehrheit angenommen, der die Aufgaben der Bundespolizei auf den Grenzschutz beschränken sollte: *„Bundespolizei stärken – Grenzschutz ist nationale Aufgabe. Die Sicherheit einer Nation basiert auf sicheren Grenzen. In Zeiten ungeregelter Migration und grenzüberschreitender Kriminalität und Terrorismus kommt dem Schutz der europäischen Binnengrenzen eine wachsende Bedeutung zu ... Wir wollen die Bundespolizei personell und strukturell auf einen wirksamen Grenzschutz unseres Landes ausrichten."*

Die AfD fordert das Recht eines jeden Bürgers, eine Waffe zu besitzen – ein Recht auf bürgerliche Wehrhaftigkeit

Im Widerspruch zu ihrem „sicherheitspolitischen Befreiungsschlag" fordert die AfD das Recht eines jeden Bürgers, eine Waffe zu besitzen. *„Die AfD widersetzt sich jeder Einschränkung von Bürgerrechten durch ein Verschärfen des Waffenrechts. Die Kriminalisierung von Waffenbesitz schreckt Täter nicht ab, sondern macht Opfer wehrloser ... Ein liberaler Rechtsstaat muss seinen Bürgern vertrauen. Er muss es nicht nur ertragen können, dass Bürger legal Waffen erwerben und besitzen, sondern muss die Handlungsfreiheit seiner Bürger bewahren und freiheitsbeschränkende Eingriffe minimieren" (AfD-Grundsatzprogramm 2016)*.

Viele Delegierte auf dem Bundesparteitag vertraten die Auffassung, dass die Polizei nicht alle Personen schützen könne, deshalb müsse der Bürger das Recht haben, sich selbst mit einer Waffe zu schützen; *„es bestehe ein Recht auf bürgerliche Wehrhaftigkeit"*. Vor diesem Hintergrund wurde eine **Liberalisierung des Waffenrechts gefordert**. Die Abstimmung führte zunächst zu einem Unentschieden, musste dann aber wegen einer technischen Schwierigkeit wiederholt werden. Der Antrag wurde danach ganz knapp abgelehnt und die Empfehlung akzeptiert, dass der BFA (Bundesfachausschuss) die Forderung nach einer Liberalisierung des Waffenrechts **nochmals prüfen würde.**

Die Konsequenzen einer derartigen Politik zeigt ein Blick in die USA. Die dort grassierende Gewalt auf den Straßen und in den Schulen reicht, um diese Position der AfD als realitätsfremd und gefährlich zu entlarven. Dahinter kann nur Interessenpolitik oder eine aus schlagenden Verbindungen übernommene Ideologie stecken. Wir leben in einem Rechtsstaat, in dem auch ein Gewaltenmonopol besteht, das genau regelt, welche Amtsträger (Förster, Justizvollzugsbeamte, Polizeivollzugsbeamte, Soldaten der Bundeswehr im Wachdienst oder im Verteidigungsfall) befugt sind, Schusswaffen hoheitlich zu gebrauchen, und wann diese eingesetzt werden dürfen. Die Forderungen der AfD in Richtung Selbstverteidigung mit einer Waffe untergraben das Gewaltenmonopol und unseren Rechtsstaat.

Position OMAS GEGEN RECHTS in Deutschland:

Wir OMAS GEGEN RECHTS lehnen die verschärften strafrechtlichen Forderungen der AfD ab. Eine konsequente Anwendung bereits bestehender Gesetze genügt. Um eine weitere langfristige Reduzierung der Kriminalitätsrate und mehr Respekt vor Sicherheitskräften zu erreichen, bedarf es keiner strafrechtlichen Verschärfung, sondern bildungspolitischer und sozialpolitischer Verbesserungen.

Um das teilweise verloren gegangene Vertrauen in die Sicherheitsorgane wiederherzustellen, ist jedoch auch ein gerechtes Verhalten der Polizei erforderlich, ohne „racial profiling“ und frei von rechtsradikalem Gedankengut. Wir OMAS GEGEN RECHTS wollen keine Stigmatisierung der Polizei, denn die Mehrheit der Polizisten respektiert unser Grundgesetz. Es ist jedoch erforderlich, Strukturen innerhalb der Polizei zu schaffen, die rechtsextreme Unterwanderungen in der Polizei aufdecken und beseitigen.

Wir OMAS GEGEN RECHTS fordern eine Verschärfung des Waffenrechts zum Schutze unseres Rechtsstaates und unser aller Sicherheit. Das Gewaltenmonopol darf nicht untergraben werden. Wir wollen keine „Wildwest- Verhältnisse“ in unserem Land.

Wir OMAS GEGEN RECHTS sind nicht extrem, weder links noch rechts. Wir teilen jedoch die Auffassung, dass die **größte Gefahr** für die Sicherheit in unserer Gesellschaft vom **Rechtsextremismus** ausgeht. Nicht nur sind die rechtsextremistischen Straftaten mehr als doppelt so hoch wie linksextremistische, sie sind auch wesentlich gewalttätiger, da sie selbst vor Mord nicht zurückschrecken. Auch die von Rechtsextremisten inzwischen kontrollierte Querdenker-Bewegung wird immer gewalttätiger, mit Angriffen gegen Andersdenkende, gegen Medienvertreter und gegen die Polizei.

Das massive Problem des Rechtsterrorismus und Rechtsextremismus wird von der AfD nicht nur bewusst heruntergespielt, sondern sie versucht, die Tatsachen zu verdrehen und in ihrem Wahlprogramm den Linksextremismus als größte Gefahr darzustellen. Für uns OMAS

GEGEN RECHTS dagegen ist die AfD selbst eine rechtsextreme Partei und agiert mit ihrer rechtsextremen, rassistischen Hetze als geistiger Brandstifter für rechtsextreme Straftaten.

Zusammenfassend lässt sich sagen, dass die Gesellschaftspolitik der AfD vorsintflutliche Vorstellungen vertritt, die auf einem verklärten Bild der Familie aus dem 19. Jahrhundert gründen, dessen Verklärung der „heilen Welt der Familie“ schon damals ein Zerrbild der Wirklichkeit war.

Sie ist unsozial, antifeministisch und benachteiligt Minderheiten. Sie betreibt die Spaltung der Bevölkerung und bietet als Heilung den Nationalismus *(Carsten Weikamp, 7.2.2017)*.

Sie lehnt politische Bildung in den Schulen ab, denn sie will keine kritisch denkenden Bürger. Sie will deutsches Kulturgut im Unterricht vermitteln und versucht eine Ideologisierung der Kunst gemäß ihrem völkischen Verständnis. Auch Bestrebungen seitens der AfD, Kultur zu zensieren, gibt es bereits. Traurige Erinnerungen an die Zeit des Nationalsozialismus werden wach.

Die AfD will eine Verschärfung des Strafrechts und vor allem Linksextremismus bekämpfen. Dies, obgleich rechtsextreme Straftaten zahlreicher und gewalttätiger sind. Gleichzeitig plädiert die AfD für eine Lockerung des Waffenrechts und ein Recht auf Bürgerwehr. Dies würde zu amerikanischen Wildwest-Verhältnissen führen und unser aller Sicherheit gefährden.

Aus all diesen Gründen lehnen wir OMAS GEGEN RECHTS die Gesellschaftspolitik der AfD strikt ab, denn sie spaltet unsere Gesellschaft. Die AfD ist ein geistiger Brandstifter für rechtsextreme Gewalttaten und gefährdet unser aller Sicherheit.

Warum man Europa nicht den Nationalisten und Populisten überlassen darf!

Verfasserin: Beate Booß

Die AfD leugnet die friedensstiftende Funktion der Europäischen Gemeinschaft

„Wehrhafte Vaterländer“ versus Friedensprojekt Europa

Es sind kaum mehr als 80 Jahre vergangen, seit ein entfesselter Nationalismus zuerst Europa und schließlich die ganze Welt in einen verheerenden Krieg stürzte – und dies nur rund zwei Jahrzehnte nach der apokalyptischen Katastrophe des Ersten Weltkrieges. Mindestens 60 Millionen Menschen verloren zwischen 1939 und 1945 ihr Leben, unzählige Städte und Dörfer, ja ganze Landstriche wurden in Schutt und Asche gelegt, unschätzbare Kulturgüter gingen für immer verloren. Humanität, Moral und Anstand wurden, wo nicht zu Grabe getragen, doch in ihren Grundfesten erschüttert.

Aus diesem ***„größten menschengemachten Desaster der Geschichte"*** *(Antony Beevor, britischer Historiker und Pritzker-Preisträger)* konnte nur eine Lehre gezogen werden: die **Schaffung der „Vereinigten Staaten von Europa“** *(Winston Churchill)*. Wie der britische Premierminister, so waren auch die Gründermütter und -väter der Europäischen Gemeinschaft (s. Anmerkung 1) davon überzeugt, dass endlich ein Schlussstrich unter die *„lange Periode europäischer Geschichte“* gezogen werden müsse; eine Periode, *„... in der jedem Staat Frieden nur denkbar und sicher schien als Ergebnis eigener Überlegenheit und in der Frieden eine Zeit der Vorbereitung des nächsten Krieges bedeutete“* ***(Richard von Weizsäcker, Rede zum***

Kriegsende vom 8. Mai 1985 vor dem Deutschen Bundestag*; nachzulesen auf: https://www.bundespraesident.de/SharedDocs/Reden/DE/RichardvonWeizsäcker/Reden/1985/05/19850508_Rede.html).*

Klar- und weitsichtig erkannten die Pioniere der Europäischen Union, dass ein dauerhafter Frieden nur möglich würde, wenn es den Europäern gelänge, Nationalismus und Kriegstreiberei endgültig auszumerzen und ihr Zusammenleben völlig neu zu ordnen. Nur ein Zusammenschluss zu einer supranationalen Gemeinschaft mit klaren Zielen und Werten bot Aussicht auf Überwindung der *„Zerstörungen, Verwüstungen, Grausamkeiten und Unmenschlichkeiten"* des Zweiten Weltkrieges *(****Richard von Weizsäcker****, ebenda)*. Nur ein solcher Zusammenschluss konnte die Voraussetzungen für künftige Stabilität und Prosperität in Europa schaffen.

Position OMAS GEGEN RECHTS in Deutschland:

Wir **OMAS GEGEN RECHTS** wurden in eine Zeit hineingeboren, in der die Wunden des Krieges noch sichtbar und das unendliche Leid vieler Menschen noch nicht vergessen oder verdrängt war.

Wir **OMAS GEGEN RECHTS** hatten das Glück, in einer Zeit aufzuwachsen, in der das Schweigen über das Versagen der Elterngeneration aufgebrochen und die Ursachen von Militarismus und Faschismus endlich öffentlich diskutiert wurden.

Wir **OMAS GEGEN RECHTS** erinnern uns gut an die in den 1960er und 1970er Jahren insbesondere bei jungen Menschen weithin spürbare **Begeisterung für die europäische Idee**.

Für uns bedeutete sie von Anfang an weit mehr als bloße **Friedenssicherung durch Stärkung des wirtschaftlichen und territorialen Zusammenhalts** in der Mitte Europas. Wir sahen darin den Auftrag an die nationalen Regierungen und die entstehenden europäischen Institutionen, die Weichen für **sozialen Zusammenhalt und umfassende Solidarität der Mitgliedsländer** zu stellen.

Mit einem Europa, das sich nicht nur den wirtschaftlichen Aufschwung, sondern auch den **Abbau von sozialer Ungerechtigkeit sowie von Diskriminierung** – sei es aufgrund des Geschlechts, der ethnischen Herkunft, der Weltanschauung, des Alters oder der sexuellen Ausrichtung – auf die Fahnen geschrieben hatte, konnten wir uns identifizieren.

In einem Europa, in dem **kulturelle Vielfalt und Toleranz** gefördert und **unveräußerliche Freiheitsrechte** – sei es die Freizügigkeit der Bewegung, die Achtung des Privatlebens, Gedanken-, Religions- und Versammlungsfreiheit, die Freiheit der Meinungsäußerung oder die Informationsfreiheit – garantiert wurden, fühlten wir uns zu Hause.

Die Bedeutung der europäischen Einigung für die **Verankerung von Demokratie und Rechtsstaatlichkeit in der jungen Bundesrepublik** war uns stets bewusst.

In den zurückliegenden Jahrzehnten ist der europäische Integrationsprozess vorangeschritten. Aus einer reinen Wirtschaftsgemeinschaft von zunächst 6 Ländern wurde eine **politische Union** aus aktuell 27 Mitgliedern **mit einem verbindlichen Kanon an Werten und Zielen**, niedergelegt in dem 2007 in Lissabon noch einmal überarbeiteten, seit 2009 gültigen **Vertrag über die Europäische Union**.

Das politische Zusammenwachsen Europas aber wird von der AfD entschieden abgelehnt und mit großem agitatorischen Aufwand als ***„Vergemeinschaftung der Politik in der EU“***, *„hin zu dem ... Endziel der **Auflösung der Nationen** und der Schaffung der Vereinigten Staaten von Europa als Ersatz der bisherigen Nationalstaaten“* verunglimpft ***(Jörg Meuthen, Rede vom 7.4.2020****; nachzulesen in: https://afdkompakt.de/2019/04/07/meuthen-zum-wahlkampf-auftakt-wir-kaempfen-fuer-ein-europa-der-vaterlaender/)*. Um die von der AfD vielbeschworene Angst vor dem *„Verlust der nationalen Identität“* zusätzlich zu befeuern, wird auch gleich noch das Gespenst des Sozialismus an die Wand gemalt: *„Die SPD,* *die LINKE und die GRÜNEN tun alles, um das* ***Projekt der sozialistischen Vereinigten Staaten von Europa*** *weiter voranzutreiben" (**J. Meuthen**, ebenda)*. Diesem *„Irrsinn"* will die AfD ein ***„Europa der Vaterländer"***, ein ***„Europa des Wettbewerbs" (J. Meuthen**, ebenda)* entgegensetzen, ganz so, als hätte der Wettbewerb resp. die Rivalität der Nationalstaaten den Kontinent nicht schon zweimal innerhalb eines einzigen Jahrhunderts ins Verderben gestürzt.

Die Weiterentwicklung der europäischen Gemeinschaft bedrohe, so behauptet die AfD gegen jede historische Einsicht und politische Vernunft, das *„friedliche Miteinander der Völker"*. Verantwortlich dafür macht sie ebenso kurzschlüssig wie zynisch die *„... Erzeugung längst überwundener Vorurteile und Feindseligkeiten zwischen den europäischen Völkern durch das Regime der Euro-Rettung" (s.* ***AfD-Grundsatzprogramm 2016****, Präambel)*. Dabei spielt kaum jemand auf der Klaviatur nationalistischer Ressentiments so schamlos und virtuos wie die AfD und ihre „Schwesterparteien" aus der EU-Fraktion „Identität und Demokratie" (ID) (s. Anmerkung 2).

Diese „Begründung" ist ein klassisches Beispiel für die von der AfD perfektionierte Methode der Vorwurfs-Umkehrung. Sie ist zugleich so absurd, dass sich eine sachliche Kommentierung erübrigt. Verstehen lässt sie sich nur als Manifestation des geschichtsrevisionistischen Gedankenguts der AfD.

Position OMAS GEGEN RECHTS in Deutschland:

Sollte es den Gegnern eines **friedliebenden, weltoffenen, solidarischen, sozialen und ökologischen Europas**, zu deren lautstärksten Vertretern die AfD gehört, tatsächlich gelingen, den europäischen Integrationsprozess auszuhebeln, steht sehr viel auf dem Spiel: **der innere und äußere Frieden Europas, der gemeinsame Wohlstand** und nicht zuletzt **die Zukunfts- und Überlebensfähigkeit Europas.**

Wir fordern deshalb: **MEHR STATT WENIGER EUROPA!**

Die AfD plant die Zerschlagung der EU und den Rückfall in die europäische Kleinstaaterei

Rückabwicklung der EU zu einer reinen Wirtschaftsgemeinschaft oder Austritt

Die AfD sei nicht „europafeindlich“, Gott bewahre. Sie wolle, so die Standardformel des verbal „gemäßigten“ Lagers der Partei, vielmehr *„Europa neu denken“*. Was darunter konkret zu verstehen ist, wird je nach Adressaten und Zweck der Botschaft unterschiedlich deutlich formuliert. Schwadroniert Jörg Meuthen (Co-Vorsitzender der AfD und stellvertretender Vorsitzender der Fraktion „ID“ im EU-Parlament) im öffentlichen Rundfunk darüber, Europa *„an Haupt und Gliedern reformieren“* zu wollen ***(J. Meuthen, DLF-Interview vom 11.1.2019;*** *nachzulesen unter: https://www.deutschlandfunk.de/europapolitik-der-afd-meuthen-eu-austritt-als-ultima-ratio.694.de.html?dram:article_id=438040)*, so wird er vor der eigenen Anhängerschaft sehr viel klarer und benennt als europapolitisches Ziel der AfD den ***„Rückbau des Brüsseler Molochs“*** ***(J. Meuthen, Interview in der Ausgabe 22/2019 der Wochenzeitung „Junge Freiheit“)***. Dass die europapolitische Agenda der AfD auch damit nur unzureichend beschrieben ist, zeigt sich beim Blick in das AfD-Grundsatzprogramm von 2016. Dort wird zunächst gefordert, *„... die EU zurückzuführen zu einer* ***(reinen) „Wirtschafts- und Interessengemeinschaft*** *souveräner, lose verbundener Einzelstaaten ...“*. Das eigentliche Ziel der AfD aber ergibt sich aus dem nachfolgenden Satz: *„Sollten sich unsere grundlegenden Reformansätze im bestehenden System der EU nicht verwirklichen lassen, streben wir den* ***Austritt Deutschlands*** *oder eine ... Auflösung der Europäischen Union ... an.“ (s.* ***AfD-Grundsatzprogramm 2016****, Kap. 2, Einleitung*). Mit anderen Worten: Sollten sich, wovon auszugehen ist, die Institutionen der EU ihrer Demontage widersetzen, will man die wahlweise als ***„zentralistisches Monster“*** und ***„Irrenhaus“*** *(s.* ***„AfD im Europaparlament. Wo die Rechtspopulisten unglücklich vereint sind“****. Tagesspiegel, 12.7.2019)* oder als ***„monströser“, „aufgeblähter“, „(von) Lobbyismus, Bestechung und***

Subventionsbetrug (geprägter) ... Behördenapparat" diffamierte Union zerschlagen *(s. Wahlprogramm der AfD für die Europawahl 2019, S. 12 und 13)*. Schließlich sei Deutschland, so Gottfried Curio, einer der Vordenker der Partei, in AfD-typischer Tonalität *„... nicht der Dorftrottel Europas" (s. G. Curio, Webseite)*.

Im AfD-Wahlprogramm 2021 heißt es dann zusammenfassend: *„Wir halten einen **Austritt Deutschlands aus der Europäischen Union** und die Gründung einer neuen europäischen Wirtschafts- und Interessengemeinschaft für notwendig"* (***AfD Programm zur Bundestagswahl 2021**, Kapitel 3 „EU und Europa", S. 29*).

Exponenten des verbal radikalen Lagers der AfD gehen sogar noch weiter. Für sie stellt die EU nicht nur ein wirtschaftliches und politisches, sondern mehr noch ein *„soziales und moralisches Problem"* dar, das man nicht nur *„bekämpfen und zerschlagen"*, *„sondern auch verachten"* müsse *(**Nicolaus Fest, 18.12.2014**, auf http://nicolaus-fest.de/2014/)*. Offener kann man nicht zum **Frontalangriff auf die europäischen Institutionen und Ideen** blasen.

Position OMAS GEGEN RECHTS in Deutschland:

Wir **OMAS GEGEN RECHTS** bekennen uns mit Nachdruck zur **EU als Solidargemeinschaft**. Aus ethischen wie aus realpolitischen Gründen setzen wir uns nicht nur für ihren Erhalt, sondern darüber hinaus für ihre Weiterentwicklung ein.

Für uns sind die von der AfD vielbeschworenen, aber nirgendwo konkretisierten „europäischen Werte" nicht die bloße Summe nebeneinanderstehender „nationaler Werte" – wie etwa der laut Björn Höcke deutschen Tugenden der *„Wehrhaftigkeit"* oder gar der *„Härte gegen sich und besonders gegen andere"* (*s. Björn Höcke, Nie zweimal in denselben Fluss, Juni 2018*). Wir orientieren uns vielmehr an den **Prinzipien und Ideen der europäischen Aufklärung**, die nicht zufällig das **Ergebnis einer sich an keine Landesgrenzen haltenden natur- und geisteswissenschaftlichen Gemeinschaftsleistung Europas** ist. Erinnert sei hier nur an den Beitrag des englischen Liberalismus (s. John Locke und andere), des französischen Rationalismus (s. René Descartes und andere) und des deutschen Idealismus (s. Immanuel Kant und andere) einerseits sowie die den geisteswissenschaftlichen vorausgehenden naturwissenschaftlichen Umwälzungen andererseits (s. u.a. Galileo Galilei, Johannes Kepler, Isaac Newton, Christiaan Huygens, Pierre-Simon Laplace).

Gleichzeitig sind wir uns bewusst, **dass Europa sich im globalen Kräftespiel nur behaupten kann, wenn es seinen inneren Zusammenhalt stärkt und seinen äußeren Zusammenhalt sichert**. Dazu bedarf es unseres Erachtens sowohl einer auf gleichwertige Lebensbedingungen ausgerichteten gemeinsamen Wirtschafts-, Währungs-, Steuer- und Sozialpolitik als auch einer gemeinsamen, werteorientierten Außen- und Sicherheitspolitik.

Die Legende von der „Transfer- und Schuldenunion" zulasten Deutschlands

Gebetsmühlenartig beschwört die AfD **das Zerrbild eines von seinen EU-Partnern unter Mithilfe der eigenen Regierung ausgeplünderten Deutschlands**. Zum Nachteil der eigenen Wirtschaftskraft und des Wohlstands seiner Bürger müsse Deutschland die Zeche für Länder begleichen, die jahrelang auf Pump konsumiert hätten, ohne ihre Wirtschaften wettbewerbsfähig zu machen. *„Deutschlands Rolle in der EU: Zwischen gerupfter Weihnachtsgans und Melkkuh"*, so lautet eine der griffigen Formeln der AfD-Populisten *(**Gottfried Curio, 21.9.2020**; auf: https://www.you-tube.com/watch?v=w00deuugWy8)*.
Ob EURO-Rettungsschirm, Bankenunion oder EU-Regionalförderung – keine Gelegenheit wird ausgelassen, dem „kleinen Mann" vor Augen zu führen, dass er mit dauernden Wohlstandsverlusten für die *„Versäumnisse"* und *„politischen Verfehlungen"* insbesondere der Südeuropäer haftet, die sich im *‚Transferparadies' EU* gemütlich

eingerichtet hätten. *„Die ständigen* ***Rettungsorgien*** *haben Griechenland kein bisschen diszipliniert ... Und nun führt Griechenland die Gläubigerstaaten erneut am Nasenring durch die Manege, indem es Zusagen, wie etwa Sparmaßnahmen, die als Bedingung für die Auszahlung der verbleibenden Kredittranche ... vereinbart wurden, nicht einhält“ (****J. Meuthen, Beitrag vom 1.8.2018 in AfD Kompakt****; nachzulesen unter https://afdkompakt.de/2018/8/01/rettungsorgien-haben-griechenland-nicht-diszipliniert/).* Und damit auch der ökonomisch weniger versierte deutsche Bürger begreift, was dies für ihn persönlich bedeutet, übersetzt Gottfried Curio die AfD-Botschaft in die eingängige Frage: ***„Warum soll der deutsche Mieter den italienischen Hausbesitzer finanzieren?“*** *(****Gottfried Curio****, ebenda)*.

Stand bei der Erstellung des AfD-Grundsatzprogramms im Jahre 2016 noch der **Euro** im Fokus der Kritik, der ***„eine grundlegende Fehlkonstruktion“*** und *„... ohne ständige(n) massive(n) Vermögens-transfer in solche EU-Staaten, die einer Währungsunion nicht gewachsen sind, nicht mehr überlebensfähig“ (siehe* ***AfD-Grundsatzprogramm 2016****, Kap. 2.4)* sei, so hat sich die Angriffsfront der AfD seither verbreitert. Für die AfD sind in den Jahren 2020/21 die langfristigen Haushaltsplanungen der EU sowie *die „... Corona-Krise ... (nur noch ein) Vorwand ... um ein* ***gigantisches Umverteilungskarussell*** *in Gang zu setzen.“* Über Opfer und Täter sowie die Motive kann es gemäß AfD nicht den geringsten Zweifel geben: *„Obwohl die Deutschen im EU-Vergleich bereits die höchsten Steuern zahlen, beim Rentenniveau und dem Durchschnittsvermögen der Privathaushalte dagegen weit hinter den Empfängerländern zurückliegen, werden sie in dreistelliger Milliardenhöhe zur Kasse gebeten. Statt um ökonomische Vernunft geht es dabei um politisch-ideologische Steuerung“ (****Alice Weidel zum MFR- und Wiederaufbaufonds-Beschluss des Brüsseler EU-Gipfels vom 21.7.2020****; nachzulesen unter: https://www.afd.de/alice-weidel-merkel-und-macron-sind-die-totengraeber-der-demokratie-in-europa/)*. An anderer Stelle spitzt Alice Weidel den Vorwurf noch einmal zu: *„Noch nie hat eine Regierungschefin so lange und hartnäckig darum gekämpft, die*

*Steuergelder ihrer Bürger im ganz großen Stil an andere verschenken zu dürfen, wie Angela Merkel an Brüssel ..." (**Alice Weidel**, ebenda).*

Völlig ausgeblendet wird dabei, dass die Verhinderung des Zerfalls der Euro-Zone auch im deutschen Interesse lag und liegt. Um das Vertrauen von Investoren und Regierungen in die Euro-Länder und die Gemeinschaft im Ganzen zu erhalten, schnürte die EU diverse Hilfspakete und schuf den Stabilisierungsmechanismus ESM. Dieser vergibt seine Kredite zur Überbrückung von Finanzproblemen allerdings nicht zum Nulltarif, sondern verlangt im Gegenzug die Umsetzung harter Reform- und Sparprogramme. Die Darlehen sind zudem kein Geschenk, sondern müssen inklusive Zinsen zurückgezahlt werden.

Position OMAS GEGEN RECHTS in Deutschland:

Auch wenn rein wirtschaftspolitische Überlegungen in unserer Ausrichtung eine eher untergeordnete Rolle spielen, ist uns **OMAS GEGEN RECHTS** der **Nutzen einer wirtschaftlich stabilen EU** und der **europäische Mehrwert des EU-Haushalts** durchaus bewusst.

Unbestreitbar ist, dass Deutschland als größte Volkswirtschaft in der Mitte Europas vom Binnenmarkt mit einer gemeinsamen Wettbewerbs- und Außenhandelspolitik besonders profitiert, da gerade die deutsche Exportindustrie europaweit integrierte Wertschöpfungsketten hat. Ebenfalls von großem Wert für die deutsche Wirtschaft ist die stabilisierende Wirkung der gemeinsamen Währung und die wirtschaftspolitische Koordinierung in der EU. Selbst die Förderung strukturschwacher Regionen aus dem EU-Haushalt liegt im deutschen Interesse, fließt doch ein erheblicher Teil der Gelder, die von Berlin nach Brüssel gehen und die Kohäsionspolitik mitfinanzieren, wieder in die deutsche Industrie zurück.

Nicht außer Acht gelassen werden darf ferner, dass Deutschland zwar in absoluten Zahlen der größte „Nettozahler" in der EU ist (in den Jahren 2014-2019 waren das jeweils etwa 10-15 Milliarden EURO pro Jahr; für 2020 wird der Betrag auf 14,4 Mrd. EURO geschätzt), pro Kopf gerechnet allerdings die Schweden, Luxemburger, Österreicher und Niederländer ähnlich viel oder (je nach Jahr) sogar mehr einzahlen. Die „Nettozahler"-Debatte macht ohnehin immer weniger Sinn, da Budgetposten wie Agrarmittel oder Mittel der Regionalförderung, bei denen sich in etwa nachvollziehen lässt, wie viel ein Mitgliedsstaat eingezahlt und wie viel er herausbekommen hat, künftig nur noch etwa ein Drittel des EU-Haushalts ausmachen. Stattdessen gewinnen die **gemeinsamen Zukunftsaufgaben** wie z.B. die **Klimaschutz- und Energiepolitik** immer mehr an Bedeutung. Hier können die Mitgliedsstaaten gemeinsam mehr erreichen als die einzelnen Länder allein. **Investitionen in Forschung und Innovation** schaffen zudem **mehr Wirtschaftskraft**, wenn sie gemeinsam getätigt werden.

Kurzum: **Wer, wie die AfD, aus Gründen der nationalistischen Abgrenzung die ökonomischen Verflechtungen der Welt ignoriert, ist nicht nur naiv, sondern gefährlich dumm** und somit **unwählbar.**

Die unheilvolle Verbindung von EU-Skeptizismus und völkisch-nationalistischem Populismus

Auch wenn der unmittelbare Entstehungsanlass und das ‚Geburtsthema' der AfD die 2010 einsetzende Krise der europäischen Währungsunion sowie die in den Folgejahren beschlossenen EU-Maßnahmen zur Krisenbewältigung waren, herrschte in Teilen der Partei von Anfang an ein viel weiter gehender, **grundsätzlicher, ideologisch-programmatischer EU-Skeptizismus**.

Mit der im September 2015 einsetzenden Flüchtlingskrise hatte die AfD ihr zweites Kernthema gefunden. Wechselweise wurden und werden die deutsche Bundesregierung oder die EU an den Pranger gestellt. Parallel zum Angriff auf die Bundeskanzlerin – *„Frau Merkel hat sich als Schleuser betätigt"* (***Alexander Gauland, zitiert im Tagesspiegel vom 9.10.2015***; *nachzulesen unter: https://www.tagesspiegel.de/politik/fluechtlingspolitik-afd-erstattet-strafanzeige-gegen-angela-merkel/12430886*

.html) – erfolgt die Attacke auf die EU: *„... **betreiben die politischen Eliten und Institutionen der EU .. eine Asyl- und Immigrationspolitik, welche die europäische Zivilisation in existenzielle Gefahr bringt**. Daher ist die zurzeit betriebene forcierte Migrationspolitik zu beenden“ (**Antrag der AfD zur deutschen Übernahme der Ratspräsidentschaft am 01.Juli 2020, Deutscher Bundestag, Drucksache 19/20614**)*. Die Brücke zwischen **national-liberalem EU-Skeptizismus** und **völkisch-nationalistischem Denken** war spätestens ab 2015 geschlagen. Seither gewinnt vor allem der zweite Ideologiestrang ein immer größeres Gewicht, wird die europafeindliche Agitation der AfD immer radikaler.

Position OMAS GEGEN RECHTS in Deutschland:

Wir **OMAS GEGEN RECHTS warnen vor nationalistischen Abgrenzungen** und **populistischen Heilsversprechen**. Für uns gilt: Ein Zurück zu einem Europa der Nationalstaaten bietet **keine Antwort auf die Herausforderungen der Gegenwart** und ist **keine Lösung für die wirtschaftlichen, sozialen, kulturellen, ethischen und ökologischen Fragen des 21. Jahrhunderts**.

Wohin es führt, wenn nationalistische Übersteigerungen sich mit wirtschaftlichen Krisen bzw. sozialen Notlagen verknüpfen, zeigt der Aufstieg des Nationalsozialismus. Die Erkenntnis daraus lautet: Am Anfang jeder Gewaltherrschaft stehen Vorurteil, Spaltung, Feindschaft und Hass. Am Ende der blanke Terror.

Deshalb muss der AfD-Propaganda überall und jederzeit energisch entgegengetreten werden!

Die AfD betreibt im EU-Parlament reine Obstruktionspolitik

Der Anti-Europäismus kennzeichnet nicht nur Ideologie und Programmatik der AfD, er bestimmt auch ihre Parlamentsarbeit. Statt konstruktiver Opposition betreibt die AfD auch auf europäischer Ebene durchgängig eine **Politik der Obstruktion**.

Dass sie **das Parlament primär als Bühne der Selbstdarstellung** nutzt, lässt sich schon an **Art und Intensität ihrer parlamentarischen Aktivität** ablesen. So liegt ihr Anteil an öffentlichkeitswirksamen Wortmeldungen und Anfragen im Plenum des EU-Parlaments weit über dem Durchschnitt anderer Parteien, ihr Anteil an den ungleich arbeitsaufwendigeren Entschließungsanträgen, mittels derer Parteien ihre Position zu bestimmten Gesetzesvorhaben erklären und konkrete Forderungen oder Vorschläge präsentieren, jedoch weit unter dem entsprechenden Durchschnittswert *(s. **www.europarl.europa.eu**)*.

Noch aufschlussreicher ist das **Abstimmungsverhalten** der AfD-Abgeordneten in allen zentralen europäischen Zukunftsfragen *(nachzusehen auf **VoteWatch** und **EPvotetracker**)* sowie die begleitende Polemik.

Am Beispiel der „Brexit"-Frage

Während die große Mehrheit des EU-Parlaments die Brexit-Verhandlungen aktiv begleitet und für die Interessen der Unionsbürger gestritten hat, haben sich die AfD-Abgeordneten regelmäßig, gelegentlich sogar gegen das Votum der eigenen Fraktion, zum **Lobbyisten und Sprachrohr der „Brexiteers"** gemacht. Selbst der Versuch der britischen Regierung, durch ein neues Binnenmarktgesetz Teile des bereits ratifizierten Austrittsabkommens außer Kraft zu setzen – ein Rechtsbruch, mit dem der mühsam errungene Frieden in Nordirland aufs Spiel gesetzt wird – fand ihre Unterstützung.

Zwischen April 2017 und Januar 2020 wurden im EU-Parlament insgesamt 9 Abstimmungen mit Bezug zum Brexit durchgeführt. Im Wesentlichen ging es dabei zunächst um die Austrittsbedingungen, später dann um die Inhalte des Mandats der EU-Kommission für die Verhandlungen über die Ausgestaltung der künftigen britisch-europäischen Beziehungen. Insbesondere hinsichtlich des Handels- und Wirtschaftsabkommens formulierte das EU-Parlament klare Zielvorgaben. So soll sich das neue Regelwerk im Interesse fairer Wettbewerbsbedingungen an europäischen Umwelt-, Klima-, Sozial-, Arbeits- und Verbraucherschutzstandards orientieren. Erwartet wird zudem die vollständige Umsetzung aller Bestimmungen des Austrittsabkommens, einschließlich des Protokolls über Irland/Nordirland.

Im Großen und Ganzen ergibt sich bei den Abstimmungen das erwartete Bild: Während die Fraktionen der christlich-konservativen, sozialdemokratischen, grünen und liberalen Parteien (EVP, S&D, Grüne/EFA und ALDE/Renew) stets mit deutlicher Mehrheit für die entsprechenden Vorlagen stimmten (mit Zustimmungswerten zwischen 68,8 % und 82,8 %), sprachen sich die Fraktionen der Rechtspopulisten und Rechtsextremen (ID, IN, EFDD und ENF) kontinuierlich dagegen aus (mit durchschnittlich knapp 80 %). Besonders bemerkenswert ist jedoch das **Stimmverhalten der AfD bei der Abstimmung über das konkretisierte Verhandlungsmandat der EU-Kommission im Juni 2020**. Hier verweigerten alle 11 AfD-Abgeordneten ihre Zustimmung und stellten sich damit sogar gegen die Mehrheitsmeinung ihrer Fraktion. Zur Begründung wiederholte die AfD den schon bei der Ablehnung des EU-Parlamentsbeschlusses vom 12.2.2020 zum Verhandlungsmandat für ein Freihandelsabkommen ins Feld geführten **abstrusen Knebelungs-Vorwurf**. *„Dass einer von zwei souveränen Vertragspartnern in einem bilateralen Vertrag weiterhin der Gerichtsbarkeit des Anderen unterworfen bleibt, erinnert an die Knebelverträge, die die Europäer im 19. Jahrhundert China aufzwangen."* Oder: *„Mit dem Freihandelsabkommen will die EU die Briten knebeln" (**Gunnar Beck MdEP in AfD Kompakt vom 12.2.2020**; nachzulesen auf: https://afdkompakt.de/2020/2/12/mit-dem-freihandelsabkommen-will-die-eu-die-briten-knebeln/)*.

Während der 31.01.2020 den meisten Europäern als einer der bittersten Tage in der jüngeren europäischen Geschichte in Erinnerung bleiben wird, war die Freude über das mit Inkrafttreten des Austrittsabkommens vollzogene Ausscheiden des Vereinigten Königreichs aus der EU bei der AfD riesengroß. Euphorisch bejubelte man den *„historischen Sieg der direkten Demokratie"* und *„gratulierte zum Brexit-Day"* (***B. von Storch***; *nachzulesen auf: https://www.youtube.com /watch?v=pvRT7HCzgUE)* oder träumte gleich davon, dass *„... Großbritannien .. der Anfang vom Ende der EU sein"* werde *(**M. Pretzell**; https://www.eu-info.de/dpa-europaticker/278746.html)*.

Am Beispiel des Europäisches Asylsystems und Migrationspakts

Wie auf nationaler Ebene, so dominiert die „Migrationsfrage" – das Thema also, mit dem die AfD seit 2015 reüssiert – auch auf EU-Ebene die ansonsten recht schmale politische Agenda der Partei. Hier wie dort fordert sie lautstark einen *„grundlegenden Paradigmenwechsel"*. Gemeint ist damit ***„strikte Begrenzung und Steuerung jeglicher Einwanderung"*** nach Europa und ***„Rückführung von Asyl- und Zuwanderungspolitik in die Zuständigkeit der Nationalstaaten"***. Zwingend zu geschehen habe dies zum Schutz vor einer ansonsten unaufhaltsamen ***„Marginalisierung der einheimischen Bevölkerungen"*** sowie zum Zwecke der ***„Wahrung der Identität der europäischen Kulturnationen"*** *(s. **G. Curio, Webseite**)*. Diese nur leicht entstaubten Schlagworte aus der Mottenkiste völkischer Rhetorik finden sich in unzähligen Äußerungen von Mandatsträgern der AfD, so dass sich einzelne Quellennachweise an dieser Stelle erübrigen.

Die **kategorische Ablehnung eines gemeinsamen Europäischen Asylsystems** und die **Blockade sämtlicher Reformvorschläge zum EU-Asylrecht sowie jeglicher Änderungen der Dublin-Verordnung** (insb. der Einführung eines solidarischen Verteilungsschlüssels und verbindlicher Aufnahmequoten für Asylsuchende) durch die EU-Abgeordneten der AfD erscheinen somit nur folgerichtig. Gleiches gilt für die Forderung, dass sich die EU künftig im Wesentlichen auf operative Hilfestellungen für die Mitgliedstaaten bei Abschiebungen sowie bei Verhandlungen über Rückführungsabkommen zu beschränken und die Sicherung der Außengrenzen in erster Linie den betroffenen Staaten der EU zu überlassen habe. Politisch ‚erfolgreich' war die AfD mit ihrer radikalen Abschottungshaltung im Oktober 2019, als sie zusammen mit der extremen Rechten und den Konservativen im EU-Parlament eine Resolution zur Seenotrettung im Mittelmeer verhinderte.

In der Logik dieser Denkweise liegt auch die **scharfe Ablehnung der EU-Migrationsagenda** (u.a. Schaffung legaler Einreisemöglichkeiten für Schutzsuchende) und des darin vorgesehenen Resettlement-Programms. Gottfried Curio, innenpolitischer Sprecher der AfD-Bundestagsfraktion, bringt die Haltung der AfD wie folgt auf den Punkt: ***„Der ... neue Pakt für Migration und Asyl ist ein unheilvolles Gebräu aus Illusionen und Verantwortungslosigkeiten***. *Der Zustand einer unkontrollierten, unbegrenzten Masseneinwanderung darf nicht Gesetzesform annehmen. Die Zukunft Europas hängt davon ab, ob die Regierungen endlich für die Interessen ihrer eigenen Völker eintreten oder aus falschen, pseudohumanitären Gründen das Ende Europas ... besiegeln" (**AfD-Fraktion im Deutschen Bundestag**; nachzulesen auf: https://www.afdbundestag.de/gottfried-curio-zum-eu-pakt-fuer-migration-und-asyl-afd-fraktion-im-bundestag/)*.

Als Blaupause gilt der AfD der **opportunistische Hardliner-Kurs der migrationsfeindlichen Regierungen Osteuropas**, den sie im EU-Parlament vorbehaltlos unterstützt. So rühmt z.B. Beatrix von Storch die ***„Visegrad-Staaten als Vorbilder gegen (das) Asyl- und Migrationsdiktat der EU"*** *(**AfD-Fraktion im Deutschen Bundestag, Berlin, 25.09.2020;** nachzulesen unter: https://www.afd.de/beatrix-von-storch-visegrad-staaten-als-vorbilder-gegen-asyl-und-migrationsdiktat-der-eu/)*.

Unter diesen Vorzeichen versteht es sich von selbst, dass die AfD den **Austritt aus den beiden UN-Abkommen „Migrationspakt"** und **„Globaler Flüchtlingspakt"** nach dem unseligen Muster der Trump-Administration fordert.

Position OMAS GEGEN RECHTS in Deutschland:

Wir **OMAS GEGEN RECHTS** verweisen an dieser Stelle mit Nachdruck auf **Artikel 1 des Grundgesetzes**, in dem es heißt:

„(1) ***Die Würde des Menschen ist unantastbar***. *Sie zu achten und zu schützen ist* ***Verpflichtung aller staatlichen Gewalt***.

(2) Das deutsche Volk bekennt sich darum zu unverletzlichen und unveräußerlichen Menschenrechten als Grundlage jeder menschlichen Gemeinschaft, des Friedens und der Gerechtigkeit in der Welt."

Weder das **Grundgesetz** noch **Artikel 2 des Vertrags über die Europäische Union (EUV)** unterscheiden nach Nationalität, Geschlecht oder anderen sekundären Merkmalen. **Ihnen gilt der Mensch – und zwar jeder – deshalb als wertvoll, weil er ein Mensch ist**. Dieses ethische Grundprinzip hat zeitlose Gültigkeit und muss als Maßstab jedem staatlichen Handeln, also auch dem Umgang mit Flüchtlingen und Migranten, zugrunde gelegt werden.

Am Beispiel des Mehrjährigen Finanzrahmens (MFR) 2021 – 2027 und des umfassenden Corona-Wiederaufbaufonds

Das **Budgetrecht** gilt als das vornehmste Recht eines Parlaments. Wie skrupellos die AfD dieses „Königsrecht" als **Instrument ihrer Blockadestrategie im EU-Parlament** missbraucht, zeigte sich einmal mehr im **Streit um den Corona-Wiederaufbaufonds und um den Mehrjährigen Finanzrahmen 2021 – 2027**. Auf dieses Paket mit einem in der Geschichte der EU beispiellosen Gesamtvolumen von 1,8 Billionen Euro, davon 1,074 Billionen Euro für den Mehrjährigen Finanzrahmen und 750 Milliarden Euro für den umfassenden Aufbaufonds zur Bekämpfung der Folgen der Corona-Pandemie, hatten sich der EU-Rat und das Europäische Parlament nach monatelangen Verhandlungen am 10. November 2020 verständigt. Die Einigung musste anschließend in mehrere Gesetze übersetzt werden. Einigen dieser Gesetze mussten das Europäische Parlament und die im Rat vertretenen Mitgliedstaaten noch einmal ausdrücklich zustimmen, im Rat teilweise sogar einstimmig. Der sogenannte Eigenmittelbeschluss, Rechtsgrundlage für die Finanzierung sämtlicher EU-Ausgaben, muss zusätzlich in allen Mitgliedstaaten ratifiziert werden. Diese Besonderheiten des EU-Haushaltsrechts wurden von der AfD skrupellos genutzt, um im Schulterschluss mit den rechtsnationalen Regierungen Ungarns und Polens **die Finanzplanungen der EU zu torpedieren**.

Hatte die AfD sich schon im Vorfeld **gegen eine gemeinschaftliche Pandemie-Bekämpfung** in Stellung gebracht (so lehnte die AfD am 16.4.2020 europaweite Maßnahmen gegen die COVID-19-Pandemie ab und stimmte am 15.5.2020 gegen einen europäischen Aufbau- und Transformationsfonds für die Erholung nach Corona), so antwortete sie auf den Vorschlag für das neue Aufbauinstrument und den Mehrjährigen Finanzrahmen mit sage und schreibe **77 (!) „haushaltsverschlankenden“ Änderungsanträgen**, die in der Summe auf eine **70%ige (!) Kürzung der EU-Haushaltsmittel** abzielten *(Quelle: https://**afdkompakt.de/2020/10/07**/kuerzung-des-eu-haushalts-um-70-prozent-eine-notwendigkeit/)*. Diesen für die AfD absolut ungewöhnlichen parlamentarischen Aktionismus begründete der AfD-Haushaltsexperte im EU-Parlament, Joachim Kuhs, folgendermaßen: *„Mit einem Teil dieses Geldes werden die katastrophalen Programme der scheinkonservativen EU-Kommissionspräsidentin Ursula von der Leyen finanziert: **Migration, Green Deal** und der sogenannte **Wiederaufbaufonds.** Das alles sind **hochideologisierte Projekte auf Kosten der arbeitenden Menschen** ...“ (Nachzulesen auf: https://afdkompakt.de/2020/10/07/kuerzung-des-eu-haushalts-um-70-prozent-eine-notwendigkeit/)*. Es ist also neben der **grundsätzlichen Kritik am europäischen „Superstaat“** vor allem die **politische Schwerpunktsetzung der EU**, die im MFR über die Ausgabenobergrenzen für sieben Jahre festgelegt wird und auch den Rahmen der jährlichen Haushaltspläne absteckt, welche die AfD mit allen Mitteln auszuhebeln versucht.

In ihrer *„Erklärung zum Euro-Beschluss des Brüsseler Gipfels"* (gemeint ist das Gesamtpaket aus MFR und Wiederaufbaufonds) vom 21.6.2020 nennt Alice Weidel den **Wiederaufbaufonds** den ***„finalen Sündenfall"***. Und in der AfD-typischen Rhetorik des nationalen Egoismus geht es weiter: *„Die EU nimmt Schulden auf ... (und) Deutschland haftet dafür ... Bundeskanzlerin Angela Merkel betreibt einmal mehr **Europapolitik gegen die Interessen der deutschen Bürger und Steuerzahler**, um sich als ‚große Europäerin' feiern zu lassen. Tatsächlich hat sie die Lunte an die Sprengladung gelegt, die die Europäische Union zerreißen wird"* *(Nachzulesen auf:* https://www.afd.de/alice-weidel-merkel-und-macron-sind-die-totengraeber-der-demokratie-in-europa).

Am Beispiel des Streits um das EU-Rechtsstaatsverfahren und den neuen Rechtsstaatsmechanismus

Zur vielbeschworenen „christlich-abendländischen Kultur" Europas scheinen aus Sicht der AfD die in Art. 2 des Vertrags über die Europäische Union (s. Anmerkung 3) verankerten Grundwerte – Menschenwürde, Freiheit, Demokratie, Gleichheit, Rechtsstaatlichkeit und die Wahrung der Menschenrechte einschließlich der Minderheitenrechte – nicht zu gehören. Wie sonst ließe sich das **Nein der AfD** zum Beschluss des EU-Parlaments vom 12.9.2018 erklären, mit dem das Parlament dem EU-Rat formell die **Einleitung eines Verfahrens gegen Ungarn** nach Artikel 7 des EU-Vertrags wegen Verletzung der europäischen Werte vorschlug (s. Anmerkung 4).

Gemäß Art. 7 des EU-Vertrags kann eine schwerwiegende Grundwerte-Verletzung durch ein Mitgliedsland mit verschiedenen Sanktionen geahndet werden. Für einen Sanktionsbeschluss bedarf es einer qualifizierten Mehrheit im Rat der EU (seinerzeit mindestens 20 Mitgliedsstaaten, die mind. 65 % der EU-Bevölkerung abzüglich der Bürger des betreffenden Landes umfassen). Für die schärfste Form der Sanktionierung, den Entzug des Stimmrechts im Rat, ist allerdings ein einstimmiger Ratsbeschluss erforderlich.

Dass dieses Verfahren – ebenso wie das bereits 2017 von der EU-Kommission wegen der „Justizreformen“ eingeleitete **Rechtsstaatsverfahren gegen Polen** (s. Anmerkung 5) – bis heute nicht abgeschlossen ist, ist nicht nur der z.T. unscharfen Rechtslage und dem langwierigen Procedere mit seinen hohen Hürden, sondern ebenso der erfolgreichen Blockade durch die rechtsnationalistischen Regierungen in Europa und ihre Helfershelfer im EU-Parlament geschuldet.

Der AfD jedenfalls kamen beide Gelegenheiten sehr gelegen, um in die bekannte Kakophonie der EU-Gegner einzustimmen. **Polen und Ungarn** seien ***„Opfer einer übermächtigen EU-Bürokratie“*** und ihrer ***„kleinlichen Rache“***. Wofür sich der europäische „Deep State“ im Verbund mit den *„Feinden der Nationalstaaten“* im EU-Parlament rächen will, liegt, so Orban, auf der Hand. Mit dem Rechtsstaatsverfahren solle *„sein Volk dafür verurteilt werden, dass es Ungarn nicht zu einem Einwanderungsland machen wolle“* (**Merkur, 13.9.2018**; *nachzulesen auf: https://www.merkur.de/politik/orbans-ungarn-will-gegen-rechtsstaatsverfahren-eu-klagen-mit-einem-trick-zr-10233569.html)*.

Im gleichen Tenor sprang Alice Weidel Viktor Orban bei: *„Die Entscheidung des Europaparlamentes, nach Polen nun auch gegen Ungarn ein Rechtsstaatsverfahren einzuleiten, ist der durchschaubare Versuch, die* ***ungarische Regierung*** *von Ministerpräsident Victor Orban* ***für ihre standhafte Haltung gegen die unverantwortliche Flüchtlingspolitik der EU abzustrafen****.“* (**Alice Weidel im Sept. 2018**; *nachzulesen auf: https://afdkompakt.de/ 2018/9/13/nicht-orban-sondern-das-eu-parlament-gefaehrdet-die-demokratie/)*.

Auch hier zeigt sich, wie dicht Fremdenfeindlichkeit, Rassismus, Populismus, Nationalismus, Autoritarismus und EU-Skepsis miteinander verwoben sind.

Ebenso vehement unterstützte die AfD die Regierungen Ungarns und Polens in ihrem **gemeinsamen Kampf gegen den neuen Rechtsstaatsmechanismus**, der die Vergabe von EU-Geldern mit der Einhaltung von Rechtsstaatlichkeit und demokratischen Prinzipien

verknüpfen soll. *„Es war ein schwerer Fehler der EU, ihre arrogante Kritik an angeblichen Demokratiedefiziten in Polen und Ungarn mit dem mehrjährigen EU-Haushalt und dem Wiederaufbaufonds zu verbinden … Solange in Deutschland Andersdenkende physisch terrorisiert, menschlich ausgegrenzt und medial diffamiert werden, solange es der größten Oppositionspartei fast unmöglich gemacht wird, einen Raum für ihre Parteitage zu mieten, solange Steuergelder für Propaganda-NGOs wie der Amadeu-Antonio-Stiftung und den Neuen Deutschen Medienmachern ausgegeben werden, solange AfD-Politiker jede Woche auf der Straße attackiert werden, ohne dass jemand zur Rechenschaft gezogen wird, sollte die Merkel-Regierung sich ebenfalls mit ihrer Kritik an angeblichen Demokratiedefiziten in anderen Ländern sehr zurückhalten!“* So Joachim Kuhs, der haushaltspolitische Sprecher der AfD-Gruppe im EU-Parlament und Mitglied des AfD-Bundesvorstandes, dazu Vorsitzender der Christen in der AfD, der sich selbst dem „konservativ gemäßigten Lager“ der Partei zurechnet *(**Presseportal der AfD, Stand 17.11.2020**; nachzulesen auf: https://www.presseportal.de/pm/110332/4766019)*.
Augenfälliger kann kaum vorgeführt werden, **dass die AfD auf europäischer Ebene in allererster Linie ihre innenpolitische Agenda abarbeitet**. Ungeschminkter kann kaum zum Ausdruck gebracht werden, in welchem Maße sich die **AfD-Agenda** mit der **Agenda der „illiberalen Demokratie“ Orbanscher Machart** deckt.

Auf den Rechtsstaatsmechanismus hatten sich Regierungsvertreter und Europaparlament Anfang November 2020 nach bald zweijährigen Verhandlungen vorläufig geeinigt, nachdem sich sowohl die Artikel-7-Verfahren (s.o.) als auch die verschiedenen Vertragsverletzungsverfahren der EU-Kommission vor dem Europäischen Gerichtshof als stumpfe Waffen erwiesen hatten (s. Anmerkung 6).

Das neue Instrument soll die EU erstmals in die Lage versetzen, die Missachtung grundlegender EU-Werte durch einzelne Mitgliedsstaaten finanziell zu sanktionieren. Um seine Einführung zu verhindern, haben die polnische und ungarische Regierung ihr **Veto gegen das gesamte EU-Haushaltspaket**, bestehend aus dem MFR 2021 – 2027 und dem

Corona-Wiederaufbaufonds, eingelegt. Als Hebel benutzten sie dabei den sog. Eigenmittelbeschluss, der der EU die geplante Aufnahme von 750 Milliarden EURO für den Corona-Hilfsfonds ermöglichen soll. Die Aufnahme dieser Eigenmittel muss nämlich einstimmig beschlossen werden. Erst als die Kommission eine „Kompromisslösung" fand (Aufschub um ein bis zwei Jahre durch Möglichkeit der Überprüfung des Mechanismus durch den EuGH), konnte die Blockade des in den von der Corona-Pandemie besonders gebeutelten Ländern so dringend benötigten Wiederaufbauprogramms aufgelöst werden.

Unbeschadet dessen verkündete der haushaltspolitische Sprecher der AfD im EU-Parlament: *„Die AfD-Delegation im EU-Parlament unterstützt die Regierungen von Polen und Ungarn in ihrem Bestreben, ihre nationalstaatliche Souveränität gegen die Übergriffe aus Berlin und Brüssel zu verteidigen" (**Joachim Kuhs, Presseportal der AfD, Stand 17.11.2020**; nachzulesen auf: https://www.presseportal.de/pm/110332/4766019)*.

Mit ihrer **Unterstützung der polnisch-ungarischen Totalblockade der EU-Haushaltsprogramme** beteiligte sich die AfD wissentlich und willentlich an dem Versuch, die EU, der sie in einer Art Dauerschleife ***„Totalversagen in der Corona-Krise"*** vorwirft, in erpresserischer Absicht in ein **Finanzchaos** zu stürzen und im schlimmsten Fall handlungsunfähig zu machen. Ob den „kleinen Leuten", als deren Anwalt sich die AfD so gerne präsentiert, damit geholfen ist, darf mit Fug und Recht bezweifelt werden.

Die AfD nutzt die EU als „Übungsgelände“ für ihren Angriff auf die parlamentarische Demokratie und den Rechtsstaat

Die AfD begnügt sich nicht mit ihrer **Kontra-Politik im EU-Parlament**. Ebenso wenig gibt sie sich damit zufrieden, auf allen Ebenen spalterische Ressentiments, Vorurteile und Affekte zu schüren, längst überwunden geglaubte Denkmuster neu zu beleben und die politischen Realitäten vehement zu leugnen. **Das eigentliche Ziel ihrer Attacken ist das „System“**, wobei der Begriff bewusst vage gehalten wird, letztlich aber die **parlamentarische Demokratie als politische Ordnungsform** meint.

Delegitimierung des verhassten „Systems“ Europäische Union

Mit ihrer **destruktiven Pauschalkritik an sämtlichen Organen der EU** versucht die AfD, **das Vertrauen der Bürger in die Legitimität der Institutionen und Entscheidungsprozesse der EU zu zerstören**. Stets auf der Suche nach neuen Empörungsanlässen, werden mal der *„**bürgerferne Kunststaat**, der auf Vertrags- und Rechtsbrüche zurückgeht“*, mal der *„**monströse Behörden- und Verwaltungsapparat** ... mit (seinen) 44.000 EU-Beamten und 11.000 Angestellten, Personalkosten von über acht Milliarden Euro, 24 EU-Agenturen mit einer nicht veröffentlichten Zahl von Mitarbeitern und Heerscharen von Dienstleistern ...“ (**Europawahlprogramm der AfD 2019**, S. 7 und 12)*, mal die *„**heutigen Eliten in Brüssel**, die uns ... gegen unseren Willen auf diese Reise (in die „**totale Auflösung der Nationalstaaten zugunsten einer globalen Multikulturaliät**“) schicken“ (**J. Meuthen, Rede vom 7.4.2019 in Offenburg**, nachzulesen auf: https://afdkompakt.de/2019/4/07/meuthen-zum-wahlkampf-auftakt-wir-kaempfen-fuer-ein-europa-der-vaterlaender/)* und mal das *„**Girlandenparlament**“ (**Nicolaus Fest, Bericht im Tagesspiegel vom 24.5.2019;** nachzulesen auf: https://www.tagesspiegel.de/berlin/europawahl-wie-berliner-afd-politiker-die-eu-zerschlagen-wollen/*

24380342.html) ins Visier genommen. Aus den bekannten Versatzstücken werden immer neue **Zerrbilder der EU** zusammengefügt und ein **bizarres Paralleluniversum zu den politischen Realitäten Europas** konstruiert.

In endlosen Wiederholungen behauptet die AfD, dass die *„politische Führung der großen EU-Länder ... dieses Projekt* (gemeint ist hier der *„europäische Großstaat")* ... ***gegen den offenkundigen Mehrheitswillen der Völker*** *in der EU auf Biegen und Brechen durchsetzen" (**AfD-Grundsatzprogramm 2016**, Kap. 2.2)* wolle. Dabei **ergeben die regelmäßig durchgeführten Eurobarometer-Umfragen ein ganz anderes Bild**. So wurden bei der Standard-Umfrage vom Frühjahr 2019 sogar die höchsten Zustimmungswerte zur EU seit 2014 gemessen. Während der Anteil der Befragten mit einem positiven EU-Bild im EU-Durchschnitt auf 45 % anwuchs (in Deutschland sogar auf 51 %), reduzierte sich der Anteil derjenigen mit einem negativen EU-Bild auf nur noch 17 % (bei 37 % mit einem neutralen EU-Bild). Hinsichtlich der Zukunft der EU äußerte sich mit 61 % eine klare Mehrheit der EU-Bürgerinnen und -Bürger zuversichtlich (in Deutschland sogar 67 %), mit 34 % zeigte sich andererseits nur rund ein Drittel pessimistisch *(https://**ec.europa.eu/germany/news/eurobarometer**20190805de)*.

Selbst in dem unruhigen Sommer 2020, der ganz im Zeichen des Brexit-Debakels, des monatelangen Haushaltsstreits sowie der Corona-Pandemie stand, blieb das Vertrauen der Deutschen in die EU stabil. So bekundeten 49 % der Deutschen ihre Zufriedenheit mit den von der EU ergriffenen Maßnahmen zur Bekämpfung der Pandemie (gegenüber 37 % mit negativer Beurteilung). 65 % gaben an, darauf zu vertrauen, dass die EU in Zukunft die richtigen Entscheidungen im Hinblick auf die Pandemie trifft, und 62 % zeigten sich weiterhin optimistisch, was die Zukunft der EU insgesamt anbelangt *(https://**ec.europa.eu/germany /new/ 20201023-eurobarometer-umfrage**_de)*.

Diese Einschätzungen werden in den übrigen Mitgliedsländern mit graduellen Abweichungen geteilt.

Die AfD, die sich so gerne als Gralshüter der Interessen des Volkes aufspielt, scheint den *„wahren Volkswillen"* ganz offensichtlich entweder nicht zu kennen oder bewusst zu ignorieren. Besonders deutlich zeigt sich dies auch **in Bezug auf die Wirtschafts- und Währungsunion und den Euro**. Von der AfD in einem propagandistischen Dauerfeuer als *„Fehlkonstruktion"* und **Ursache für den unaufhaltsamen** ***„Abstieg aller europäischen Volkswirtschaften*** *und ... (die) unüberbrückbaren Konflikte(n) zwischen den Staaten" (s.* ***Europawahlprogramm der AfD 2019****, S. 7)* gebrandmarkt, wurde die Gemeinschaftswährung in der **Eurobarometer-Umfrage vom Frühjahr 2019** von **mehr als drei Vierteln der Befragten im Euro-Währungsgebiet (76 %) befürwortet**. EU-weit wurde ein **Zustimmungswert für den Euro** von 62 % ermittelt. Und **in Deutschland**, dem vermeintlichen Hauptleidtragenden der ***„Schulden- und Transferunion"***, lag die Unterstützung mit **81 %** sogar weit über dem EU-Durchschnitt.

Die ***„weit mehrheitliche Ablehnung" des „kranken Patienten" EU durch die Bürger*** (s. ***J. Meuthen, Rede über den „Erhalt des kulturellen Erbes in Europa" vom 7.4.2019*** *zum Auftakt der Europawahl in Offenburg; nachzulesen auf: https://afdkompakt.de/2019/4/7/meuthen-zum-wahlkampf-auftakt-wir-kaempfen-fuer-ein-europa-der-vaterlaender/)* ist also nachweislich ebenso eine **Falschbehauptung** wie die bereits 2016 vom Manager-Magazin entlarvten „sechs größten **Wirtschaftsirrtümer der AfD**". Das Ergebnis seines Wahlprogramm-Checks im Kontext der Landtagswahlen von 2016 (Baden-Württemberg, Rheinland-Pfalz und Sachsen-Anhalt) fasste das Magazin seinerzeit folgendermaßen zusammen: *„Und so gibt sich die AfD auch wenig Mühe, sich als Wirtschaftspartei zu profilieren ... Im Gegenteil: Viele Forderungen und Behauptungen strotzen vor* ***mangelndem Sachverstand, Verschwörungstheorien und kruden Thesen****" (nachzulesen auf: https://www.manager-magazin.de/finanzen/artikel/afd-sechs-wirtschafts-irrtuemer-der-rechtspopulisten-a-1081691.html)*

Und weil die *„schon* ***deutlich erkennbare Auflehnung der Völker Europas****"* trotz des ***„totalen Versagens des EU-Krisenmanagements in der Migrationskrise"*** *(s.* ***Europawahlprogramm der AfD 2019****, S. 8)* zum

Leidwesen der AfD noch immer ausbleibt, ja selbst die **Corona-Krise**, 2020 von der AfD **als neues Gewinnerthema** identifiziert, das „Volk" nicht gegen die EU aufbegehren lässt, muss die **Legende von der fehlenden Legitimität der EU** weitergesponnen werden: *„Die Politik in Europa ist durch eine **schleichende Entdemokratisierung** gekennzeichnet, die **EU** ist zu einem **undemokratischen Konstrukt** geworden, dessen Politik von demokratisch nicht kontrollierten Bürokratien gestaltet wird" (**AfD-Grundsatzprogramm 2016**, Kap. 2.1)*. Und weiter: *„Doch die Europäische Union hat sich im Lauf der Jahre **Kompetenzen** angeeignet, **für die es in den europäischen Verträgen keine Grundlage** gibt. Die zunehmende Zentralisierung von Hoheitsrechten und die Bestrebungen, einen europäischen Bundesstaat zu schaffen, sind irrational und nicht zukunftsfähig ... Die **Organe der EU**, vor allem der Ministerrat, die EU-Kommission und das Parlament sind **unzureichend demokratisch legitimiert**" (**AfD Grundsatzprogramm 2016**, Kap. 2.2)*.

Diese Legende lässt sich recht leicht entlarven (s. auch Anmerkung 7). Bewusst wird hier **ausgeblendet, dass die EU und ihre Organe über mehrere Legitimationsquellen verfügen**, wobei der Ausgangspunkt der **Vertrag über die Europäische Union** ist. In ihm haben die Mitgliedsstaaten Kompetenzen an die EU übertragen und damit die Organe der EU bevollmächtigt, bestimmte Entscheidungen zu treffen. Gemäß Artikel 10 des Vertrages, der selbst durch die Zustimmung der Parlamente sämtlicher Mitgliedsstaaten legitimiert ist (die somit die eigentliche Legitimationsquelle der EU sind), versteht sich die **EU als repräsentative Demokratie mit einer ausgeprägten Gewaltenteilung zwischen den Institutionen**.

Das **EU-Parlament** wird **seit 1979 direkt gewählt**. Es hat in den vergangenen Jahrzehnten und insbesondere noch einmal mit dem Vertrag von Lissabon 2007, der 2009 in Kraft getreten ist, **deutlich mehr Befugnisse** erhalten. **Neben dem Rat ist das Parlament gleichberechtigter Gesetzgeber** und, wie die Forschung zeigt, häufig erfolgreich in der Vertretung der Anliegen der Wahlbürger. Denn anders als in den meisten nationalen Parlamenten, in denen die Regierungsfraktionen in aller Regel dem „Fraktionszwang“ unterliegen und üblicherweise die Gesetzesentwürfe der Regierung unterstützen, bilden sich im Europäischen Parlament je nach Abstimmungsthema wechselnde Mehrheiten. Die einzelnen Abgeordneten können unabhängiger agieren und mit Verhandlungsgeschick und Sachkenntnis größeren Einfluss auf die EU-Gesetzgebung nehmen, als es Abgeordneten nationaler Parlamente zumeist möglich ist *(s. **Wikipedia-Artikel „Europäisches Parlament**)*.

Der **Europäische Rat** wiederum, das Organ der EU-Regierungschefs, von der AfD ebenfalls massiv als undemokratisch kritisiert, setzt sich aus Politikern zusammen, die die Bürger jeweils national gewählt haben, verfügt also ebenfalls über eine respektable demokratische Legitimation.

Besonders unter „Beschuss“ steht die **Europäische Kommission**. Bei jeder sich bietenden Gelegenheit wird sie von der AfD als ***„bürokratischer Schurke“*** verunglimpft, der selbst in die letzten Einzelheiten des Alltags der Bürger hineinregieren wolle. Dabei werden oft abstruse Beispiele ohne jeden Bezug zum Leben der meisten Bürger ins Feld geführt. Ignoriert wird dabei, dass die Kommission ihre Entscheidungen nicht allein, sondern in Abstimmung mit den EU-Mitgliedsstaaten und dem EU-Parlament trifft. Ignoriert wird ferner, dass die Kommissionsmitglieder zwar vom Europäischen Rat vorgeschlagen, aber vom EU- Parlament gewählt werden. Diesem müssen sie in öffentlicher Anhörung ihre Eignung und Befähigung für das vorgeschlagene Amt unter Beweis stellen.

Mit dem **Europäischen Gerichtshof** verfügt die EU – anders als die von der AfD aus durchsichtigen Gründen zum Vorbild erhobenen internationalen Organisationen UNO und Nato – über ein Organ, das das Recht auslegt und über die Einhaltung der EU-Vertragsnormen wacht. Im Übrigen ist der EuGH genauso legitimiert wie das Bundesverfassungsgericht in Deutschland. Die unabhängigen Richter werden von den Mitgliedsstaaten ernannt.

Abschaffung des EU-Parlaments als erster Schritt auf dem Weg zur Überwindung der parlamentarischen Demokratie

Wie unredlich, ja heuchlerisch die Klage der AfD über den Mangel an demokratischer Legitimation der EU-Organe und insbesondere die *„fehlende Macht des Parlaments"* ist, offenbaren die diesbezüglichen Aussagen im Europawahlprogramm von 2019 sowie in zahlreichen einschlägigen AfD-Papieren und Statements. ***„Das undemokratische EU-Parlament mit seinen derzeit privilegierten 751 Abgeordneten wollen wir abschaffen.*** *Die Rechtsetzungskompetenz sehen wir ausschließlich bei den Nationalstaaten …" (**Europawahlprogramm der AfD 2019**, S. 12)* – so lautete die zentrale Forderung, mit der die AfD 2019 in den Europawahlkampf zog.

Die **Begründung der Forderung nach „ersatzloser" Abschaffung des EU-Parlaments** variiert.

Mal erklärt man das Parlament für **grundsätzlich überflüssig**: *„Wenn wir ein Europäisches Parlament haben … dann geht das in Richtung der Vereinigten Staaten von Europa.* ***Wir wollen die Europäische Union reduzieren auf eine supranationale Organisation, zu im Wesentlichen ökonomischer Kooperation****, vergleichbar mit etwa der UN … Oder mit der NATO … Die haben alle kein Parlament, weil das auch von den Nationalstaaten gesteuert wird, und das wollen wir hier auch. Das heißt, der natürliche Entscheidungsträger in der Europäischen Union, so wie sie uns vorschwebt, ist der Rat und nicht etwa das Parlament." (**J. Meuthen, DLF-Interview vom 11.01.2019**; nachzulesen auf: https://www.deutschlandfunk.de/europapolitik-der-afd-meuthen-eu-austritt-als-ultima-ratio.694.de.html?dram:article_id=438040)*.

Mal hadert man mit der **politischen Ausrichtung der Parlamentsmehrheit**: Laut Meuthen gebärdet sich die EU *„keineswegs als Garant bürgerlicher Freiheiten, sondern ganz im Gegenteil als ihr Gefährder, in manchen Fällen sogar Zerstörer. All das wird im Europäischen Parlament mit in der Regel deutlichen Mehrheiten vorangetrieben und durchgewunken"*.

Überhaupt sei das EU-Parlament *„ein sehr sonderbares Parlament“*, weil es *„ein Parlament ohne Regierung und ohne Opposition“* sei. Zudem stehe dieses EU-Parlament für gar keinen Staat, sondern für eine internationale Vereinigung, in der viele davon träumten, zum eigenständigen Staat zu werden, was die Bürger selbst aber gar nicht wollten *(s.* ***J. Meuthen, Rede über den „Erhalt des kulturellen Erbes in Europa“ vom 7.4.2019*** *zum Auftakt der Europawahl in Offenburg; https://afdkompakt.de/2019/4/07/meuthen-zum-wahlkampf-auftakt-wir-kaempfen-fuer-ein-europa-der-vaterlaender/)*.

Schlägt man nun den Bogen zu dem ebenfalls im Europawahlprogramm der AfD von 2019 gepriesenen **„Modell der direkten Demokratie“**, wie es von der AfD in ihrem *„Entwurf eines Gesetzes zur Änderung des Grundgesetzes für die Bundesrepublik Deutschland – Direkte Demokratie Einführungsgesetz“* ***(Deutscher Bundestag, Drucksache 19/12371;*** *https://dip21.bundesag.deag.de/dip21/btd/19/ 123/1912371.pdf)* beschrieben wird, erkennt man rasch, worum es der AfD im Kern geht. In ihrer Gesetzesinitiative bezieht sich die AfD zwar verbal geschickt auf das „Schweizer Vorbild“ und **suggeriert damit die Vorstellung einer lebendigen, bürgerfreundlichen Demokratie**, die vorgeschlagenen **Verfahren und Formen aber offenbaren ein anderes, nämlich ein autoritäres, plebiszitäres Verständnis der direkten Demokratie**. So fehlt dem AfD-Entwurf bspw. eine Regelung, Volksbegehren auf ihre Vereinbarkeit mit dem Grundgesetz bzw. mit Grund- und Minderheitenrechten sowie mit zwingenden völkerrechtlichen Bestimmungen zu überprüfen. *„Damit* ***stellt die AfD Entscheidungen des Volkes über alles und ignoriert das System gegenseitiger Kontrolle (Checks und Balances).“*** ***(Ralf-Uwe Beck, Tim Weber: Wir wollen den bundesweiten Volksentscheid, aber die AfD-Vorschläge lehnen wir ab****. Nachzulesen auf: https://www.mehr-demokratie.de/news/voll/wir-wollen-den-bundesweiten-volksentscheid-aber-die-afd-vorschlaege-lehnen-wir-ab/)*

Ferner schlägt die AfD vor, dass vom Volk beschlossene Gesetze nur per Volksentscheid wieder geändert werden können. *„Hier wird der Anspruch der Gleichrangigkeit der parlamentarischen und der direktdemokratischen Gesetzgebung aufgegeben und eine Möglichkeit* *geschaffen, mittels direkter Demokratie die parlamentarische Arbeit zu blockieren. Dies berührt sehr wahrscheinlich die im Grundgesetz niedergelegte Ewigkeitsgarantie* (s. Art. 79 Abs. 3; Anmerkung der Verf.) *für die in Artikel 20 festgeschriebenen Demokratie-Grundsätze" (**Ralf-Uwe Beck, Tim Weber; ebenda**).*

Es zeigt sich hier deutlich, **dass die AfD den Parlamentarismus mittels bestimmter Formen direkter Demokratie aushebeln will**. Nach dem Willen der AfD soll die Bundesregierung den Bürgerinnen und Bürgern darüber hinaus zukünftig „**allgemeine Fragen zur Entscheidung im Volksentscheid vorlegen**" können. **Wie manipulationsanfällig diese Art einer direkten Demokratie „von oben"**, bei der die Regierung die Abstimmungsfrage formuliert, den Abstimmungszeitpunkt festlegt und Alternativen gar nicht erst zur Abstimmung kommen lässt, ist, hat uns die **Brexit-Befragung** in Großbritannien exemplarisch vor Augen geführt.

Besonders brisant erscheint ein weiterer Vorschlag der AfD. So **soll im Falle des Scheiterns einer von Abgeordneten eingebrachten Gesetzesvorlage im Bundestag ein Quorum von lediglich 10 Prozent der Abgeordneten einen Volksentscheid über diesen Entwurf herbeiführen können**. Damit würde die **direkte Demokratie zur *„Munition für die Oppositionsarbeit"***. *„Mit anderen Worten: **Die AfD würde sich ein Instrument geben, um die gesamte Gesellschaft mit ihren Fragen zu befassen.**" (**Ralf-Uwe Beck, Tim Weber; ebenda**)*

Position OMAS GEGEN RECHTS in Deutschland:

Fasst man die **ständigen Attacken auf das EU-Parlament** und die **Hymnen auf die direkte Demokratie** mit der **Begeisterung der AfD für die „illiberalen" resp. autoritären Regimes** eines Victor Orban oder auch eines Vladimir Putin oder eines Jair Bolsonaro zusammen und rechnet man noch die **Anleihen der AfD beim Trumpismus und seinen Ideologie-Lieferanten** hinzu, lässt sich nicht länger verkennen, wovon die Partei „träumt". Es ist der **Traum von einer „Bewegung", die nicht nur die Europäische Union in ihrer jetzigen Form, sondern das ganze**

„herrschende System", d.h. die parlamentarische Demokratie, die Gewaltenteilung und den Rechtsstaat, hinwegfegt.

Deshalb dürfen wir es nicht länger hinnehmen, wenn die AfD jede Krise, ja selbst das unbedeutendste Behördenversagen gegen die europäische Idee und Institutionen wendet. Wir **OMAS GEGEN RECHTS** müssen das strategische Ziel der AfD laut und klar benennen.

Wie konkret diese **neue Variante alter rechter Umsturzphantasien** zu denken ist, zeigte sich nicht zuletzt am 31.8.2020 in Berlin beim gemeinsamen „Sturm" von AfDlern, Neonazis und Reichs(kriegs)flaggen-Trägern auf das Reichstagsgebäude.

Rechtlich betrachtet stellt jeder Anschlag auf das System der parlamentarischen Demokratie einen **Verfassungsbruch** dar, **historisch betrachtet** bedeutet er aber noch weit Schlimmeres: den drohenden **Rückfall in die dunkelsten Abgründe deutscher Vergangenheit**, mit ihrem *„unübersehbar großen Heer von Toten"* und *„einem Gebirge menschlichen Leids". „Wer aber vor (dieser) Vergangenheit die Augen verschließt, wird blind für die Gegenwart. Wer sich der Unmenschlichkeit nicht erinnern will, der wird wieder anfällig für neue Ansteckungsgefahren"* (***R. Weizsäcker, Rede vom 8. Mai 1985 vor dem Deutschen Bundestag***).

Deshalb muss gelten: „Wehret den Anfängen"!

Anmerkungen

Die AfD leugnet die friedensstiftende Funktion der Europäischen Gemeinschaft

Anmerkung 1 (Gründermütter und -väter der Europäischen Gemeinschaft): Erinnert sei hier nicht nur an Konrad Adenauer, Joseph Bech (Luxemburg), Johan Willem Beyen (Niederlande), Alcide De Gaspari (Italien), Robert Schuman (Frankreich) und Paul-Henri Spaak (Belgien), sondern auch an Marga Klompé (Niederlande) und Louise Weiss, um stellvertretend nur einige Namen der zahlreichen Europa-Pioniere zu nennen, von denen nicht wenige ihr Leben im Widerstand gegen das Nazi-Regime und seine Vasallen riskiert hatten.

Anmerkung 2 (Fraktion ID im EU-Parlament): Der nach der Europawahl 2019 gebildeten Fraktion **Identität und Demokratie (ID)** gehören, Stand April 2021, neben drei „unabhängigen" Abgeordneten (aus Frankreich) die folgenden EU- und migrationsskeptischen, rechtspopulistischen und nationalistischen Parteien an: die **VB** = Flämische Interessen (Belgien), die **DF** = Dänische Volkspartei), die **AfD** = Alternative für Deutschland (mit 11 Abgeordneten), die **EKRE** = Estnische Konservative Volkspartei, die **PS** = Wahre Finnen, der **RN** = Rassemblement National (Frankreich, ehemals Front National), die **Lega** (Italien, ehemals Lega Nord, mit 28 Abgeordneten die größte nationale Gruppe), die **PVV** = Partei für die Freiheit (Niederlande), die **FPÖ** = Freiheitliche Partei Österreichs und die **tschechische SPD** = Freiheit und direkte Demokratie.

Die AfD betreibt im EU-Parlament reine Obstruktionspolitik

Anmerkung 3 (Art. 2 des EU-Vertrags): Wortlaut des Art. 2 des Vertrags über die Europäische Union in der Fassung des Vertrags von Lissabon (2009): „Die Werte, auf die sich die Union gründet, sind die Achtung der Menschenwürde, Freiheit, Demokratie, Gleichheit, Rechtsstaatlichkeit und die Wahrung der Menschenrechte einschließlich der Rechte der Personen, die Minderheiten angehören. Diese Werte sind allen Mitgliedstaaten in einer Gesellschaft gemeinsam, die sich durch Pluralismus, Nichtdiskriminierung, Toleranz, Gerechtigkeit, Solidarität und die Gleichheit von Frauen und Männern auszeichnet."

Anmerkung 4 (Einleitung eines Verfahrens gegen Ungarn nach Artikel 7 des EU-Vertrags wegen Verletzung der europäischen Werte): Die wichtigsten

Vorwürfe lauten: Einschränkungen der Meinungs-, Forschungs- und Versammlungsfreiheit, Schwächung des Verfassungs- und Justizsystems, Aushöhlung der Gewaltenteilung, Verstöße gegen die Rechte von Minderheiten und Flüchtlingen, mangelhafte Transparenz der Parteien- und Wahlkampffinanzierung sowie Korruption und Interessenkonflikte. Kritisiert wird ferner das Vorgehen der Regierung gegen Nichtregierungsorganisationen.

Anmerkung 5 (Rechtsstaatsverfahren gegen Polen): Die sog. Justizreformen umfassen ein ganzes Bündel von Gesetzen, mit denen die Unabhängigkeit der Justiz und die Gewaltenteilung ausgehebelt werden sollen. Als besonders gravierend gelten dabei die unmittelbare Ernennung und Absetzung von Richtern an sämtlichen polnischen Gerichten bis in die unteren Instanzen durch das Justizministerium, die frühzeitige Pensionierung, d.h. Absetzung des Präsidenten und Vizepräsidenten des Verfassungsgerichts, sowie die Degradierung der in der vorangegangenen Legislaturperiode ernannten obersten Richter und die Neubesetzung ihrer Stellen.

Anmerkung 6 (Ergänzung des Artikel-7-Verfahrens und der Vertragsverletzungsverfahren vor dem EuGH durch den Rechtsstaatsmechanismus): Die entscheidende Schwachstelle des Artikel-7-Verfahrens in seiner derzeitigen Form ist die geforderte Einstimmigkeit der Entscheidung im EU-Rat hinsichtlich eines Stimmrechtsentzugs. Dieser ist zwar theoretisch möglich und käme einem politischen Rauswurf gleich, scheiterte aber bislang stets daran, dass Polen und Ungarn sich gegenseitig Rückendeckung gaben.

Kaum erfolgreicher waren bis dato die von der Kommission beim Europäischen Gerichtshof angestrengten Vertragsverletzungsverfahren. Zwar bekam die Kommission meist Recht, doch ruderten die Verurteilten dann entweder so weit zurück, wie es gerade nötig war, oder sie ignorierten die Urteile aus Luxemburg einfach.

Die AfD nutzt die EU als „Übungsgelände" für ihren Angriff auf die parlamentarische Demokratie und den Rechtsstaat

Anmerkung 7: Zur Legende von der fehlenden demokratischen Legitimation der Organe der EU siehe auch das Interview mit dem Politikwissenschaftler Wolfgang Wessels im Blog der Bundeszentrale für politische Bildung zur Europawahl 2014 vom 7.4.2014; nachzulesen unter: https://www.bpb.de/dialog/europawahlblog-2014/181851/ist-die-europaeische-union-demokratisch-genug.

Rassismus, Fremdenfeindlichkeit, Islamfeindlichkeit, Antisemitismus und Verschwörungsideologien prägen die Politik der AfD

Verfasserin: Jutta Shaikh

Die AfD weist den Vorwurf, eine rassistische Politik zu betreiben, von sich. Höchstens seien es „Ausrutscher“ und Einzelmeinungen oder Aussagen, die von der „Lügenpresse“ aus dem Kontext gerissen und falsch zitiert würden. Noch stärker lehnt die AfD offiziell ab, antisemitisch zu sein. Als ein Beleg hierfür wird von AfD-Seite immer wieder auf eine Passage aus dem Grundsatzprogramm verwiesen. Dort heißt es: *„Einer islamischen Glaubenspraxis, die sich gegen die freiheitlich-demokratische Grundordnung, unsere Gesetze und gegen die* ***jüdisch-christlichen und humanistischen Grundlagen unserer Kultur richtet****, tritt die AfD klar entgegen“ (AfD-Grundsatzprogramm 2016, S. 48) (Belltower: Ideologie/Was ist eigentlich rassistisch in der AfD von Kira Ayyadi, 29.8.2017)*.

Wie weit ist rassistisches Gedankengut in der AfD verbreitet?

Um dies zu beurteilen, scheint es wichtig, zunächst den Begriff Rassismus zu definieren: **Rassismus ist eine Ideologie der Ungleichwertigkeit.** *„Rassismus ist eine Gesinnung oder Ideologie, nach der Menschen aufgrund weniger äußerlicher Merkmale – die eine bestimmte Abstammung vermuten lassen – als „Rasse“ kategorisiert und beurteilt werden. Die zur Abgrenzung herangezogenen Merkmale wie Hautfarbe, Körpergröße oder Sprache – teilweise auch kulturelle*

Merkmale wie Kleidung oder Bräuche – werden als grundsätzlicher und bestimmender Faktor menschlicher Fähigkeiten und Eigenschaften gedeutet und nach Wertigkeit eingeteilt. ***Dabei betrachten Rassisten alle Menschen, die ihren eigenen Merkmalen möglichst ähnlich sind, grundsätzlich als höherwertig, während alle anderen als geringerwertig diskriminiert werden****. Mit solchen heute überholten Rassentheorien wurden und werden diverse Handlungen gerechtfertigt, die den heute angewandten allgemeinen* ***Menschenrechten widersprechen****"* (*Definition von Rassismus in Wikipedia*).

Die Idee, Menschen in Rassen einzuteilen, stammt aus dem 19. Jahrhundert. Damit haben damals die Europäer ihre Kolonialpolitik gerechtfertigt. Heute weiß man, dass es keine verschiedenen Menschenrassen gibt. Deshalb sprechen die Rassisten häufig nicht mehr von Rasse, sondern vom **Volk**, von **kultureller Identität**, von **Ethnie** und behaupten dann, man müsse die Gruppen wegen ihrer natürlichen Verschiedenheit voneinander getrennt halten. Diese Form des Rassismus nennt man **Ethnopluralismus** *(Glossar bbP zu Definition von Rassismus)*.

Rassistische Äußerungen von AfD-Parteimitgliedern in Redebeiträgen und Zitaten

Auch wenn die AfD sich offiziell als nicht-rassistische Partei verstanden sehen will, zeigen nachfolgende Aussagen zahlreicher AfD-Politiker, unter ihnen auch der Spitzenkandidaten, dass die obige Definition von Rassismus sehr wohl auf sie zutrifft und diese Aussagen auch kaum immer nur als „rassistische Ausrutscher" verstanden werden können. Hier nur einige Beispiele:

Während einer Wahlkampfveranstaltung in Eichsfeld sagte der **AfD-Spitzenpolitiker Alexander Gauland,** er wolle die Vize-Vorsitzende der SPD Aydan Özoguz *„in Anatolien entsorgen"*. **Alice Weidel**, neben Gauland AfD-Spitzenkandidatin, unterstützte Gaulands rassistische Äußerung. Im ZDF-Morgenmagazin sagte sie am Montag, den 28.

August 2016, *„wenn Gauland meine, Özoguz gehöre nicht in das Amt, sondern zurück in die Türkei, kann ich das unterschreiben".*
Dieses Statement ist rassistisch und menschenverachtend. Gauland spricht also einer deutschen Staatsbürgerin und Staatsministerin ab, zu Deutschland zu gehören. Noch dazu in einer abwertenden Sprache, die sie mit „Müll" gleichsetzt. Wenn dies also für eine Frau gilt, die Deutsche und Staatsministerin ist resp. war, so gilt dies nach Meinung der AfD noch viel mehr für alle anderen deutschen Menschen mit Migrationshintergrund *(Belltower: Ideologie/Was ist eigentlich rassistisch in der AfD von Kira Ayyadi,29.8.2017).*

Frauke Petry, die damalige Parteivorsitzende der AfD, von der in der Debatte um eine Radikalisierung der AfD oft behauptet wurde, sie gehörte dem gemäßigten Teil der AfD an, sagte in ihrer Rede zum Tag der deutschen Einheit 2016 eine „darwinistische" Auseinandersetzung zwischen in Europa ansässigen „Transferempfängern" und dem eingewanderten „*Lumpenproletariat der afroarabischen Welt*" voraus. Von Aussagen der etablierten Parteien, dass Deutschland ein vielfältiges und buntes Land sei, grenzte sie sich scharf ab und plädierte indirekt für eine ethnisch homogene Nation: *„Was soll man denn von diesen ganzen ‚Deutschland-ist-bunt'-Kampagnen halten*?", fragte sie. *„Bunt ist auch ein Komposthaufen." (Belltower: Ideologie/Was ist eigentlich rassistisch in der AfD, von Kira Ayyadi, 29.8.2017)*.

Verglichen mit dem völkisch-nationalen Höcke könnte man Frauke Petry zwar tatsächlich als gemäßigt beschreiben, allerdings sollte man nicht vergessen, dass auch sie eine Politik verfolgte, die auf einer Ungleichgewichtung der verschiedenen Kulturen beruht. Auch Petry äußerte sich explizit abwertend bestimmten Gruppen gegenüber *(siehe auch Belltower: Ideologie/Was ist eigentlich rassistisch in der AfD, von Kira Ayyadi, 29.8.2017)*.

Blanker Rassismus, der an die Rassentheorie des Nationalsozialismus erinnert, zeigt sich in dem Statement **Björn Höckes**, des wohl einflussreichsten Vertreters des rechten Flügels, zu den *„Abstammungstypen". „Die Evolution hat Afrika und Europa, vereinfacht gesagt, zwei unterschiedliche Reproduktionsstrategien beschert. In Afrika herrscht nämlich die sogenannte R-Strategie vor, die* *auf eine möglichst hohe Wachstumsrate abzielt. Dort dominiert der sogenannte „Ausbreitungstyp ... Und in Europa verfolgt man überwiegend die K-Strategie, die die Kapazität des Lebensraums optimal ausnutzen möchte. ... Im 21. Jahrhundert trifft der lebensbejahende afrikanische Ausbreitungstyp auf den selbstverneinenden europäischen Platzhaltertyp" (Björn Höcke, Fraktionsvorsitzender der AfD im Thüringer Landtag in einem Vortrag über Asylbewerber aus Afrika, 21. November 2015)*.

Dubravko Mandic, der Vorsitzende des baden-württembergischen AfD-Schiedsgerichts, bezeichnete den US-Präsidenten Barack Obama mehrfach als *„Quotenneger"* und **Alexander Gauland** sagte im Mai 2016 während eines Interviews über den Fußball-Nationalspieler Jerome Boateng: *„Die Leute finden ihn als Fußballspieler gut. Aber sie wollen Boateng nicht als Nachbarn haben" (Belltower: Ideologie/Was ist eigentlich rassistisch in der AfD, von Kira Ayyadi, 29.8.2017)*.

Noch rassistischere Aussagen finden sich in einer Whatsapp-Gruppe der Jungen Alternative Braunschweig 2016: *„Wir sollten Tierversuche stoppen und Flüchtlinge dafür nehmen" (Siehe auch Belltower: Ideologie/Was ist eigentlich rassistisch in der AfD, von Kira Ayyadi, 29.8.2017)*. Dies erinnert an die Zeit des Nationalsozialismus. Geflüchteten wird weniger Existenzrecht als Tieren zugeordnet und Gewalt gegen Menschen aus rassistischen Gründen gerechtfertigt.

Im Volksverpetzer analysiert Thomas Laschyk im Oktober 2018 in einem Artikel anhand von 21 Aussagen, wie radikal die AfD wirklich ist. Z.B. erklärte Frauke Petry, die ehemalige Vorsitzende der AfD, vor der letzten Bundestagswahl, den Begriff *„völkisch"* wieder *„positiv besetzen"* zu wollen *(s. auch https://www.welt.de/politik/deutschland/ article 158049092)*.

Auch Björn Höcke und André Poggenburg bemühen sich um eine Rehabilitierung des Begriffs „völkisch". Höcke interpretiert ihn als ein *„ethnozentrisches Verständnis"* des deutschen Volkes auf Basis von Abstammung. Dies widerspricht gleichfalls unserer Verfassung; der Duden definiert „völkisch" außerdem klar als ***„nationalsozialistisch, in der rassistischen Ideologie des Nationalsozialismus"***.

Thomas Göbel von der AfD sagte in Hinblick auf Ausländer, dass Deutschland *„unter einem Befall von Schmarotzern und Parasiten" leide, die dem deutschen Volk „das Fleisch von den Knochen fressen"*. Im Nationalsozialismus wurden Juden regelmäßig als „Parasiten" bezeichnet.

Dubravko Mandic, Listenkandidat der AfD, gab zu, **dass die AfD und die NPD sich nicht groß unterscheiden**. *„Von der NPD unterscheiden wir uns vornehmlich durch unser bürgerliches Unterstützer-Umfeld, nicht so sehr durch Inhalte."* **Höcke** nahm die rechtsextreme NPD ebenfalls in Schutz, **Jens Maier** sagt über die Partei, dass sie die einzige Partei sei, „die immer entschlossen zu Deutschland gestanden hat". Alle Parteiausschlussverfahren gegen diese Personen scheiterten. *(Volksverpetzer, 7.10.2018, 21 AUSSAGEN, DIE ZEIGEN, WIE RECHTS-RADIKAL DIE AFD WIRKLICH IST, Thomas Laschyk)*.

Sinti und Roma sind ständig dem Antiziganismus ausgesetzt und **Bernd Lucke** beschreibt sie als nicht integrationsfähig.

Die Staatsanwaltschaft Rostock hat den früheren AfD-Landeschef von Mecklenburg-Vorpommern **Holger Arppe** 2018 wegen Volksverhetzung angeklagt. Arppe hat laut der Anklage im Kommentarbereich der rechtsextremen Online-Plattform „Politically Incorrect" jahrelang zu Gewalt gegen Muslime aufgerufen, gegen Ausländer gehetzt und demokratische Politiker beleidigt. Er habe dafür das Pseudonym „antaios rostock" benutzt. In einem Chat hatte er 2015 geschrieben, man müsse *„durch ständige Stichelei das System [...] destabilisieren"*. Anschließend müsse man *„erst mal das ganze rotgrüne Geschmeiß aufs Schafott schicken. Und dann das Fallbeil hoch und runter, dass die Schwarte kracht! [...] Wir müssen ganz friedlich und überlegt vorgehen, uns gegebenenfalls anpassen und dem Gegner Honig ums Maul schmieren, aber wenn wir endlich so weit sind, dann stellen wir sie alle an die Wand."; „Grube ausheben, alle rein und Löschkalk oben rauf" (Vergleiche Wikipedia-Artikel zu Holger Arppe)*. Erst im Juni 2018 wurde Arppe aus der AfD ausgeschlossen.

Es ließen sich noch Hunderte weitere Beispiele für das rassistische, menschenverachtende, antisemitische Gedankengut und Verhalten von vielen AfD-Vertretern anführen. Dies zeigt deutlich, dass die AfD keine bürgerliche Partei ist, sondern massiv gegen unsere Verfassung verstößt.

Das Naturrecht der weißen Mehrheitsgesellschaft sehen Rassisten durch „Umvolkung" bedroht

Laut AfD besitzen die in Deutschland geborenen sogenannten „Biodeutschen", d.h. die weiße, in Deutschland geborene, nicht-muslimische Mehrheitsgesellschaft, ein Naturrecht auf Privilegien. Diese Art von Naturrecht sei durch den vermehrten Zuzug von Migranten, insbesondere von Flüchtlingen, bedroht *(Vgl. auch Facebook-Post von Ralph Weber, dem stellvertretendem Vorsitzenden in der AfD-Landtagsfraktion Schwerin)*.

Dieser Ausdruck „Biodeutscher" erinnert stark an den „kleinen Ariernachweis" der Nationalsozialisten. Erst wenn das in den Augen der Rechtsextremen alles überlagernde Problem mit den Geflüchteten gelöst sei, könne der „Große Austausch" vermieden werden.

Nicht nur, dass der Dresdner AfD-Bundestagsabgeordnete **Jens Maier** für seinen Posten in der Partei mit **„stellvertretender *Ortsgruppenleiter*" einen Begriff der NSDAP gewählt hat**, er hat auch unter anderem vor der *„Herstellung von Mischvölkern"* gewarnt, und nicht näher bezeichnete Ausländer *„Gesindel"* genannt. Migranten stehen außerdem unter dem Generalverdacht des Sozialmissbrauchs *(Armin Paul Hampel, Landeschef der AfD Niedersachsen, 2016)*.

Die AfD **schürt ganz bewusst Ängste** in der Bevölkerung, dass weitere Einwanderung zu einem schleichenden Erlöschen der europäischen Kulturen führt *(siehe auch Schwarzbuch AfD, S. 51)*. Mit derartigen Aussagen will die AfD ihre Anhänger radikalisieren und die Gesellschaft spalten.

Im August 2016 fragt Björn Höcke auf seiner Facebook-Seite, ob die *„Multikulturalisierung eines gewachsenen Volkes“* die UN-Kriterien für Völkermord erfüllt *(siehe auch Schwarzbuch AfD, S. 51)*.

Migration, Asyl und Integration

Beim AfD-Parteitag 2021 bedauert Dieter Amann, Leiter des Fachausschusses „Zuwanderung, Asyl, Staatsangehörigkeit“, zum Thema Asyl sehr, dass dieses Thema zu Unrecht aus dem Blickfeld der Bevölkerung geraten sei. *„Die Schlepper haben Hochkonjunktur, Corona hin oder her, unterstützt von der Politik der EU, den unchristlichen Amtskirchen und zahlreichen NGOs ... Wir von der AfD wollen diese Lotterie des Todes nicht mitmachen.“* Seiner Meinung nach wird *„die einfache Logik, mehr Rettungsschiffe, mehr Chancen, mehr Wagemutige, gleich mehr Ertrunkene also Tote von diesen Gutmenschen ganz einfach geleugnet“.*

Die asyl- und migrationsfeindlichen Formulierungen im Leitantrag zur Bundestagswahl 2021 waren jedoch einer Mehrheit der Delegierten noch nicht scharf genug. Sie folgten hierzu weitestgehend Höckes radikalen Vorstellungen. Zunächst wurde die Überschrift geändert: *Migration, Asyl und Integration: Human handeln – Deutschland schützen.* Die Überschrift heißt jetzt *„human und **rational** handeln“.* Nur knapp wurde eine Mehrheit für die Forderung verfehlt, das Wörtchen „human“ ganz zu streichen.

Am liebsten würde die AfD das **Recht auf Asyl komplett streichen**. Auf die Bemerkung Amanns, dass ein vollständiger Ausschluss rechtlich derzeit leider nicht möglich sei, auch wenn man es sich wünschen würde, gab Höcke folgendes, von großem Applaus begleitete Statement ab: *„Ich möchte daran erinnern, liebe Freunde, dass wir uns hier nicht in der rechtlichen Sphäre bewegen, sondern in der politischen Sphäre. Es geht einzig und allein darum, ein politisches Zeichen, eine politische Botschaft zu setzen, die draußen von unseren Wählern wahrgenommen werden kann ... Es gibt kein internationales Recht, das das Recht eines* *souveränen Landes brechen könnte, selbst zu entscheiden, mit wem es zusammenleben will und mit wem nicht."*

Diese Aussage ist eindeutig verfassungswidrig, was jedoch einen Herrn Höcke und auch die Mehrheit der AfD-Delegierten nicht stört.

Nach Ansicht der AfD handelt es sich bei den meisten Flüchtlingen sowieso nicht um politische Verfolgte, sondern um sogenannte Wirtschaftsflüchtlinge, die nur ein besseres Leben haben wollen und unser Sozialsystem ausnutzen. *„Die Mittel dafür werden aufgebracht von Steuerzahlern, die schwer dafür arbeiten müssen, aber keine Wirtschaftsflüchtlinge eingeladen haben."*

<u>Asylpolitik soll wieder national geregelt werden.</u>

Die AfD fordert unter anderem:

- *„Ablösung der überholten internationalen Regelwerke, wie der Genfer Flüchtlingskonvention von 1951."*
- *„Deutschland kündigt unverzüglich den UN-Migrationspakt und den UN-Flüchtlingspakt auf, da diese trotz ihrer angeblichen Unverbindlichkeit in nationales Recht eingehen werden."*
- Der neue, von der Europäischen Kommission angestrebte EU-Migrationspakt soll verhindert werden bzw. der Beitritt Deutschlands unterbleiben.
- Kein „Gemeinsames europäisches Asylsystem" *(*GEAS) mit von der EU festgelegten Aufnahmequoten für Flüchtlinge.

Nach den Schrecken des Zweiten Weltkrieges wurde in Deutschland ganz bewusst das Recht auf Asyl im Grundgesetz verankert. Die AfD, die Deutschland aus seiner geschichtlichen Verantwortung nehmen will, will dies nun praktisch rückgängig machen. Wie viele andere rechtstaatliche Grundsätze, die das Vertrauen der Welt in Deutschlands Demokratie haben wachsen lassen, will sie auch diesen Grundsatz zerstören.

Keine offenen Grenzen mehr in Europa.

Die AfD will keine offenen Grenzen mehr in Europa. Die Landesgrenze soll mit Grenzzäunen und physischen Barrieren gesichert werden, um den Zustrom von Migranten und Niedriglohnarbeitern aus ärmeren europäischen Ländern zu verhindern.

Verfassungsverstöße bei der Behandlung von Flüchtlingen.

Die Mehrheit der AfD-Delegierten auf dem Dresdner Parteitag stimmte einer Verschärfung des Leitantrags zu und **lehnt nun jeglichen Familiennachzug ab**, auch den für anerkannte Flüchtlinge.

Bei der humanitären Aufnahme einiger weniger schutzbedürftiger Personen soll nach Meinung der AfD auch der kulturelle und religiöse Hintergrund mit den christlichen Werten kompatibel sein, was den Rückschluss zulässt, dass sie **nur noch christliche Migranten** akzeptieren will.

Mit diesen Forderungen verstößt die AfD sowohl gegen nationales als auch gegen internationales Recht und liefert hiermit einen weiteren Beweis für ihre Verfassungsfeindlichkeit. Die Umsetzung derartiger Forderungen würde nicht nur das Ansehen Deutschlands in der ganzen Welt ruinieren, sondern auch den Frieden in Europa und der Welt gefährden.

Auch die **Bedingungen** für die wenigen anerkannten Flüchtlinge würden verschärft werden, z.B. keine Arbeitserlaubnis für Asylbewerber, Niederlassungserlaubnis erst nach 10 Jahren, jährliche Prüfung des Fortbestandes von Asylgründen, da Asyl nur ein Recht auf Zeit sei und keine Anwartschaft auf dauerhafte Einwanderung begründe. Schnellere Abschiebeverfahren in jeglicher Hinsicht. Obgleich die AfD das Recht auf Asyl nur als ein Recht auf Zeit erachtet, fordert sie von den „Asylanten“ nicht nur das Erlernen der deutschen Sprache, sondern auch eine vollständige Integration in die „deutsche Kultur“.

Im Leitantrag zur Bundestagswahl 2021 fordert die AfD ***„Hilfe vor Ort statt Tod auf dem Weg nach Europa“***. *„Um in heimat- und kulturnahen*

Regionen eine leistungsfähige Infrastruktur von Schutz- und Entwicklungszentren errichten zu können, müssen die zweistelligen Milliardenbeträge, die in Deutschland für Asylbewerber ausgegeben werden, dorthin umgelenkt werden. Sie würden dort eine vielfache Wirkung entfalten und die lokalen Ökonomien stärken."

Hans-Thomas Tillschneider, seit 2020 in Sachsen-Anhalt stellvertretender AfD-Landesvorsitzender, zählt zu den Rechtsaußen in der Partei und wird inzwischen vom Verfassungsschutz beobachtet (siehe Wikipedia). Auf dem Parteitag forderte er die vollständige Streichung des obigen Absatzes im Leitantrag 2021, mit der Begründung, dass *„man ja schließlich Steuergelder mit der Vermeidung der Immigration sparen wolle"*. Die Delegierten einigten sich schließlich darauf, dass nur ein Teil der mit der Asylvermeidung erzielten Einsparungen für Entwicklungszentren in den Heimatländern der Asylbewerber eingesetzt werden sollten. Die ganze Diskussion macht deutlich, dass die AfD weder das im Grundgesetz garantierte Recht auf Asyl respektiert, noch bereit ist, einen ernsthaften Beitrag zur Fluchtvermeidung zu leisten.

Fachkräftezuwanderung soll gegen null geführt werden

Obgleich die deutschen Unternehmen seit Jahren über einen Mangel an qualifizierten Fachkräften klagen und in Bereichen wie z.B. im Pflegesektor verzweifelt nach Fachkräften gesucht wird, würde es, wenn es nach der AfD ginge, keine qualifizierte Fachkräfte-Einwanderung mehr geben. Einige Delegierte auf dem Bundesparteitag in Dresden 2021 wollten das Kapitel *„qualifizierte Zuwanderung"* komplett streichen, mit folgender Begründung: *„Dieser Absatz, dass wir nicht in der Lage seien ohne qualifizierte Zuwanderung für Wohlstand zu sorgen, ist eine Beleidigung für unser Volk"* *(Diskussion auf dem AfD-Bundesparteitag in Dresden 2021)*.

Höcke und seine Anhänger forderten zwar keine Streichung des Absatzes, beschlossen jedoch mit über 65 % Zustimmung eine extreme Verschärfung. Neben Qualifikation und hohen einzubringenden Investitionen sollten auch noch kulturelle Aspekte bei der Zuwanderung

berücksichtigt werden. *„Wir haben mit diesem Antrag wieder einmal die Gelegenheit, ein Alleinstellungsmerkmal unserer Partei in unser Wahlkampfprogramm hinein zu formatieren. Diese Gelegenheit sollten wir nutzen“ (Höcke, AfD-Bundesparteitag 2021 in Dresden)*.
Der mit großer Mehrheit verabschiedete unrealistische, von völkisch-nationalistischen Gedanken geprägte radikale Beschluss ging sogar Beatrix von Storch zu weit. Sie stürmte ans Mikrofon und verkündete: *„Wissen Sie überhaupt was Sie jetzt beschlossen haben? Wer weniger als 5 Millionen hat, kann nicht mehr zuwandern.“*
Dieser Beschluss wurde deshalb ein paar Stunden später nochmals zur Entscheidung vorgelegt und dahingehend abgeändert, dass man jetzt eine Art japanisches System befürworte, mit zeitlich begrenzter qualifizierter Zuwanderung, also eine Art Gastarbeitersystem mit hohen Anforderungen.

Ähnlich wie damals bei den Nationalsozialisten scheinen die Entscheidungen der AfD von einem nationalen Größenwahn geprägt. Zu glauben, dass qualifizierte Kräfte hier Geld auf Zeit investieren würden, um danach wieder weggeschickt zu werden, ist mehr als unrealistisch.

Höckes Forderung nach Remigration.

Höcke geht in seinen Reden ja noch weit über die Forderungen dieses Leitantrages hinaus. Er fordert eine „*Minuszuwanderung*“, nur so könne *„die Selbstzerstörung unseres Staates und Volkes“* abgewendet werden. Sollte die Partei an die Macht kommen, will Björn Höcke zudem jährlich 200.000 Zuwanderer aus Deutschland ausweisen *(siehe auch Schwarzbuch AfD, S. 51 f)*. Er lässt dabei offen, wie das erfolgen soll. In Deutschland hat rund ein Viertel der Bevölkerung, d.h. knapp 20 Millionen, einen Migrationshintergrund und etwa die Hälfte davon hat auch einen deutschen Pass. Dieser von **Björn Höcke geforderten Vertreibungspolitik** liegt die gleiche wahnsinnige Ideologie zugrunde, wie wir sie von den Nazis in den 30er Jahren des 20. Jahrhunderts kennen. Ausschlaggebend für die Zugehörigkeit ist für Höcke nicht der deutsche Pass, sondern die Abstammung und die „Kulturzugehörigkeit“.

Da der Begriff Rasse durch die Nationalsozialisten diskreditiert ist, spricht die **AfD jetzt von Ethnopluralismus**, dem Wort Rassismus wird dadurch ein „modisches Mäntelchen umgehängt".
Ethnopluralisten fordern eine völlige Assimilierung der Staatsbürger. Jeder Einzelne muss sich dem Volk fügen, das Recht auf Verschiedenheit geht verloren, was nicht nur **das Ende der Demokratie, sondern eine totale Unterwerfung unter den sogenannten Volkswillen** bedeuten würde. Der rechte Verleger **Götz Kubitschek** sagte 2016 gegenüber der FAZ: *„Loyal ist, wer bereit ist, für das Land, in dem er lebt, in den Krieg zu gehen und sich erschießen zu lassen" (siehe auch Schwarzbuch AfD, S. 149 ff.)*.

All diejenigen, die Höcke bei derartigen Forderungen zujubeln, sollten seine Aussage einmal nach den **Folgen durchdenken**. Deutschland würde viele junge Leute verlieren, vor allem die Spezialkräfte würden als Folge der Diskriminierung Deutschland verlassen. Die Wirtschaft, die schon jetzt unter **Fachkräftemangel** leidet, würde zusammenbrechen. **Alten- und Krankenpflege wäre nicht mehr möglich**. Die **Renten wären nicht mehr finanzierbar**. Der Rest der Welt würde einem solchen Vorgehen auch nicht tatenlos zusehen, **Sanktionen** wären unausweichlich. **Die einzigen Staaten, die eine vergleichbare ethnische Abgrenzung vorgenommen haben,** wie sie Höcke vorschwebt, **sind Nordkorea und Iran – beides extrem totalitäre Staaten. Alle diejenigen, die da jubeln, sollten sich fragen, ob sie wirklich in solch einem Land leben wollen.**

Position OMAS GEGEN RECHTS in Deutschland:

Die Migrationspolitik der AfD ist rassistisch, unmenschlich, diskriminierend und gefährdet den Frieden. Sie verstößt nicht nur gegen unser Grundgesetz, sondern auch gegen internationales Völkerrecht. Wir OMAS GEGEN RECHTS in Deutschland wollen, dass unser Grundgesetz und anerkanntes Völkerrecht respektiert und geschützt werden und lehnen deshalb die Migrationspolitik der AfD entschieden ab.

Islamfeindlichkeit in der AfD

Die AfD widmet sowohl in ihrem Grundsatzprogramm als auch in ihren Wahlprogrammen 2017 und 2021 ein ganzes Kapitel dem „Islam“. Dort beginnt sie mit: *„Die AfD steht uneingeschränkt zur Glaubens-, Gewissens- und Bekenntnisfreiheit nach Art. 4 Grundgesetz“ (Leitantrag AfD-Wahlprogramm 2021, Kap. Islam)*.
Bei ihren weiteren Ausführungen verletzt die AfD jedoch sowohl den allgemeinen Gleichheitsgrundsatz des Grundgesetzes (*Niemand darf wegen seines Glaubens oder seiner religiösen Anschauungen benachteiligt oder bevorzugt werden*, Art. 3 Abs. 2) als auch die Religionsfreiheit (Art. 4 GG). Zu keiner anderen Religion oder Religionsgemeinschaft verhält sich die AfD derart ablehnend, diffamierend und diskriminierend wie zum Islam.

Dass die freie Religionsausübung durch unser Grundgesetz und unsere freiheitliche demokratische Grundordnung gewährleistet wird, ist unbestritten. Unbestritten ist auch, dass unsere säkulare Gesellschaftsordnung nicht durch Ansprüche eines politischen, teilweise extremen Islams, dem radikalen Islamismus, in Frage gestellt werden darf. Die AfD unterscheidet jedoch bewusst nicht zwischen Islam und Islamismus, und die in ihrem Grundsatzprogramm aufgeführten Forderungen benachteiligen Muslime auf jeden Fall bei ihrer Religionsausübung gegenüber Christen. Im Punkt 6.1 *„Der Islam gehört nicht zu Deutschland“* stellt sie die ganze Religionsgemeinschaft unter den Generalverdacht, nicht mit dem Grundgesetz vereinbar zu sein, und beschwört eine Gefährdung des Staates herauf, die sich nach Meinung der AfD bereits allein durch einen Zuwachs von Muslimen in der Bevölkerung ergibt. Es wird überdramatisiert und verallgemeinert. Wer muslimischen Glaubens ist, steht bei AfD-Anhänger*innen per se unter dem Verdacht des Extremismus, muss Abstriche in seiner Religionsfreiheit hinnehmen und seinen Integrationswillen beweisen, was klassischer antimuslimischer Rassismus ist *(Belltower: Ideologie/Was ist eigentlich rassistisch in der AfD, von Kira Ayyadi, 29.8.2017)*.

Bei der Analyse der Forderungen der AfD im Kapitel Islam ihres Wahlprogramms für die Bundestagswahl 2021, die weitestgehend denen von 2017 entsprechen, wird die gezielte Benachteiligung von Muslimen und deren Behinderung einer freien Religionsausübung deutlich:

„Islamische Vereine, die sich gegen das Grundgesetz und die Völkerverständigung richten, wie z.B. die Muslimbruderschaft, müssen gemäß Art. 9 Abs. 2 Grundgesetz verboten werden" (Leitantrag AfD-Wahlprogramm 2021, Kap. Islam).

Kritik an einzelnen radikalen islamischen Vereinen, die gegen unser Grundgesetz verstoßen, ist sicherlich gerechtfertigt – bis hin zu deren Verbot. Dies gilt jedoch nicht nur für radikal islamische Vereinigungen, sondern gleichermaßen für alle demokratiefeindlichen Vereinigungen, vor allem denjenigen, die dem rechtsextremen Spektrum zuzuordnen sind. Diese erwähnt die AfD jedoch nicht, ganz im Gegenteil, sie kooperiert teilweise eng mit ihnen und buhlt um deren Mitglieder als Wähler. Vereine, die eine Gefahr für die freiheitlich-demokratische Grundordnung darstellen, sollten von den Innenministern verboten werden. Das gilt für Nazi-Vereine genauso wie für Salafisten-Vereinigungen.

„Minarett und Muezzinruf sind mit einem toleranten Nebeneinander der Religionen, wie es die christlichen Kirchen praktizieren, nicht vereinbar" (Leitantrag AfD-Wahlprogramm 2021, Kap. Islam).

Die AfD spricht von einem toleranten Nebeneinander von Religionen und stellt gleichzeitig eine total intolerante, diskriminierende Forderung auf. Ob und wie ein Gebetshaus in Deutschland gebaut werden darf, unterliegt der Bauordnung der Länder. Der Ruf des Muezzins gehört genauso wie das Glockengeläut von Kirchen zur freien Religionsausübung und sollte die gleichen Grenzen haben, etwa in Bezug auf Lärmschutz.

„Die Finanzierung des Baus und Betriebs von Moscheen in Deutschland durch islamische Staaten wollen wir gesetzlich verbieten ... Die

Verleihung des Status als Körperschaft öffentlichen Rechts an islamische Organisationen lehnen wir ab" (Leitantrag AfD-Wahlprogramm 2021, Kap. Islam).

Eine Einschränkung der Finanzierung von Moscheen durch ausländische Staaten wäre durchaus zu befürworten, sofern stattdessen den islamischen Organisationen in Deutschland inländische Fördergelder zugestanden würden z.B. über eine Verleihung des Status als Körperschaft öffentlichen Rechts. Was die AfD ablehnt. Mit obiger Forderung in ihrem Leitantrag will die AfD Muslimen somit grundsätzlich die Finanzierung von islamischen Glaubensstrukturen erschweren oder ganz unmöglich machen.

Auch bei einer weiteren Forderung ihres Leitantrags wird deutlich, dass die AfD Muslime an der Ausübung ihrer Religion hindern will. Die AfD will keine ausländischen Imame (was durchaus befürwortet werden kann), aber gleichzeitig will sie auch keine islamtheologische Geistliche an deutschen Universitäten ausbilden. Islamtheologische Lehrstühle sollen vielmehr abgeschafft werden.

„Das Tragen von Burka und Niqab in der Öffentlichkeit wollen wir in Deutschland untersagen." Im Sinne des in Deutschland geltenden Vermummungsverbotes mag diese Forderung vertretbar sein, die Forderung der AfD geht aber weit darüber hinaus: *„Das Kopftuch als religiös-politisches Zeichen soll im Öffentlichen Dienst generell nicht gestattet und in öffentlichen Schulen weder von Lehrerinnen noch Schülerinnen getragen werden."* Diese Forderung nach einem Kopftuchverbot im öffentlichen Raum diskriminiert jedoch wieder Muslime. Denn dann müssten im Zuge der Gleichbehandlung auch alle religiös-politischen Zeichen des Christentums und Judentums verboten werden. Dies ist bei uns jedoch nicht der Fall, im Gegensatz zu Frankreich, welches alle religiösen Symbole aus dem öffentlichen Raum verbannt hat. Dementsprechend hat das Bundesverfassungsgericht 2015 geurteilt, dass ein pauschales Kopftuchverbot für Lehrerinnen nicht mit der garantierten Religionsfreiheit vereinbar ist.

Bei dem antimuslimischen Rassismus geht es der AfD inzwischen um einen Kulturkampf, um die Verteidigung des christlichen Abendlandes gegen den vermeintlichen Ansturm der Muslime. Es wird ein Feindbild aufgebaut. Die Protagonisten dieses Kulturkampfes verschleiern dabei ihren antimuslimischen Rassismus, indem sie sich auf die Verteidigung demokratischer Werte berufen: Der Islam sei frauen- und schwulenfeindlich, autoritär, gewalttätig und antisemitisch. Die neue Qualität besteht also darin, dass sich die Kampagne auf demokratische Werte beruft und vorgibt, für deren Einhaltung zu kämpfen *(siehe auch www.bpb.de/politik/extremismus/rechtsextremismus/180743/Muslimfeindlichkeit)*. Die AfD gibt sich als Verteidigerin unserer demokratischen Werte, obgleich sie selbst in anderen Punkten ihres Programmes genau diese Bevölkerungsgruppen, d.h. die Frauen, Homosexuellen und Juden, deren Rechte sie angeblich schützen will, diskriminiert.
Auch in ihrem Wahlprogramm zur Bundestagswahl 2021 beschwört die AfD immer wieder die Gefahr von islamischen Clans und Dschihadisten herauf, um dadurch Ängste in der Bevölkerung zu schüren und die Bevölkerung zu spalten. Wir verharmlosen nicht die Gefahr durch islamische Dschihadisten, sie ist derzeit jedoch wesentlich geringer als die Gefahr, die vom Rechtsextremismus für unser demokratisches System ausgeht.

Die extrem islamfeindliche Gesinnung der AfD zeigt sich noch viel stärker in den radikalen Reden und Zitaten der AfD-Abgeordneten in Bund und Ländern.

„Wir sollten endlich über eine Endlösung für die Musels in Deutschland nachdenken“ (JA-Whatsapp-Gruppe Braunschweig, 2016).
Der Rassismus und die Islamfeindlichkeit der Nachwuchsorganisation der AfD geht hier bis zur Forderung einer „Endlösung“, was Assoziationen mit dem Holocaust im Dritten Reich weckt.

Holger Arppe (AfD MV) ruft im Internet zu Gewalt gegen Araber und Muslime auf *(www.zeit.de/politik/deutschland/2014-10/afd-arppe-anklage-staatsanwaltschaft)*.

Alice Weidel unterstellt in ihren Aussagen, dass die Menschen muslimischen Glaubens Islamisierung in Deutschland betreiben wollen, und baut damit ein Feindbild auf. Als Aiman Mazyek, Vorsitzender des Zentralrats der Muslime, die AfD im Mai 2016 zu einem Gespräch einlud, sagte Weidel kurz vorher ab. Ihre Begründung: Auch er habe sich nicht *„von den Steinzeitpraktiken der Scharia distanziert"*. In einem Gastbeitrag in der „Jungen Freiheit" warnt sie vor einer *„Islamisierung unserer Gesellschaft"*, in einem Interview fordert sie ein Kopftuchverbot. Ihren Ton gegen Muslime hat Weidel in ihren Wahlkampfreden noch deutlich verschärft. Ihr wichtigstes Thema ist *„illegale Migration"*. Als der CSU-Generalsekretär in der ZDF-Sendung „Wie geht's, Deutschland?" fordert, dass Weidel sich von den Aussagen ihrer Parteikollegen Gauland und Höcke distanziert, verlässt sie die Sendung. Auch ein Gespräch mit einem Reporter der „Oberhessischen Presse" brach Weidel ab – weil ihr die Fragen nicht gefielen. Ihrer Partei bringt dieses Verhalten zusätzliche Aufmerksamkeit ein.

„Ich würde niemanden verurteilen, der ein bewohntes Asylantenheim anzündet" (www.Volksverpetzer.de/analyse/afd-zitate,10.1.2020; Zitat von Marcel Grauf, ehemaliger Referent von Christina Baum und Heiner Merz im baden-württembergischen Landtag).

Es gibt innerhalb der AfD auch Stimmen, die sogar ganz offen fordern, die islamische Religion zu verbieten *(siehe pro7-doku: ProSiebenSpezial: Rechts.Deutsch.Radikal. vom 29.9. 2020)*.

Position OMAS GEGEN RECHTS in Deutschland:

Viele muslimische Menschen gehören zu Deutschland. Die allermeisten von ihnen denken selbstverständlich demokratisch und üben gleichzeitig ihre Religion aus, was ihnen unser Grundgesetz garantiert. Deshalb gehört auch der Islam zu Deutschland.

Es ist jedoch auch klar, dass verhindert werden muss, dass sich Parallelgesellschaften bilden und dass niemand, der hier leben will, mit dem Hinweis auf seine Herkunft oder seine religiöse Überzeugung bestimmte Artikel unseres Grundgesetzes außer Kraft setzen oder missachten darf. Sollte dies versucht werden, muss mit den bestehenden rechtsstaatlichen Mitteln eingegriffen und dies verhindert werden. Eine Notwendigkeit hierfür zeigt sich z.B. in der Tat bei den in den letzten Jahren gestiegenen Fällen von verdeckter Polygamie oder Bigamie unter Muslimen. Bessere Bildungschancen, politische Bildung, Integration und Chancengleichheit sind die wirksamsten Mittel gegen die Entstehung von Parallelgesellschaften.

Mit ihrem Versuch, alle Muslime unter Verdacht zu stellen, und die Religionsausübung von Muslimen zu erschweren, verlässt die AfD jedoch den Boden unseres Grundgesetzes und agiert verfassungswidrig. Mit Islamhass versucht die AfD, ihre programmatische Schwäche zu überdecken. Der Populismus braucht Feinde, um erfolgreich zu sein. Diese Hetze gegen religiöse Minderheiten ist im Grundgesetz verboten. Sie schürt Eskalation, verhindert Reformen und Integration und führt keineswegs zu mehr Sicherheit.

Wir OMAS GEGEN RECHTS lehnen deshalb die Islam-Politik der AfD strikt ab.

Antisemitisches Gedankengut in der AfD

Einige führende Vertreter der AfD behaupten, die AfD sei pro-israelisch und pro-jüdisch und Antisemitismus sei ausschließlich ein Problem von Muslimen und Linken. Die AfD sei *„in Deutschland das einzig große Bollwerk gegen Antisemitismus“* (*www.welt.de/politik/article163424314*). Als ein Beleg hierfür wird immer wieder Punkt 7.6 im Grundsatzprogramm angeführt, wo sie von den **„jüdisch-christlichen Grundlagen“** unserer Kultur spricht. Diese Formulierung taucht jedoch nur einmal in dem Grundsatzprogramm auf, nämlich in der zitierten Passage, die sich gegen den Islam richtet. Sonst ist im Grundsatzprogramm der AfD nur von der *„religiösen Überlieferung des Christentums"* als Quelle für die deutsche Leitkultur und Aussagen über *„unsere abendländische christliche Kultur"* die Rede. Auch im AfD-Bundestagswahlprogramm 2021 **erwähnt man das Judentum nur, wenn man es taktisch in Stellung gegen den Islam bringen kann.** Wie wenig der AfD wirklich am Schutz jüdischer Mitbürger und Einrichtungen liegt, zeigt auch das Verhalten der AfD in Sachsen-Anhalt, wo sie trotz des Angriffs auf die Synagoge in Halle, gegen den Schutz jüdischer Anlagen durch die Polizei gestimmt hat.

Antisemitische Aussagen von AfD Vertretern.

Außerdem gibt es eine Vielzahl von Skandalen wegen antisemitischer Äußerungen von AfD-Parteimitgliedern, die keinesfalls als Einzelfälle heruntergespielt werden können und meist auch nicht mit einem Parteiausschluss bestraft wurden.

Der Fall Gedeon: Wolfgang Gedeon hatte antisemitische Schriften veröffentlicht, in denen er *das* mächtigste Werk des Antisemitismus, die „Protokolle der Weisen von Zion" als *„intellektuell hochwertig, ja genial"* bezeichnete *(www.belltower.news/artikel/protokolle-der-weisen-von-zion)*. Er beklagte sich auch über die *„Zionisierung"* der westlichen Politik, meinte *„die Hauptschuld am Zweiten Weltkrieg der Hitler-Regierung zuzuschreiben, sei eine im Wesentlichen vom Zionismus diktierte Version"* und bezeichnete Holocaustleugner wie Horst Mahler als *„Dissidenten"*. Diese und viele weitere Äußerungen Gedeons lassen wenig Zweifel daran, dass Gedeon einem nahezu geschlossenen antisemitischen Weltbild verhaftet ist. Noch tragischer ist, dass sich fast die Hälfte der baden-württembergischen Landtagsfraktion mit diesem Antisemiten solidarisierte und es so zu einer Spaltung der AfD-Fraktion kam. Fortan stand nicht der Antisemitismus von Gedeon im Mittelpunkt, sondern der parteiinterne Machtkampf. Gedeon musste zwar aus der Fraktion ausscheiden, blieb aber weiterhin fraktionsloses

Mitglied der AfD im baden-württembergischen Landtag. Die Rolle als fraktionsloser ‚Querdenker' genoss Gedeon: Dass dem so ist, zeigte sich auch an Beifallsbekundungen seiner ehemaligen Fraktion, wenn er im Landtag Reden hielt. *„Ich kann sagen, was andere in der Partei nur denken"* *(www.suedkurier.de/region/kreis-konstanz/singen/art. 372458, 9091204).* Im März 2017 durfte er gar als Delegierter am AfD-Bundesparteitag teilnehmen. Im Vorfeld veröffentlichte er erneut Pamphlete, die offenbarten, dass er seiner antisemitischen Gesinnung treu geblieben ist *(www.belltower.news/artikel/steht-wolfgang-gedeon-vorm- comback-11711).* Auch trat Gedeon weiter für die AfD öffentlich auf. 2017 wurde zwar gerichtlich entschieden, dass Gedeon als Holocaust-Leugner bezeichnet werden darf, aber erst im Frühjahr 2020 wurde er aus der Partei ausgeschlossen.

Solidarisierung zahlreicher AfD Funktionäre mit Holocaust-Leugnern.

Wie nachfolgende Beispiele zeigen, ist Gedeon jedoch nicht der einzige AfD-Politiker, der mit antisemitischen Aussagen provoziert. 2015 hatte der AfD-Lokalpolitiker **Gunnar Baumgart** unter anderem den Holocaust-Leugner Ernst Zündel in Schutz genommen und auf Facebook einen Artikel gepostet, in dem behauptet wird, dass *„kein einziger Jude" durch „Zyklon B oder die Gaskammern"* ermordet worden sei.

AfD Niedersachsen: Bei den Kommunalwahlen in Niedersachsen am 11.09.2016 traten gleich mehrere Kandidaten, die Verbindung zur Holocaustleugner-Szene pflegen oder pflegten, für die AfD erfolgreich an, obgleich die Vorwürfe gegen sie seit langem bekannt waren: In den Rat der **Stadt Springe** bei Hannover zog **Wolfram Bednarski** ein. Laut der Rechtsextremismus Expertin Andrea Röpke trat Bednarski 2004 dem Verein „Bauernhilfe e.V." bei, einem Sammelbecken organisierter Holocaustleugner, das aus dem Kreis der Holocaust-Leugner*innen um Ursula Haverbeck und Horst Mahler gegründet und schließlich 2008 verboten wurde. Im niedersächsischen **Diepholz** zog als Nachrücker Anfang April 2017 der Vorsitzende der AfD im Landkreis Diepholz,

Andreas Dieter Iloff, in den Kreistag ein. Iloff, der vom niedersächsischen Verfassungsschutz beobachtet wird, war in diversen rechtsextremen Gruppierungen aktiv *(www.huffingtonpost.de/2017/06/17)* und pflegte unter anderem Umgang mit der antisemitischen „Europäischen Aktion" *(siehe www.belltower-news/artikel/ermittlungen-wegen-bildung-einer-kriminellen-Vereinigung-was-ist-die-europaeische-aktion)* des Schweizer Holocaustleugners Bernhard Schaub. Er nahm auch an einem Treffen auf dem Anwesen des bekannten NPD Funktionärs Thorsten Heise in Fetterode teil *(daserste.ndr.de.panorama/aktuell/chronik-rechtsextreme-vorfaelle-in-der-afd-2016-afd 892)*.

Holocaustleugnung scheint in der AfD nicht als Straftat, sondern eher als Kavaliersdelikt zu gelten, und die **notorische Holocaustleugnerin Ursula Haverbeck-Wetzel** ist für viele eine Ikone der Unbeugsamkeit. Björn Höcke bezeichnet sie als Opfer und bei einem Vortrag, den Gauland beim rechten Verein der Staats- und Wirtschaftspolitischen Gesellschaft hielt, war sie unter seinen Gästen.
Willhelm von Gottberg, Beisitzer im Landesvorstand der AfD Niedersachsen, bezeichnete den Holocaust als *„Mythos"* und *„Instrument zur Kriminalisierung der Deutschen"*
Eine Vielzahl weiterer Beispiele könnte hier aufgeführt werden.

Verharmlosung des Nationalsozialismus, NS Verherrlichung in der AfD und völkisches Gedankengut – ein weiteres wichtiges Indiz für den Antisemitismus in der AfD.

Alexander Gauland verharmloste den Nationalsozialismus durch seine Bezeichnung der NS-Diktatur als *„Vogelschiss in der deutschen Geschichte"*. Alexander Gauland möchte wieder *„stolz […] sein auf Leistungen deutscher Soldaten in zwei Weltkriegen."*
Wirklich? Einschließlich Kriegsverbrechen und Angriffskriege und Millionen von Toten? Für beide Aussagen wurde er zwar wegen Volksverhetzung angezeigt, was jedoch keine politischen Konsequenzen für ihn nach sich zog.

Thüringens AfD-Chef **Björn Höcke** betrachtet die Zeit des Nationalsozialismus sogar als positiv. In Dresden forderte er im Januar 2017 in einer Rede eine *„erinnerungspolitische Wende um 180 Grad",* um dann die Bombardierung Dresdens als *„Kriegsverbrechen"* zu verurteilen und zu behaupten man sei bis heute nicht in der Lage *„unsere eigenen Opfer zu betrauern"*. Über das Holocaust Denkmal in Berlin sagte er: *„Wir Deutschen, also unser Volk, sind das einzige Volk der Welt, das sich ein **Denkmal der Schande** in das Herz seiner Hauptstadt gepflanzt hat."* Die absichtliche Doppeldeutigkeit, mit der Höcke das Holocaust-Denkmal in Berlin als „Denkmal der Schande" bezeichnet hat, kann ihm als antisemitisch ausgelegt werden. Er behauptet, er habe den Holocaust mit der "Schande" gemeint, der Kontext seiner Rede lässt das jedoch nicht vermuten *(www.welt.de/politik/deutschland/articel161286915)*.

Wieder **eine direkte Kopie nationalsozialistischer Sprache** durch Höcke: *„Ich will, dass Magdeburg und dass Deutschland nicht nur eine tausendjährige Vergangenheit haben. Ich will, dass sie noch eine tausendjährige Zukunft haben, und ich weiß, ihr wollt das auch."*

Auch Hitler selbst wird von Höcke verharmlost und relativiert. In einem Interview mit Wall Street Journal im März 2017 machte er die Aussage, dass es ein Problem sei, dass *„Hitler als absolut böse dargestellt wird"*, und dass es nicht so *„Schwarz und Weiß"* sei. Höckes Sprache und Auftritte sind inzwischen so radikal und erinnern an Reden Goebbels und Hitlers. Die ausländischen Medien nennen ihn bereits „den neuen Hitler". Höckes Reden hören sich wie die des NS-Propagandisten Goebbels an, und es ist kein Wunder, dass seine eigenen Parteikollegen bei Zitaten aus Höckes Buch „Nie zweimal in demselben Fluss" nicht unterscheiden können, ob es sich um ein Zitat Höckes oder Hitlers handelt.

Es gibt eine Vielzahl weiterer Versuche von AfD-Parteimitgliedern, die Ursachen, den Verlauf und die Folgen des Nationalsozialismus zu verfälschen, zu leugnen oder zumindest zu verharmlosen. Nach Meinung vieler AfD-Mitglieder ist der Geschichtsunterricht in deutschen

Schulen nicht ausgewogen, da zwar der Holocaust umfassend gelehrt werde, das Leiden der Deutschen aber, z.B. bei den Bombardierungen Dresdens, und die Misshandlung deutscher Kriegsgefangener zu kurz kämen. Diese Einstellung entspricht einer extremen Verharmlosung des Holocausts, denn die schwierige Lage der Kriegsgefangenen, die es ohne den von Deutschland begonnenen Krieg und den Holocaust ja gar nicht gegeben hätte, lässt sich in keiner Weise mit dem grausamen, systematischen Völkermord der Nazis an Juden und andern Minderheiten vergleichen.

Im **Wahlprogramm 2016 der AfD Sachsen-Anhalt** werden die Jahre von 1933 bis 1945 als die zwölf Unglücksjahre unserer Geschichte betitelt. Verbunden ist das mit der Auffassung, dass Deutschland, da es sich ‚immer noch' mit dem Nationalsozialismus auseinandersetzen müsse, die Rolle des ‚ewigen Büßers' innehabe und dadurch daran gehindert werde, die ‚ihm zustehende Rolle in der Welt' einzunehmen. Häufig wird dies mit **antisemitischen Erklärungen** begründet: Die Juden bzw. Israel würden den Holocaust instrumentalisieren, um Deutschland ‚klein zu halten'.

Die AfD in Baden-Württemberg stellte 2017 sogar den Antrag, die Mittel für die Unterstützung der NS-Gedenkstätte Gurs in Frankreich zu streichen.

Auch wenn es im **Leitantrag zur Bundestagswahl 2021** und in den Änderungsanträgen im Kapitel Kultur etwas moderater formuliert wird, zeigt sich, dass die Forderung Höckes nach einer erinnerungspolitischen Wende große Zustimmung in den Reihen der AfD gefunden hat und jetzt zum Standardprogramm gehört. *„Die offizielle Erinnerungskultur darf sich nicht auf die Tiefpunkte unserer Geschichte konzentrieren, sie muss die Höhepunkte im Blick haben ... Die AfD stellt sich als einzige politische Kraft dieser Demontage unserer historisch-kulturellen Identität entgegen."* Im Änderungsantrag WP 138-Kultur fordert die AfD außerdem den Zusatz: *„Die AfD setzt sich besonders gegen die Schmähung des Deutschen Kaiserreichs ein, das faktenwidrig als rückständiger Unrechtsstaat diffamiert wird ... Die Aggressivität, die* *sich mittlerweile gegen das Kaiserreich wie auch gegen die Denkmäler von Bismarck und den Deutschen Kaisern richtet, gilt nicht nur diesem vergangenen Staat, sondern der deutschen Nation an sich."*

Inzwischen haben Verharmlosungen der Zeit des Nationalsozialismus und des Holocausts leider auch Eingang in die Gesellschaft gefunden, z.B. wenn sich Querdenker auf Demonstrationen gegen Corona-bedingte Einschränkungen den Judenstern anstecken oder sich mit Anne Frank vergleichen.

Nutzung von Nazi-Symbolen und offener Antisemitismus in der AfD.

In einer Rede vor der Jungen Alternative erklärte Björn Höcke 2015: *„Christentum und Judentum stellen einen Antagonismus dar, darum kann ich mit dem Begriff des christlich-jüdischen Abendlands nichts anfangen" (Aussage Höckes vor der Jungen Alternative am 26.9.2015)*. Am 5.3.2016 wurde damals auf „Focus online" noch darüber diskutiert, ob dies zu einem Parteiausschluss Höckes führen könne. Inzwischen hat Höcke seine Machtstellung jedoch weiter ausgebaut, seine Aussagen und die Mehrheit der AfD Parteimitglieder haben sich zunehmend radikalisiert.

Andre Poggenburg, ehemaliger AfD-Vorsitzender in Sachsen-Anhalt, bezeichnete im April 2014 Michel Friedmann, den Fernsehmoderator und früheren Vizechef des Zentralrats der Juden, auf Facebook als *„schleimiges Etwas"*. Friedman sei *„eine Zumutung und Schande für Deutschland"* und müsste des Landes verwiesen werden *(Mitteldeutsche Zeitung Halle (Saale,) Deutschland, 8.10.2014)*.
In jeder anderen Partei hätten derartige Äußerungen zum sofortigen Ausschluss geführt, nicht so bei der AfD. In der AfD stieg der enge Vertraute Höckes zum AfD-Landesvorsitzenden in Sachsen-Anhalt auf. Obgleich Poggenburg Anfang 2019 die AfD verließ, steht er vor allem dem rechtsextremen Lager der AfD weiterhin sehr nahe.

AfD-Bundestagsabgeordneter Siegbert Droese lässt sich mit der rechten Hand am Herzen **vor dem Führerbunker ablichten.**

Die neonazistische Ideologie wird nicht mal ansatzweise von **Jens Maier, dem Dresdner AfD-Bundestagsabgeordneten**, versteckt, der für seinen Posten in der Partei mit **„stellvertretender *Ortsgruppenleiter*" einen Begriff der NSDAP gewählt hat.** Maier warnte unter anderem auch vor der *„Herstellung von Mischvölkern"* und nannte nicht näher bezeichnete Ausländer *„Gesindel"*.

Jan von Flocken bezeichnete beim AfD-Russlandkongress in Magdeburg *„die Waffen-SS als Positivbeispiel"* *(twitter.com/recherchemd/status/896678022987886592)*.

MdL Volker Schnurrbuschs Immunität wurde aufgehoben wegen des Fundes von Nazi-Devotionalien und Nazi-Symboliken *(www.abendblatt.de/region/schleswig-holstein/articel211311559)*.

Der **AfD-Bundestagskandidat Ulrich Oehme** *(www.tag24.de/nachrichten/erzgebirge)* hängte Plakate mit dem Satz *„Alles für Deutschland"* auf. Diese frühere Losung der SA (Sturmabteilung im Dritten Reich) ist in Deutschland verboten.

Dies waren nur einige Beispiele aus einer Vielzahl von AfD-Mitgliedern, denen antisemitische Vorfälle vorgeworfen werden können.

Die AfD fördert rassistische und antisemitische Verschwörungstheorien

Am 9. Oktober 2019 versuchte der Rechtsextremist Stephan B. bewaffnet in die **Synagoge in Halle an der Saale einzudringen,** wo sich die jüdische Gemeinde versammelt hatte, um Yom Kippur, den höchsten jüdischen Feiertag, zu begehen. Weil es ihm nicht gelang, die Tür zum

Gebäude zu öffnen, erschoss er eine Passantin und den Gast einer nahe gelegenen Imbiss-Bude. Vor seiner Festnahme verletzte er zwei weitere Personen. Sein Bekennerschreiben im Internet zeugt von seinem Hass gegen Muslime und Juden. Den Juden unterstellt er darin, die muslimische Immigration nach Europa heimlich zu steuern. Stephan B. glaubt also an eine explizit antisemitische Variante der in rechten Kreisen weit verbreiteten Verschwörungstheorie des **"Großen Austauschs"**. Seiner Ansicht nach sind Juden die treibende Kraft hinter einem angeblichen Plan, die christliche Bevölkerung Europas gegen eine muslimische auszutauschen. Der Anschlag von Halle ist der bislang schlimmste in einer Reihe von antisemitischen Gewalttaten in den letzten Jahren, die zeigen, dass der Hass auf Juden in Deutschland wieder zunimmt *(siehe auch www.bpb.de/politik/hintergrund-aktuell/316638/der-Anschlag-von-Halle)*.

Nicht alle Verschwörungstheorien sind antisemitisch, aber Antisemitismus ist meist verschwörungsideologisch aufgeladen. Verschwörungsvorwürfe gegen Juden gehen bis in das Mittelalter zurück. Dramatische Auswirkungen erreichten sie im 19. Jahrhundert. Im berüchtigten, 1903 veröffentlichten, einflussreichsten Text zur jüdischen Weltverschwörung, den „**Protokollen der Weisen von Zion**“ *(siehe hierzu www.bpb.de/politik/extremismus/rechtsextremismus/210333)*, wird behauptet, es gäbe eine geheime Kooperation zwischen vermeintlich einflussreichen Freimaurern und Juden. *„Es sind die Vorworte, Begleittexte und Kommentare ..., die vor allem nach dem Ersten Weltkrieg dann die rassistisch antisemitische Rezeption ins Werk setzen.“* Der Erste Weltkrieg wurde in den zahlreichen Ausgaben der Protokolle, die nach 1918 erschienen, als Ergebnis eines jüdischen Komplotts dargestellt *(www.bpb.de/geschichte/deutsche-geschichte/erster weltkrieg)*. In Deutschland, wo die ***Protokolle*** erstmals 1920 in Übersetzung erschienen, hatten sie, gemeinsam mit anderen Schriften zur angeblichen jüdischen Weltverschwörung, enormen Einfluss auf viele Menschen. In besonderem Maße gilt das für Adolf Hitler und andere führende Nationalsozialisten *(www.bpb.de/geschichte/national-sozialismus)*. Nach 1933 wurde die antisemitische Verschwörungstheorie zur offiziellen Staatsideologie erhoben; die NS-Propaganda verbreitete

sie beständig und legitimierte so die antisemitischen Maßnahmen des Regimes *(www.bpb.de/geschichte/deutsche-geschichte/der-zweite-weltkrieg /199404)* .
Der **Genozid an den europäischen Juden** hätte ohne den Mythos der jüdischen Weltverschwörung möglicherweise nicht stattgefunden *(www.bpb.de/ geschichte/deutsche-geschichte/der-zweite-weltkrieg/199409)*.

Expliziter oder traditioneller Antisemitismus sowie Verschwörungs-theorien waren nach 1945 aufgrund der Erfahrung des Holocausts in Deutschland nicht mehr gesellschaftlich akzeptiert. Durch das Aufkommen des Internets und sozialer Netzwerke sowie der rechtspopulistischen und rechtsextremen Propaganda von Vereinigungen und Parteien wie der AfD, sind diese jedoch wieder wesentlich populärer und sichtbarer geworden.

In der AfD finden sich viele Anhänger*Innen unterschiedlichster Verschwörungstheorien wie etwa die vom Glauben, „finstere Mächte" würden die Gesellschaft destabilisieren, um den eigenen Profit und die eigene Macht zu steigern, über die Verbreitung „unnatürlicher Ideologien" wie Feminismus und „Genderismus" bis zur Unterstellung, durch gezielte Migration die ganze Bevölkerung austauschen zu wollen. Letzteres firmiert in rechten Kreisen unter den Schlagworten *„Umvolkung"* und *„Migrationswaffe"*. Zusammenfassend geht die AfD immer von einer Verschwörung gegen Europa oder konkret gegen Deutschland aus und empfindet sich und das deutsche Volk als Opfer.

Auch **Björn Höcke** macht zahlreiche Andeutungen diesbezüglich, die zwar nicht offen antisemitisch sind, aber viel Deutungsspielraum zulassen und von seinen Zuhörern sehr wohl antisemitisch interpretiert werden.

Beatrix von Storch (seit 2019 stellvertretende Bundessprecherin der AfD) betreibt gemeinsam mit ihrem Mann ein Vereinsnetzwerk, zu dem auch das Online Portal „Freie Welt" gehört, wo das klassische antisemitische Märchen von der jüdischen Weltverschwörung verbreitet wird. **Personalisiert werden die angeblichen Drahtzieher** der Weltpolitik oft **mit imaginierten Vertretern des „Weltjudentums"**, wie

Rothschild, Rockefeller und dem aktuellen Hauptfeind der antisemitischen Verschwörungsideologen, dem US-Amerikanischen Investor **George Soros** und seiner Open Society Foundation.

Der Brandenburger **Jan-Ulrich Weiß** hatte 2014 eine von Kritikern als antisemitisch beurteilte Karikatur über den jüdischen Bankier Rothschild verbreitet.

Die aktuellen Migrationsbewegungen nach Europa und der Bürgerkrieg in Syrien werden häufig als bewusst herbeigeführt durch „zionistische Kräfte" erklärt.

Die **„Verschwörungstheorie QAnon"** ist ebenfalls eindeutig antisemitisch, weil Q in seinen Nachrichten immer wieder Juden – George Soros oder die Rothschilds – als Verschwörer identifiziert und weil die Anschuldigung, die Verschwörer würden aus dem Blut von Kindern den mysteriösen Stoff Adrenochrom gewinnen, Motive aus den antijüdischen Ritualmordlegenden des Mittelalters aufgreift. Wie schnell Verschwörungsmythen zu tödlicher Gewalt führen können, zeigt folgendes Beispiel: *„Mein Name ist Anon und ich glaube, der Holocaust hat nie stattgefunden. Der Feminismus ist an der sinkenden Geburtenrate im Westen schuld, die die Ursache für die Massenmigration ist und die Wurzel dieser Probleme ist der Jude"* *(Zitat von Stephan B., Attentäter von Halle)*.

Im Zusammenhang mit den Corona-Demonstrationen bestätigt Thomas Strobl (CDU, Landesinnenminister Baden-Württemberg) Mitte Januar 2021, dass laut Verfassungsschutz in Baden-Württemberg von Anfang an **Rechtsextremisten, sogenannte Reichsbürger und Mitglieder von „extremistischen Teilstrukturen der AfD" an den „Querdenker"-Demonstrationen** beteiligt gewesen wären *(www.stuttgarterzeitung.de)*. Die Radikalisierung sei von den Querdenker-Organisatoren zunehmend selbst vorangetrieben worden. Strobl erklärte demnach außerdem, dass **antisemitische Verschwörungstheorien** in der Bewegung *„eine erhebliche Rolle"* spielten. In Baden-Württemberg wird die Querdenker-Bewegung seit Dezember vom Verfassungsschutz beobachtet.

Am 18.11.2020 schleusten AfD-Abgeordnete rechte Querdenker-Aktive in den Bundestag ein. Inzwischen wurden auch weitere Details zum Verhältnis von AfD und Verschwörungstheoretikern bekannt, unter anderem zu Attila Hildmann, dem veganen Koch und Verschwörungsideologen und der Plattform netzpolitik.org.
Als Folge der zunehmenden Radikalisierung und Gefährdung für unsere parlamentarische Demokratie wird die Querdenkerbewegung seit 24. April 2021 jetzt auch bundesweit vom Verfassungsschutz beobachtet.

Rassistische Hetze durch der AfD nahestehende rechtsextreme Organisationen

Noch offener rassistisch sind zahlreiche Organisationen der sogenannten **Neuen Rechten**, die der AfD nahestehen. Auch wenn einige inzwischen verboten sind oder sich aufgelöst haben, bestehen weiterhin enge Verbindungen der Mitglieder dieser Organisationen zur AfD. Eine detaillierte Analyse hierzu wäre sicherlich sehr interessant, würde aber den Rahmen dieses Buches sprengen. Deshalb sollen nur einige wenige dieser Organisationen hier namentlich genannt werden: Die Patriotische Plattform – Pegida – Reichsbürgerszene – Identitäre Bewegung – Dritter Weg – NPD – Pro Deutschland – Wiking Jugend – Bund freier Bürger – Bündnis für Freiheit und Demokratie (fordert u.a. ein Deutsches Reich in den Grenzen von 1937) – die Freiheit (Islamfeindlich) – Republikaner – Schill-Partei – Germania-Burschenschaften und viele andere, über deren Demokratiefeindlichkeit und Vernetzung nachzulesen sich lohnt *(Vergleiche auch „Das Netzwerk der Neuen Rechten" von Christian Fuchs und Paul Middelhoff)*.

Anhänger des offiziell aufgelösten rechtsnationalen "Flügels" haben nach Einschätzung des Verfassungsschutzes einen immer größeren Einfluss innerhalb der AfD. *„Das Bundesamt für Verfassungsschutz* *nimmt wahr, dass viele Anhänger des rechtsextremen 'Flügels' um mehr Einfluss in der Partei kämpfen, obwohl sich der 'Flügel' angeblich selbst aufgelöst hat",* sagte Behördenchef Thomas Haldenwang dem „Tagesspiegel" *(Sonntagsausgabe).* Bei parteiinternen Wahlen kämen Anhänger des „Flügels" in Schlüsselpositionen, die Partei radikalisiere sich zunehmend. Die Junge Alternative sowie Björn Höcke halten mit ihrer zunehmend rechtsextremen Einstellung sowie mit ihren Kontakten zu der radikalen Neuen Rechten nicht mehr hinter dem Berg.

Für die Kommunalwahl in Hessen im März 2021 hatte die AfD mit **Christian Wenzel** sogar einen langjährigen Neonazi-Anführer als Kandidaten für den Landkreis Kassel aufgestellt. Christian Wenzel unterhielt in der Vergangenheit Kontakte zu Neonazis in Thüringen, zum rechtsradikalen Netzwerk „Blood and Honor" und zum NSU-Umfeld.

2018 hatte das **Bundesamt für Verfassungsschutz** die AfD zum **Prüffall** erklärt; jetzt empfiehlt ein 1000 Seiten starkes Gutachten, die gesamte Partei als **Beobachtungsfall e**inzustufen. Seit dem 3. März 2021 wird die AfD nunmehr bundesweit vom Verfassungsschutz als rechts-extremistischer Verdachtsfall eingestuft.

Position OMAS GEGEN RECHTS in Deutschland:

Auslöser für die Gründung der OMAS GEGEN RECHTS in Deutschland war die rassistische und diskriminierende Äußerung eines österreichischen Identitären zu den österreichischen OMAS GEGEN RECHTS. „Wenn man schon so alt ist und für die Gesellschaft nicht mehr nützlich ist und vor lauter Emanzipation nicht einmal stricken gelernt hat, dann ..." Ja, fragen wir, was dann? Die Worte dieses Identitären waren nicht nur extrem frauenfeindlich, sie erinnerten Anna Ohnweiler an *„unwertes Leben"* aus der Zeit des Nationalsozialismus. Sie war über diese Aussage so erbost, dass sie sofort die Facebook-Gruppe OMAS GEGEN RECHTS in Deutschland gründete.

Der wichtigste Grundsatz unserer Initiative ist, uns gegen Rassismus, Fremdenfeindlichkeit und rechtsextreme Hetze einzusetzen, dafür, dass die

Würde aller Menschen unantastbar ist, unabhängig von Herkunft, Hautfarbe, Religion, Geschlecht und sexueller Orientierung.

Dies steht im krassen Gegensatz zu dem rassistischen, völkischen, islamfeindlichen, antisemitischen und verschwörungsideologischen Weltbild der AfD. Auch wenn die AfD noch gerichtlich gegen den Beschluss des Bundesamts für Verfassungsschutz vorgeht, gibt es keinen Zweifel mehr an der Rechtsradikalität dieser Partei, die die Menschenwürde mit Füßen tritt, die die in unserer Verfassung garantierte Meinungsfreiheit für ihre Hetze missbraucht und versucht, die Gesellschaft zu spalten und unser rechtsstaatliches demokratisches System zu zerstören.

Mit ihrer rechtsextremen Hetze verschob die AfD die Grenze des Sagbaren. Rassistische Parolen, die früher nur in hintersten Stammtischecken geäußert wurden, werden nun ganz offen ausgesprochen – in den sozialen Medien bis hinein ins Parlament. Wir OMAS GEGEN RECHTS lassen keine rassistische Parole unwidersprochen im Raum stehen. Ihre hetzerischen, gewalttätigen Parolen machen die AfD zum geistigen Brandstifter für viele rechtsextreme und verschwörungsideologische Straftaten. Wie z.B. das antisemitische Attentat in Halle, das islamfeindliche Attentat in Hanau, bis hin zum Versuch im August 2020, mit einem Sturm auf den Reichstag unsere parlamentarische Demokratie zu zerstören. Deshalb befürworten wir OMAS GEGEN RECHS in Deutschland die Beobachtung der AfD durch den Verfassungsschutz.

Für die AfD gehört der Islam nicht zu Deutschland und ein Schwerpunkt ihrer Politik besteht in dem Versuch, Bedingungen zu schaffen, die Muslime in Deutschland noch stärker diskriminieren und an der Ausübung ihrer Religion hindern.

Im Zusammenhang mit dem Judentum bezeichnet sich die AfD gerne als Bollwerk, das die jüdische Bevölkerung schützt. Wie wir aufgezeigt haben, ist die AfD und viele ihrer Mitglieder selbst zutiefst antisemitisch. Auch jüdische Mitbürger sollen daran gehindert werden, nach ihrem Glauben zu leben. Wie anders z.B. lässt sich das im Leitantrag zur Bundestagswahl 2021 geforderte Verbot der Einfuhr von geschächtetem Fleisch verstehen.

Mit Aussagen, dass die Muslime den Antisemitismus nach Deutschlan importiert haben, will sie Muslime und Juden gegeneinander aufhetzen und di Gesellschaft spalten. Antisemitismus gibt es leider schon seit Jahrhunderten i Deutschland, er ist kein Importprodukt.

Es muss jedoch auch ganz klar betont werden, dass wir in Deutschland keinerle Antisemitismus tolerieren dürfen, weder von rechts, noch von Muslimen. Di Konflikte im Nahen Osten dürfen nicht hier auf dem Rücken der jüdische Bevölkerung in Deutschland ausgetragen werden. Die Vertreter aller dre Religionen – der christlichen, der jüdischen und der muslimischen Gemeinde – haben sich für eine Verständigung gegen Hass, gegen Hetze und Gewalt und fü ein friedliches Miteinander ausgesprochen. Notwendig hierfür sind meh politische Bildung, Bemühungen auf allen Ebenen der Gesellschaft, die di Gemeinsamkeiten auch der Religionen betonen und für Verständnis un Toleranz werben. Wir OMAS GEGEN RECHTS in Deutschland wollen versuchen einen Beitrag hierzu zu leisten.

Die Klima- und Umweltpolitik der AfD – ein Verrat an künftigen Generationen

Verfasserin: Beate Booß

Für gewöhnlich weist der Name einer politischen Partei auf ihre programmatischen Schwerpunkte und Ziele hin; gelegentlich gibt er sogar Aufschluss über die Umstände und Gründe ihrer Entstehung. So bezeugen bspw. die einzelnen Namensbestandteile der Christlich-Demokratischen Union Deutschlands (CDU) ihren Ursprung im politischen Katholizismus rheinischer Prägung und ihr Bekenntnis zu einer föderal verfassten parlamentarischen Demokratie. Die Sozialdemokratische Partei Deutschlands (SPD) wiederum fasst in ihrem Namen die noch immer gültigen, bis in ihre Gründungsjahre (1863 / 1869) zurückreichenden Hauptziele – soziale Gerechtigkeit und politische Demokratie – zusammen.

Wofür aber steht der Parteiname „Alternative für Deutschland“? Beschreibt die Partei, bewusst unscharf, damit das Ziel, ein anderes politisches und gesellschaftliches System als die im Grundgesetz verankerte Ordnung anzustreben? Die permanenten Attacken der AfD auf das vermeintlich „marode System“ lassen keinen anderen Schluss zu. Abgesehen davon, dass sie damit die einzige der im Deutschen Bundestag vertretenen Parteien ist, welche die bestehende Ordnung in Frage stellt, verrät sie damit noch nicht, wie die von ihr angestrebte alternative Ordnung aussehen soll. Ein klareres Bild ergibt sich erst, wenn man ihre politische Agitation, inner- und außerparlamentarischen Aktivitäten, Programme und Parteitagsbeschlüsse unter die Lupe nimmt, wie wir es in diesem Buch getan haben.

Dabei zeigt sich, dass die AfD in keinem einzigen Politikbereich ein schlüssiges Gesamtkonzept vorlegen und mit entsprechenden

Finanzierungs- und Umsetzungsplänen unterlegen kann. In aller Regel besteht die Alternative zuallererst in einer **ebenso pauschalen wie rigorosen Ablehnung der Regierungspolitik wie auch der Positionen der demokratischen Opposition**. Sofern **eigene Vorschläge** gemacht werden, sind diese in aller Regel **in sich widersprüchlich, rückwärtsgewandt und ideologiebefrachtet**.

Dies tritt kaum anderswo so deutlich zutage wie in der **Klima- und Umweltthematik**. In kaum einem anderen Bereich setzt die AfD wissenschaftlichen Erkenntnissen und politischen Schlussfolgerungen derart **abstruse „alternative Fakten"** entgegen. In kaum einem anderen Bereich **kämpft sie so verbissen gegen jede gesellschaftliche Veränderung** und betreibt sie so vehement die Rückkehr zu längst überwunden geglaubten Zuständen. Und so entlarvt sich auch und gerade in der Klima- und Umweltfrage der reaktionäre Charakter der Partei. **Diese Partei ist keine Alternative für Deutschland, diese Partei setzt die Lebenschancen künftiger Generationen aufs Spiel**.

Die AfD – Speerspitze des Kampfes gegen die Energiewende

Für die AfD ist nicht die Klimakrise das zentrale, politisch endlich anzupackende Problem. Ihr „Problem" ist der von Umweltschützern, Umweltverbänden und Wissenschaftlern geforderte Kampf gegen den Klimawandel, sprich die dringend notwendige **Energiewende**.

*„Die von der EU und der deutschen Bundesregierung angestrebte Dekarbonisierung, inzwischen als **„Große Transformation von Wirtschaft und Gesellschaft"** propagiert, wird nicht nur zur **Reduzierung der Wirtschaftskraft Deutschlands** führen, sondern entwickelt sich zunehmend zu einer illegitimen gesellschaftlichen Wende hin zu einem **ökologistischen Planungs- und Zwangsstaat mit gewollter Mangel-wirtschaft**" (**EUROPAWAHL-PROGRAMM 2019**, Kapitel 13 "Energie, Klima, Technik und Infrastruktur", S. 79)*.

Das **Gespenst des „Ökosozialismus"** wird auch im vor wenigen Wochen verabschiedeten Programm der AfD zur kommenden Bundestagswahl ventiliert. In düsteren Farben wird hier das Bild eines ***„radikalen Umbaus von Industrie und Gesellschaft"*** gezeichnet, der ***„unsere Freiheit in einem immer beängstigenderen Ausmaß"*** **bedrohe** *(s.* ***AfD-Programm zur Bundestagswahl 2021****. „Deutschland. Aber normal." Kapitel 19 „Klima, Energie und Digitalisierung", S. 174)*.

Während in nahezu allen Industrieländern die Planungen für die Umstellung der Energieversorgung auf erneuerbare Energien in vollem Gange sind – so gibt der Green Deal für die EU die Marschrichtung in einen klimaneutralen Wirtschafts- und Handelsraum vor; zeitgleich hat der neue US-Präsident Biden ein Billionen schweres Programm für den klimagerechten Umbau der US-amerikanischen Wirtschaft vorgelegt und Großbritannien eine Verringerung der Treibhausgase um 78 % bis zum Jahre 2035 als Ziel proklamiert; sogar China betreibt perspektivisch den Ausstieg aus der Kohle – kämpft die AfD verbissener denn je gegen die ***„Große Transformation"*** an. Und während man auch in deutschen Konzernzentralen allmählich zu begreifen scheint, dass langfristiger wirtschaftlicher Erfolg vom Gelingen einer klimafreundlichen Energiewende abhängt – so bekundete Ende 2020 Herbert Dies, Vorstandsvorsitzender der Volkswagen AG und Aufsichtsrats-vorsitzender von Škoda, Seat und Audi, seine uneingeschränkte Überzeugung *„von der Strategie zur E-Mobilität"*, während der Branchenverband zum gleichen Zeitpunkt und im gleichen Organ noch gegen das „Zwangsende" des Verbrennungsmotors zeterte *(siehe die* ***Automobilwoche vom 16.11.2020****; https://www.automobilwoche.de/article/20201116/AGENTURMELDUNGEN/311159971/strenge-eu-abgasnormen-autoindustrie-warnt-vor-ende-des-verbrenners)* – gefällt sich die AfD in der Rolle der **politischen Speerspitze des Kampfes gegen „The Great Reset"**.

Diesen Kampf trägt sie, wie schon den Kampf gegen den Euro und die Migration, angeblich für „den Bürger" resp. „das Volk" gegen ein imaginiertes Kartell aus Regierung, „etablierten Parteien", „linken

(Umwelt)aktivisten" und den vor der Erderwärmung und ihren Folgen warnenden „willfährigen" Wissenschaftlern, dem neuen Feind der AfD, aus. Wie dabei vorgegangen wird, zeigt stellvertretend für unzählige Ausfälle von AfDlern die diffamierende Attacke von Karsten Hilse, dem klimapolitischen Sprecher der AfD-Bundestagsfraktion, gegen die *„mit viel Steuergeld gefütterte(n) Forschungsinstitutionen, die immer genau das liefern, was die Geldgeber von ihnen verlangen" (**Bundestagsrede vom 23.3.2018. Deutscher Bundestag Plenarprotokoll 19/24, Berlin**, 23. März 2018. https://dipbt.bundestag.de/dip21/btp/19/19024 .pdf#P.2198)*.

Zu den besonders heftig angegriffenen Wissenschaftlern zählt Stefan Rahmstorf, Physiker am Potsdam-Institut für Klimafolgenforschung und einer der weltweit führenden Ozeanographen und meistzitierten Forscher seines Fachgebietes, Mitautor des 2007 veröffentlichten Vierten Sachstandsberichtes des Weltklimarates (IPCC). *„Die Warnung von Carolin #Emcke vor Desinformation ist allzu berechtigt. Dass zum "Objekt, auf das sich dann der empörte Protest richtet" auch Klimaforscher gehören, ist längst Realität, auch ich erhalte wie etliche andere Kollegen Morddrohungen"* twitterte er am 13.6.2021 *(https://**mobile.twitter.com/rahmstorf**/status/1404033640426786817)*.
Wie kurz der Weg von skrupelloser, an niedrigste Instinkte appellierende Hetze wie z.B. *„ein aus kranken Gehirnen ausgeschwitztes Weltuntergangs-Szenario"*, so Karsten Hilse auf einer AfD-Wahlkampfkundgebung in Bautzen im Jahre 2019 *(**Sächsische.de vom 15.8.2019. AfD-Wahlkundgebung mit Gauland**. https://www.saechsische.de /afd-wahlkundgebung-mit-gauland-5107152.html; abgerufen am 04.2.2021)*, zu Morddrohungen und realen Taten ist, haben uns die Ereignisse der letzten Jahre, nicht zuletzt der Mord an Walter Lübcke, gelehrt.

Tatsächlich aber sind es nicht die Sorgen und Nöte des „kleinen Mannes", welche die AfD-Politik bestimmen, sondern die **Interessen einer gut vernetzten Anti-Klima-Lobby**. Dieses Netzwerk setzt sich in der Hauptsache zusammen aus Unternehmen der Branchen, die ihre Renditen oder gar ihr Geschäftsmodell als Ganzes durch die Energiewende bedroht sehen. Dazu zählen insbesondere Teile der

Energiewirtschaft (die Kohle-, Gas- und Ölindustrie mit vor- und nachgelagerten Bereichen einschließlich der Betreiber konventioneller Kraftwerke), Unternehmen der Chemie-, Stahl- und Aluminiumindustrie, Teile der Immobilienwirtschaft, des Automobil- und Verkehrssektors und nicht zuletzt die konventionelle Landwirtschaft. Hinzu kommen die dazugehörigen Interessenverbände sowie ein Unterstützerumfeld aus Agenturen, Politik und Medien.

Ein besonders interessanter Akteur und Netzwerker in diesem Geflecht ist das **Europäische Institut für Klima und Energie (EIKE)**, bei dem es sich nicht, wie der Name suggeriert, um ein Forschungsinstitut, sondern um einen **klimaskeptischen Lobbyverein** handelt. Auffällig bei EIKE ist v.a. die **enge Verflechtung mit organisierten Gegnern erneuerbarer Energien** wie z.B. der „Vernunftkraft", einem Dachverband von Anti-Windkraft-Initiativen und ihren Landesverbänden. Vernunftkraft gibt sich den Anschein einer Bürgerbewegung, vertritt aber de facto Konzerninteressen *(siehe **Der Spiegel: Die Anti-Windkraft-Bewegung.** 11.02.2021. https://www.spiegel.de/wirtschaft/windenergie-so-verhindert-die-anti-windkraft-bewegung-neue-anlagen-a-46d88419-3b1d-427d-b6c0-cf696fec283c; abgerufen am 11.02.2021)*. Enge Kontakte und Kooperationen unterhält Eike ferner mit neoliberalen „Denkfabriken" wie der Hayek-Gesellschaft und dem Institut für Unternehmerische Freiheit (*ebenda)* sowie mit Lobbyorganisationen wie der Kerntechnischen Gesellschaft (KTG) *(siehe **Greenpeace: Lobbyisten führen Kreuzzug gegen Windkraft.** Ein Artikel von Manfred Redelfs, 11.2.2021. https://www.greenpeace.de/themen/klimakrise/das-netz-der-windkraftgegner; abgerufen am 11.2.2021)*.

Vor allem aber ist EIKE der **Ideen- oder besser Mythen-Lieferant der AfD.** Über seine Vertreter im Bundesfachausschuss Energie der Partei (Mitglieder sind u.a. Michael Limburg, Vizepräsident von EIKE, sowie Horst-Joachim Lüdecke, EIKE-Pressesprecher; ferner Autoren von EIKE) gestaltet EIKE die Umwelt- und Energiepolitik der AfD entscheidend mit. Limburg hat sogar am Programm der AfD mitgearbeitet und ist neben seiner Funktion bei EIKE auf einer Viertelstelle im Abgeordnetenbüro von K. Hille tätig *(s. **Lobbypedia: Europäisches Institut für Klima und Energie**. https://lobbypedia.de/wiki/Europäisches_Institut_Klima_und_Energie)*.

Leugnung des menschengemachten Klimawandels und der von ihm ausgehenden Gefahren

In ihrem Feldzug gegen das „Hirngespinst“ der *„nur in der Fantasie grüner Ideologen existierenden Scheinkrise“ (**Karsten Hille: Bundestagsrede vom 23.3.2018**)* greift die AfD als selbstermächtigter **„politischer Arm“ der am alten Industriemodell festhaltenden Energiewende-Gegner** auf drei altbewährte Methoden zurück: die **Leugnung von Fakten**, die **Diffamierung von Personen und Institutionen** sowie **Angstmacherei**.

Die Leugnung des Klimawandels, genauer des menschengemachten Klimawandels, erfolgt über mehrere Argumentationsschienen.

Argumentationsschiene Nr. 1 beinhaltet die **Verkürzung der gesamten Treibhausgas-Problematik auf den reinen Anstieg von CO2 in der Atmosphäre**. Andere, ebenfalls durch menschliche Aktivitäten freigesetzte Treibhausgase wie Methan (25-mal klimaschädlicher als CO2) und Lachgas (fast 300-mal klimaschädlicher als CO2), werden, da sie sich der CO2-Argumentationslogik der AfD (s. Schiene 3) entziehen, komplett ausgeblendet.

Auf der zweiten Argumentationsschiene wird zwar nicht mehr, wie noch vor kurzem, **die Erderwärmung** rundweg **geleugnet**. Hier operiert man nun unter Verweis auf die natürlichen erdgeschichtlichen Klimaschwankungen mit der **„Entproblematisierung“** des Temperaturanstieges. Der Mensch als Verursacher des Treibhausgas-Anstiegs und damit der Erderwärmung tritt hinter die **„natürlichen Klimazyklen“** zurück und wird von seiner Verantwortung „freigesprochen“. *„Das Klima in allen Klimazonen der Erde ... wandelt sich naturgesetzlich, seitdem die Erde besteht. Ein konstantes Klima über längere Zeiträume* *gibt es nicht. Wir* ***bezweifeln*** *aus guten Gründen,* ***dass der Mensch den jüngsten Klimawandel****, insbesondere die gegenwärtige Erwärmung,* ***maßgeblich beeinflusst hat oder gar steuern könnte****.* ***Klimaschutzpolitik ist daher ein Irrweg****" (****EUROPAWAHL-PROGRAMM 2019,*** *Kapitel 13 "Energie, Klima, Technik und Infrastruktur", S. 79)*. Im Bundestagswahlprogramm 2021 heißt es: *„Es ist bis heute nicht nachgewiesen, dass der Mensch, insbesondere die Industrie, für den Wandel des Klimas maßgeblich verantwortlich ist" (S. 175)*.

Dass sich das Klima im Laufe der Erdgeschichte immer wieder, z.T. sogar dramatisch, verändert hat, steht außer Frage. Jedoch taugt die wechselvolle Klimageschichte der Erde keineswegs als **Gegenbeweis zum menschengemachten Klimawandel**. Im Gegenteil. Es ist klarer, **international abgesicherter Wissensstand** über den Klimawandel, dass prähistorische Klimaveränderungen, insbesondere Warmphasen, in ihren Ursachen und ihrem Verlauf nicht mit dem heutigen Klimawandel zu vergleichen sind. Ihre Auswirkungen, darin stimmen alle namhaften Paläoklimatologen überein, dürften deshalb auch ungleich milder gewesen sein als die drohenden Folgen des heutigen, menschengemachten Klimawandels. Zum einen zog sich der Anstieg der Kohlendioxid-Konzentration in der Atmosphäre wohl jeweils über einige tausend Jahre und länger hin, zum anderen traf die Erwärmung damals auf eine an Wärme angepasste Biosphäre, während die heutige Biosphäre in einer Kältephase geformt wurde *(s.* ***Die Klimageschichte der Erde. Webseite: Ökosystem Erde. Das globale Ökosystem****. © Jürgen Paeger 2006 – 2019. https://www.oekosystem-erde.de/html/ klimageschichte.html; aufgerufen am 17.6.2021)*. Auf den **Menschen** bezogen bedeutet dies, dass es sich bei ihm, historisch gesehen, um ***„ein Kind der Eiszeit"*** (handelt)*; die* ***„Gattung Homo ist vor gut zwei Millionen Jahren entstanden, hat also ihre biologische Evolution während der Eiszeiten durchlaufen****" (ebenda)*.

Nicht außer Acht gelassen werden darf ferner, dass die vor etwa 11.700 Jahren beginnende und **bis heute anhaltende „Warmzeit"** mit einem im erdgeschichtlichen Vergleich **stabilen Temperaturgefüge** klimatisch wohl „nur" eine Zwischeneiszeit ist. Sie ermöglichte zwei grundlegende

Entwicklungen, die die menschliche Geschichte bestimmten: die **Entstehung der Ökosysteme, wie wir sie heute kennen**, und den **Übergang des Menschen zur Landwirtschaft**. Die Landwirtschaft wiederum schuf die Voraussetzungen für die industrielle Revolution, deren Ergebnisse heute unser Leben – und unsere Umwelt – prägen. Doch schon bevor Landwirtschaft und Industrie selbst zu Klimafaktoren wurden, hatten vergleichsweise geringe, meist regional begrenzte „natürliche" Klimaschwankungen in der andauernden Warmzeit-Phase durchaus weitreichende Auswirkungen auf die Entwicklung der menschlichen Gesellschaften, wie die noch junge Forschung zum Einfluss von Klima- und Umweltveränderungen auf die Zivilisationsgeschichte zutage gefördert hat. So wird etwa die Völkerwanderung mit einer kälteren Phase, die in den zentralasiatischen Steppen zu Trockenheit führte, in Verbindung gebracht (von ca. 300 bis 600 n.Chr.). Andererseits wird das Verschwinden alter Kulturen in Amerika, etwa der Anasazi, der Nasca und der Maya, auf heiß-trockene Zeiten zurückgeführt. Die Liste der Belege für die **Anfälligkeit menschlicher Kulturen gegenüber Klimaveränderungen** ließe sich beliebig fortsetzen.

Ein Blick zurück auf die prähistorischen Klimaschwankungen führt uns eindrücklich vor Augen, wie **klimasensibel Ökosysteme** sind. Immer wieder zogen **klimatische Verschiebungen** erhebliche **Veränderungen der Ökosysteme der Erde** mit weitreichenden Folgen für die Pflanzen- und Tierwelt nach sich. Teilweise führten sie sogar zu großräumigen Massenaussterben. Bislang aber blieben die zyklischen Temperaturanstiege *„immer in einem Bereich, der Leben ermöglichte" (s. **Die Klimageschichte der Erde**)*. Dass dies auch zukünftig so bleibt, gilt keineswegs als ausgemacht. ***„Unsere Zivilisation ist entstanden aufgrund einer außergewöhnlichen Stabilität des Klimasystems in den letzten 11.000 Jahren – wir legen es gerade darauf an, diese Stabilität zu zerstören"*** *(**Hans Joachim Schellnhuber: „Wir riskieren den Fortbestand unserer Zivilisation"**. Interview mit Hans Joachim Schellnhuber. Klimareporter,*

10.April 2020. https://www.klimareporter.de/erdsystem/wir-riskieren-den-fortbestand-unserer-zivilisation; abgerufen am 07.2.2021).

Die **Warnungen Schellnhubers** sowie unzähliger anderer Wissenschaftler sollten nicht in den Wind geschlagen werden. Schellnhuber gehört zu den renommiertesten Klimaexperten überhaupt. Bis September 2018 war er Direktor des 1992 von ihm gegründeten Potsdam-Instituts für Klimafolgenforschung (PIK), das unter seiner Leitung zu einem der weltweit angesehensten Institute im Bereich der Klimaforschung wurde. Von 2009 bis 2016 war er Vorsitzender des Wissenschaftlichen Beirats der Bundesregierung Globale Umweltveränderungen (WBGU). Er ist zudem langjähriges Mitglied des Weltklimarats (IPCC). Als einer der Ersten forderte Schellnhuber nachhaltige Lösungen der Klimakrise und prägte die internationale politische Diskussion hierzu entscheidend. Unter anderem brachte er das **Konzept der Kippelemente** (abrupte, ggf. unumkehrbare und extreme Ereignisse im Zusammenhang mit der globalen Erwärmung anstelle linearer, allmählicher Veränderungen) in die Klimaforschung ein und forderte zeitnahe politische, wirtschaftliche und gesellschaftliche Maßnahmen zur **Einhaltung des 1,5- bzw. 2,0-Grad-Ziels**, vor allem durch die **Umstellung von fossilen auf erneuerbare Energiequellen**.

Änderungen im Klimasystem können sich, das zeigt die Klimageschichte der Erde ebenfalls, mit großer Geschwindigkeit vollziehen. Beispielhaft dafür sei auf den „plötzlichen" Klimawechsel in Grönland während der letzten Eiszeiten verwiesen. Er zeigt uns, dass das Klima auch sehr empfindlich und abrupt reagieren kann. Das Umlegen der „Schalter" im Klimasystem hat bereits in der Vergangenheit das Gesicht der Erde mehrfach verändert. Auf die Gefahr, dass auch aktuell solche Kipppunkte erreicht werden könnten, ab denen eine massive Beschleunigung des Klimawandels nicht mehr aufzuhalten ist, weist der **Intergovernmental Panel on Climate Change (IPCC)** in seinem jüngst veröffentlichten Berichtsentwurf zu den Folgen einer Erderwärmung von über 1,5 Grad mit großem Nachdruck *(s.* ***IPCC-Berichtsentwurf.***

Weltklimarat warnt vor »irreversiblen« Folgen bei Erderwärmung von über 1,5 Grad) hin.

Der Intergovernmental Panel on Climate Change (IPCC), von AfD-Politikern regelmäßig als ***„Klimaalarmist"*** denunziert, der, so empörte sich Karsten Hilse, nicht einmal *„selbst forscht"* und *„nur Berichte sichtet"* (s. ***taz: Klimaleugner bei der Klimakonferenz. Karsten Hilse glaubt kein Wort. Dezember 2018.*** *https://taz.de/Klimaleugner-bei-der-Klimakonferenz/!5556295/; abgerufen am 06.02.2021]*, ist ein von den Vereinten Nationen ins Leben gerufenes wissenschaftliches Gremium im Status eines zwischenstaatlichen Ausschusses. Seine Aufgabe ist es in der Tat nicht, selbst zu forschen. Er ist vielmehr von den 195 Mitgliedsstaaten beauftragt, die naturwissenschaftlichen Grundlagen und den weltweiten Forschungsstand über die Ursachen und Auswirkungen der globalen Erwärmung und ihre Risiken sowie Minderungs- und Anpassungsstrategien zusammenzutragen und aus wissenschaftlicher Sicht zu beurteilen. Dazu beruft der IPCC Tausende hochrangiger Wissenschaftler aus aller Welt, die veröffentlichtes Wissen verschiedener Disziplinen, möglichst aus begutachteten wissenschaftlichen Zeitschriften, auswerten und auf dieser Grundlage Sachstandsberichte (Assessment Reports) erstellen. Der von der AfD lancierte Vorwurf, der IPCC werde politisch instrumentalisiert, ist haltlos. Für die Qualität und Unabhängigkeit der Sachstandsberichte sorgen u.a. Quellentransparenz, ein mehrstufiges Begutachtungsverfahren und unabhängige Begutachtungseditoren.

Die Zahl der bereits bekannten und beobachtbaren **Kipppunkte** ist keineswegs gering. Dazu gehören an erster Stelle das **Schmelzen des arktischen Meereises**, der **Kollaps des westarktischen Eisschildes**, das **Auftauen der arktischen Permafrostböden**, die **Methan-Ausgasung aus den Ozeanen**, **abrupte Veränderungen globaler Luft- und Meeresströmungen** (darunter die Abschwächung der atlantischen Umwälzströmungen; die Störung der pazifischen Passatwinde; die Verlangsamung oder Einrastung der Luftmassenbewegungen über den mittleren Breiten der Nordhalbkugel, Jet Stream genannt, so dass sich

Großwetterlagen über viele Wochen nicht auflösen und es zu anhaltendem Extremwetter wie Überflutungen, Hitzewellen und Dürren mit einhergehender Waldbrandgefahr kommt; und schließlich die Verlagerung des westafrikanischen Monsuns mit Auswirkung auf die Sahara), das **Verschwinden bzw. der Rückgang von für den Kohlenstoffhaushalt der Erde wichtigen Ökosystem-Gemeinschaften** wie des **Amazonas-Regenwaldes** (in dem immerhin ein Viertel des weltweiten Kohlenstoff-Austausches zwischen Atmosphäre und Biosphäre stattfindet und mit dem eine bedeutende Kohlenstoffsenke verloren geht) und nicht zuletzt der **nordischen Nadelwälder**. Die Borealwälder umfassen fast ein Drittel der weltweiten Waldfläche. Ihr Verschwinden würde nicht nur den Lebensraum vieler Tiere und Pflanzen vernichten, sondern auch eine massive Freisetzung von Kohlendioxid bedeuten und zur Beschleunigung der Erderwärmung beitragen. Neben der **Zerstörung der Korallenriffe** ist hier noch die **Abschwächung der „Marinen Kohlenstoffpumpe"** zu nennen. Die Weltmeere nehmen riesige Mengen an Kohlenstoff auf. Rund 40 % der bisherigen anthropogenen CO2-Emissionen wurden so der Atmosphäre wieder entzogen. Ein großer Teil des CO2 wird von Algen zum Wachstum genutzt und sinkt nach deren Absterben in die Tiefsee. Die Funktion dieser so genannten marinen biologischen Kohlenstoffpumpe könnte durch Erwärmung und Versauerung des Wassers sowie häufiger auftretende Sauerstoffarmut deutlich reduziert werden. Damit geriete ein weiterer Kohlenstoffspeicher in Gefahr *(siehe hierzu:* ***Potsdam-Institut für Klimafolgenforschung (PIK): Kippelemente – Achillesfersen im Erdsystem.*** *https://www.pik-potsdam.de/de/produkte/infothek/kippelemente /kippelemente)*.

Dass es sich bei den Kipppunkten nicht um theoretische Konstrukte von „Klimaapokalyptikern", sondern um reale biogeochemische Prozesse handelt, sollen zwei Beispiele aus der Klimageschichte belegen. So führte das Paläozän-Eozän-Temperaturmaximum vor 56 Millionen Jahren mit einer Erwärmung um 5 bis 6 Grad zum Aussterben von zwei Dritteln aller Arten in den Meeren. Im Pliozän, vor den Eiszeiten, war es „nur" zwei bis drei Grad wärmer als heute und der Meeresspiegel lag 15 bis 25 Meter höher. Damals gab es aber noch keine menschliche Zivilisation mit Landwirtschaft und Millionenstädten an den Küsten. Das Leben an sich würde zweifellos – wenn auch verändert – den menschengemachten Klimawandel überstehen; ob dies aber auch für komplexe menschliche Zivilisationen gilt, ist eine offene Frage *(s.* ***Klimageschichte der Erde****)*.

<u>**Argumentationsschiene Nr. 3**</u> umfasst die **„Entdämonisierung" des „Klimakillers" CO2** und seine **Aufwertung zum „Lebensspender" und „Zivilisationsstifter"**.

Der Anstieg der CO2-Konzentration in der Atmosphäre stelle mitnichten ein Problem dar und sei deshalb, so die AfD, auch nicht zu beklagen, im Gegenteil. Das „Spurengas" **CO2** sei vielmehr ***„als Voraussetzung für alles Leben unverzichtbar"*** ***(AfD-Programm zur Bundestagswahl 2021.*** *„Deutschland. Aber normal." Kapitel 19 „Klima, Energie, Technik und Digitalisierung", S. 174)*. Sein Anstieg habe ***„in den letzten Jahrzehnten zu einem Ergrünen der Erde beigetragen"***. Und weiter: *„Die Menschheitsgeschichte belegt, dass Warmzeiten immer zu einer Blüte des Lebens und der Kulturen führten" (ebenda, S. 174 f.)*. Daraus lasse sich nur ein Schluss ziehen: *„Statt einen aussichtslosen Kampf gegen den Wandel des Klimas zu führen,* ***sollten wir uns an die veränderten Bedingungen anpassen, so wie es Pflanzen und Tiere auch tun****" (ebenda, S. 174)*.

Abgesehen von der wissenschaftlichen Unhaltbarkeit dieser „Argumentation" und dem Zynismus, der darin zum Ausdruck kommt (sind die menschlichen Opfer von Hitzewellen, Flächenbränden und Flutkatastrophen etwa nur „Anpassungsverweigerer"? Haben die Bienen nur einfach keine Lust mehr, Blüten zu bestäuben?), handelt es sich hier um eine der typischen Falschdarstellungen und systematischen Verzerrungen der AfD. **Klimaschützer „verteufeln" nicht das Gas CO2 an sich, sondern kritisieren seine Überproduktion durch den Menschen. Nicht das Gas als solches wird als „Wurzel allen Übels" angesehen** – wer wollte ernsthaft seine elementare Bedeutung für die

Photosynthese bestreiten –, **sondern die vom Menschen verursachte Anreicherung des Gases in der Atmosphäre**. Dass der derzeitige CO2-Gehalt in der Atmosphäre der höchste seit 650.000 Jahren ist und der **Treibhauseffekt** unaufhaltsam zunimmt, ist das **Resultat unserer auf der Nutzung fossiler Energieträger basierenden Wirtschafts- und Lebensweise**. Erst die Konzentration in der Erdatmosphäre macht das CO2 zum umweltschädlichen Klimagas. Den CO2-Anstieg per se zum Zivilisationsstifter zu erklären und das Treibhauspotential zu leugnen, nur um das Klima und die Umwelt weiterhin uneingeschränkt und zu geringstmöglichen Kosten mit den herkömmlichen Industrieanlagen, Kraftwerken, Autos und Heizungen strapazieren zu können, ist blanker, für die Zivilisation im wahrsten Wortsinn brandgefährlicher Unsinn.

*„Wir erleben in all den Krisen den **Offenbarungseid der Kurzfristigkeit**. Alle Sektoren sind darauf ausgerichtet, **kurzfristig möglichst viel Profit zu machen und die mittel- und langfristigen Kosten auszublenden, zu sozialisieren, auf die Umwelt abzuschieben**"*, auf diese Formel brachte schon vor einem Jahrzehnt Klaus Töpfer, ehemaliger Bundesminister für Umwelt, Naturschutz und Reaktorsicherheit sowie ehemaliger Exekutivdirektor des Umweltprogramms der Vereinten Nationen (UNEP) und des „Ökosozialismus" unverdächtig, in einem Interview mit der Frankfurter Rundschau im Jahre 2011 diese Denkweise *(https://www.**die-klimaschutz-baustelle.de**/klimawandel_zitate.html; abgerufen am 08.2.2021).*

Position OMAS GEGEN RECHTS in Deutschland:

Wir vertrauen dem **Erkenntnisstand der Klimawissenschaften**, der nach Einschätzung unabhängiger Medien und Gremien von mehr als 97 % der Fachwissenschaftler getragen wird. Unter den Skeptikern bzw. Leugnern des menschengemachten Klimawandels mit akademischer Karriere finden sich keine fachlich ausgewiesenen, aktuell forschenden Klimaexperten. Exemplarisch hierfür steht Horst-Joachim Lüdecke, emeritierter Physikprofessor, für den der anthropogene Klimawandel eine *„unbewiesene Behauptung“*, ja schlimmer noch, eine *„Frage der Ideologie“* ist. Von der AfD als Sachverständiger in den Umweltausschuss des Bundestages berufen, wird er von ihr für die Entlarvung der *„Klimahysterie im Bundestag“* gefeiert. Auf dem Klimagebiet gehört er (einstige Fachgebiete Strömungsmechanik und Rohrversorgungssysteme) allerdings nur zu den Hobbyexperten und umstrittensten Protagonisten der Debatte. Häufig beruft er sich auf Berechnungen und Theorien, die in der Klimawissenschaft als widerlegt gelten *(s. u.a.* ***Saarbrücker Zeitung: Forscher üben Kritik an Lüdeckes Klima-Thesen****. 16.9.2020. https://www.saarbruecker-zeitung.de/saarland/saarbruecken/saar-forscher-kritisieren-ex-kollegen-luedecke-wegen-thesen-zum-klima_aid-46545853).*

Selbstverständlich müssen wissenschaftliche Erkenntnisse hinterfragt, wissenschaftliche Modelle und Methoden kritisch geprüft werden. Jedoch sind **allgemein anerkannte wissenschaftliche Befunde** resp. **naturwissenschaftliche Realitäten** keine Meinungen und deshalb auch nicht verhandelbar oder beliebig zu gewichten. Sie sind im wissenschaftlichen Referenzrahmen zu widerlegen und/oder zu korrigieren und/oder weiterzuentwickeln.

Wie aber sollte sich der **Zusammenhang zwischen der Anreicherung der Atmosphäre mit CO2** – während der vergangenen 740.000 Jahre bewegte sich der Kohlendioxid-Gehalt immer zwischen 180 und 280 ppm, seit Beginn der Industrialisierung stieg er jedoch auf mittlerweile über 410 ppm an – und der **Erderwärmung** bestreiten lassen, wenn gleichzeitig keiner der klimarelevanten natürlichen Faktoren wie Veränderungen der Erdumlaufbahn oder der Neigung der Erdachse oder der Sonnenaktivität oder auch Naturkatastrophen in Erscheinung getreten ist. Der heutige Klimawandel ist zweifelsfrei das Resultat der **Freisetzung von Treibhausgasen durch menschliche Aktivitäten**, sei es durch die Verbrennung fossiler Energie, durch industrielle Prozesse, durch die fortschreitende Entwaldung sowie durch eine intensive Land- und insbesondere Viehwirtschaft. **Die entscheidende Quelle der derzeitigen Treibhausgas-Emissionen** und damit **Treiber des heutigen**

Klimawandels ist der Mensch. Damit liegt auch die **Lösung des Problems in seinen Händen**.

„Seit vielen Jahrzehnten befindet sich die menschliche Spezies im Krieg mit dem Planeten. Und der Planet wehrt sich“, so umriss Antonio Guterres, der UN-Generalsekretär, die globale Situation im Dezember 2019 auf der pre-COP25-Pressekonferenz *(http://**www.die-klimaschutz-baustelle.de**/klimawandel_zitate.html; abgerufen am 07.2.2021)*. Wir stehen vor der Entscheidung, ob dieser Krieg fortgeführt wird, ob wir die natürlichen Lebensgrundlagen zukünftiger Generationen zerstören oder ob wir *„...eine neue Erzählung der Moderne finden, die nicht einfach nur auf dem Götzen Wachstum aufgebaut ist“ (**Hans Joachim Schellnhuber**, Gründer des PIK, Nov. 2019. https://**www.die-klimaschutz-baustelle.de**/klimawandel_zitate.html; abgerufen am 08.02.2021)*.

Anders als die **naturwissenschaftlichen Fakten** sind **die politischen Schlussfolgerungen** aus ihnen Gegenstand des gesellschaftlichen Diskurses, bei dem ggf. zwischen verschiedenen Gütern abgewogen werden muss. Für diesen Abwägungsprozess hat das **Bundesverfassungsgericht** in seinem am 24. 3. 2021 gefällten **Urteil zum Klimaschutzgesetz** von 2019 eine klare rechtliche Vorgabe gemacht. **Es dürfe**, so die Richter unter Berufung auf Artikel 20a des Grundgesetzes, **nicht einer Generation zugestanden werden**, ***„unter vergleichsweise milder Reduktionslast große Teile des CO2-Budgets zu verbrauchen, wenn damit zugleich den nachfolgenden Generationen eine radikale Reduktionslast überlassen und deren Leben umfassenden Freiheitseinbußen ausgesetzt würde"*** *(https://**www.bundesverfassungsgericht.de/SharedDocs/Entscheidungen/**DE/2021/03/rs20210324_1bvr265618.html)*.

Eine wirksame Reduktion der Treibhausgas-Produktion aber ist nur, so die einhellige Meinung der Experten, durch die **Umstellung auf eine klimaneutrale Wirtschafts- und Lebensweise** zu erreichen.

Die Mär von der Dekarbonisierung als Job-, Wohlstands- und Freiheitskiller

Gegen die **Dekarbonisierung** – den Ersatz kohlenstoffhaltiger fossiler Energieträger durch kohlenstofffreie regenerative Energieträger – zieht die AfD mit drei „Argumenten" zu Felde.

„Argument" Nr. 1 knüpft an die **Legende von der natürlichen, also nicht menschengemachten Klimaveränderung** an und leitet daraus den Schluss ab, dass ein **Umbau des fossil-atomaren Energiesystems wirkungs- und somit sinnlos** sei.

„Es ist bis heute nicht nachgewiesen, dass der Mensch, insbesondere die Industrie, für den Wandel des Klimas maßgeblich verantwortlich ist. Die jüngste Erwärmung liegt im Bereich natürlicher Klimaschwankungen, wie wir sie auch aus der vorindustriellen Vergangenheit kennen. Das Klima kann keinen durch den Menschen postulierten und schon gar nicht garantierten Bestandsschutz haben. ***Das Klima ist per se nicht schutzfähig****"* ***(AfD-Programm zur Bundestagswahl 2021.*** *„Deutschland. Aber normal." Kapitel 19 „Klima, Energie, Technik und Digitalisierung", S. 175)*. Dass sich die AfD mit dieser Position (wie übrigens mit vielen anderen Positionen auch) nicht im Einklang mit dem Grundgesetz befindet, das den Staat in Artikel 20a verpflichtet *„auch in Verantwortung für die künftigen Generationen die natürlichen Lebensgrundlagen"* zu schützen, wozu ganz unbestreitbar Klima und Umwelt gehören, soweit der Mensch darauf Einfluss nimmt, scheint die Partei nicht im mindesten zu kümmern.

„Argument" Nr. 2 ist die **Legende von der Technikfeindlichkeit der Klimaschützer**.

Zur behaupteten Aussichtslosigkeit des Kampfes gegen den Klimawandel gesellt sich die altbekannte Erzählung von der **Technik- und Industriefeindlichkeit der Klimaschützer**, auf die die Verteidiger überkommener Strukturen bei den verschiedensten Anlässen gerne zurückgreifen. *„Technischer Fortschritt wird in Deutschland zunehmend nicht mehr als Chance für unser rohstoffarmes Land gesehen, sondern aufgrund von Ängsten be- oder verhindert. Die AfD stellt sich gegen diese Entwicklung und versucht, in Gesellschaft und Parlamenten eine positive Zukunftserwartung zu vermitteln. Nicht Verzicht, Rückschritt und Sozialismus haben die Umweltbelastungen seit Jahrzehnten reduziert, sondern technischer Fortschritt und eine auf klaren Regeln basierende Marktwirtschaft ... Sicherheit und Wirtschaftlichkeit jeder Technik sind durch die Anwender sicherzustellen. Darum fordert die AfD, den Herausforderungen der Gegenwart technologieoffen zu begegnen“ (**AfD-Programm zur Bundestagswahl 2021**. „Deutschland. Aber normal.“ Kapitel 19 „Klima, Energie, Technik und Digitalisierung“, S. 175 f)*.

Während die AfD den *„grünen Ideologen“* also grundsätzlich Technikfeindlichkeit unterstellt und sich selbst zum **unerschrockenen Verteidiger des technischen Fortschritts und damit der Zukunftsfähigkeit des Landes** aufspielt, endet ihr Vertrauen in den technologischen Fortschritt immer dann urplötzlich, wenn es um **Alternativen zu herkömmlichen Industrietechniken** geht. Ein Vergleich der Aussagen zur Atomtechnologie mit den Aussagen zum Stand der Akku- und Batterietechnologie macht dies augenfällig.

Mit „neuartigen Typen von Kernreaktoren“ werde sich, so die Behauptung der AfD, das Problem des Strahlungsmülls technisch lösen lassen. *„Die **Erzeugung von Strom durch Kernenergie gehört heute zu den sichersten Technologien**. **Für die in Deutschland bewusst offen gehaltene Entsorgung von hochradioaktiven Brennelementen**, des sogenannten Atommülls, gibt es **Lösungen**. Anlagen in Finnland zeigen, dass eine geologisch gesicherte Endlagerung realisierbar ist. Mit den in Russland seit Jahren arbeitenden natriumgekühlten Reaktoren können die Brennelemente erheblich effektiver genutzt werden, sodass deren Reststrahlung stark reduziert wird. Reaktortypen mit flüssigem Brennstoff, wie sie derzeit in Frankreich, Kanada, den USA und weiteren Ländern entwickelt werden, erlauben eine kosteneffiziente integrierte*

*Aufarbeitung, die ein geologisches Endlager gänzlich überflüssig machen könnte" (**EUROPAWAHL-PROGRAMM 2019**, Kapitel 13 "Energie, Klima, Technik und Infrastruktur", S. 80 f.).*

Da es im Rahmen dieses Beitrags nicht möglich ist, detailliert auf die Problematik der Atomtechnologie einzugehen, wollen wir der **AfD-Legende vom billigen und sicheren Atomstrom** einige Kernaussagen von Hans Joachim Schellnhuber, der hier stellvertretend für zahllose renommierte Wissenschaftler steht, entgegenstellen. Natürlich sei es **rein technisch möglich, sichere Atomkraftwerke zu bauen**: *„Ja, wenn man sich auf Kraftwerke der fünften oder sechsten Generation bezieht, möglicherweise thoriumbasiert oder nach dem Kugelhaufenprinzip konstruiert."* So lautete seine Antwort auf eine diesbezügliche Frage in einem Interview, das der Tagesspiegel am 26.3.2011 aus Anlass der Katastrophe von Fukushima mit Schellnhuber führte *(**„Die Diktatur des Jetzt überwinden". Interview mit Hans Joachim Schellnhuber**. **Tagesspiegel vom 26.03.2011.** https://www.tagesspiegel.de/politik/hans-joachim-schellnhuber-die-diktatur-des-jetzt-ueberwinden/3992668.html; abgerufen am 06.2.2021).*

Atomkraftwerke wirtschaftlich zu betreiben sei jedoch unmöglich: *„Wenn man alle Kosten ehrlich einpreist. Wenn man wirklich keine radioaktiven Rückstände hinterlassen würde, wenn man die gesamten Entwicklungskosten einrechnete und angemessene finanzielle Rückstellungen für den GAU, dann würde es schlicht zu teuer" (ebenda).* Das **Schadenspotential eines kompletten GAUs in einem dicht besiedelten Industrieland** bezifferte Schellnhuber seinerzeit auf **etwa 5 Billionen Euro**. Müsste das entsprechende Risiko seriös versichert werden, ergäbe sich eine **Jahresprämie von rund 200 Milliarden Euro** (zum Vergleich: 2020 erreichte der Bundeshaushalt ein Gesamtvolumen von 362 Milliarden Euro). *„Wenn ich strikt wirtschaftlich argumentiere, ist das also eine **No-Go-Technologie**" (ebenda).* Dass diese Aussagen keine Panikmache oder blanke Hysterie sind, wie von der Anti-Klima-Lobby immer wieder unterstellt wird, belegt ein Hinweis von Schellnhuber auf das **Risiko von Atomkraftwerken**. *„Die Annahmen* *waren schon immer, dass es in 10.000 Jahren Betriebszeit durchschnittlich eine Kernschmelze geben würde. Weltweit gibt es 434 Atomkraftwerke (Stand 2010). So gerechnet passiert* ***eine Kernschmelze alle 25 Jahre****. Es ist fast schon erschreckend, wie genau diese Statistik zielt. Tschernobyl explodierte im April 1986" (ebenda).*

Geht es jedoch um die **Entwicklungspotentiale alternativer Techniken,** verwandelt sich die *„positive Zukunftserwartung"* der AfD abrupt in düsteren Pessimismus. Aus der langen Liste der Beispiele wollen wir hier exemplarisch die **Akku- und Batterietechnologie** anführen. *„Seit Jahrzehnten"*, so behauptet die AfD, *„wird in der Batterietechnologie geforscht, ohne einen wirklichen Durchbruch zu erreichen.* ***Die Lithium-Ionen-Technologie ist das Ende der Entwicklung****. Unabhängige Forscher auf dem Gebiet der Elektro-Chemie zu Batterien bestätigen, dass in überschaubaren Zeiträumen kein entscheidender Durchbruch ... zu erwarten ist" (****EUROPAWAHL-PROGRAMM 2019,*** *Kapitel 13 „Energie, Klima, Technik und Infrastruktur", S. 84)*.

Dass die AfD es mit den Fakten nicht genau nimmt, kann niemanden mehr erstaunen. Dass sie bei aller verbal so demonstrativ zur Schau gestellten Technikfreundlichkeit aber so wenig Vertrauen in die Leistungsfähigkeit der Wissenschaft und die Innovationskraft der Industrie hat, verwundert nun doch. Weltweit arbeiten Forschungslabore, Universitäten und Hersteller an der Weiterentwicklung der Akku- resp. Batterietechnik, die, was die AfD komplett ignoriert, eine Vielzahl unterschiedlicher Ansätze und Technologien umfasst. Medien vermelden in den letzten Jahren immer wieder beachtliche Fortschritte. Bereits 2015 machte DIE ZEIT auf *„beeindruckende"* Fortschritte in der Batterietechnik aufmerksam, die u.a. zu deutlichen Preissenkungen geführt hätten. So sei der Preis pro Kilowattstunde Speicherkapazität seit 2007 von fast 1.000 auf 350 Euro gesunken *(siehe* ***DIE ZEIT: Aufbruch mit Akku. 16.9.2015****. https://www.zeit.de/zeit-wissen/2015/05/elektroauto-entwicklung-akku-geraeusche-klima/komplettansicht)*. Sollte die AfD die zahlreichen Berichte über neue, teilweise schon kurz vor der Marktreife stehende Ansätze und Lösungen, unter anderem auf der Basis alternativer Materialien, von Aluminium (Aluminium-Ionen-Akkus) und Natrium (Natrium-Ionen-Akkus) über Magnesium (Magnesium-Luft-Batterien*)* bis hin zu Graphen (Graphen-Akkus), tatsächlich nicht kennen? Mitnichten ist, wie von der AfD behauptet, die *„Lithium-Ionen-Technologie .. das Ende der Entwicklung".* So haben australische Forscher der Monash-Universität den bislang leistungsfähigsten Lithium-Schwefel-Akku entwickelt. Die wiederaufladbare Batterie, von der Dresdner Forscher (des Fraunhofer-Instituts) einen Prototyp gebaut haben, könnte die Leistung der aktuellen Marktführer um mehr als das Vierfache übertreffen *(siehe* ***Deutschlandfunk: Forscher entwickeln Akku für 1.000 Kilometer Reichweite*****.** ***13.1.2020****. https://www.deutschlandfunk.de/elektromobilitaet-forscher-entwickeln-akku-fuer-1-000.676.de.html?dram:articleid=467745).* Alle diese Forschungs- und Entwicklungsanstrengungen, zu denen auch die sog. Strukturbatterien zählen (Strukturbatterien sind oberflächen-montierbare Festkörperbatterien, die sowohl als Energiequelle als auch als Teil der Struktur – zum Beispiel in einer Autokarosserie – agieren. Sie übernehmen tragende Funktionen und relativieren dadurch ihr Gewicht), werden, anders als von der doch so fortschrittsgläubigen AfD prognostiziert, zu entscheidenden Veränderungen in den Bereichen Rohstoffverbrauch, Sicherheit, Langlebigkeit, Speicherkapazität, Ladezyklen, Kosten etc. führen.

Das gewichtigste „Argument" der AfD gegen die Dekarbonisierung aber ist das **Schreckgespenst des *„ökologistischen Planungs- und Zwangsstaats mit gewollter Mangelwirtschaft*****"**.

Mit der Angstparole vom *„ökologistischen Planungs- und Zwangsstaat mit gewollter Mangelwirtschaft"* zog die AfD bereits 2019 in den Europawahlkampf. Mit ihr bestreitet sie auch 2021 den Bundestagswahlkampf. Ob *„planwirtschaftliche Öko-Diktatur"*, *„Öko-Dirigismus"*, *„ökosozialistischer Einheitsbrei"* – mit all diesen Kampfbegriffen **zielt die AfD auf jene Teile der Gesellschaft, die in ihrer Furcht vor gesellschaftlichen Umbrüchen, vor sozialer Marginalisierung, vor der Ungewissheit der Zukunft, aber auch vor**

ganz konkreter finanzieller Not empfänglich sind für Empörungs-Inszenierungen sowie „Heilsversprechen" der Art, wie sie die AfD dem Publikum offeriert.

Die Angst resp. **tiefgreifende Verunsicherung**, die erstmals mit der Finanzkrise 2008 ins öffentliche Bewusstsein trat, in ihren Anfängen allerdings bis in die 1980er/90er Jahre zurückreicht und sich seither aus den Schattenseiten der Globalisierung und der Entfesselung der ‚Marktkräfte' speist, wird durch die **existentiellen Bedrohungen des Klimawandels** noch verstärkt.

Doch was bietet die AfD den Bürgern als Antwort an? Es sind ausnahmslos **Feind- und Zerrbilder** wie das vom ***„radikalen Umbau von Industrie und Gesellschaft"***, der ***„unsere Freiheit in einem immer beängstigenderen Ausmaß"*** bedrohe *(siehe **AfD-Programm zur Bundestagswahl 2021.** „Deutschland. Aber normal." Kapitel 19 „Klima, Energie und Digitalisierung", S.174)* oder, konkreter, von **unvermeidlichen und gravierenden Arbeitsplatz- und Wohlstandsverlusten**, herbeigeführt durch die „von oben angeordnete" Energiewende. ***„Teure und knappe Energie lässt Industrien abwandern und schränkt den Lebensstandard breiter Teile der Bevölkerung, gerade auch der unteren Einkommensgruppen, drastisch ein"*** *(**AfD-Programm zur Bundestagswahl 2021**. „Deutschland. Aber normal." Kapitel 19 „Klima, Energie, Technik und Digitalisierung", S. 176)*. Mit anderen Worten: die herrschenden Parteien setzten offenen Auges und in Kenntnis der Folgen mit der angeblich sicheren und günstigen konventionellen Energieversorgung *„eine der Grundvoraussetzungen von Wohlstand, Sicherheit und Gesundheit"* *(ebenda)* aufs Spiel.

Den **gleichen Vorwurf** wiederholt die AfD auch in Bezug auf die **Förderung der E-Mobilität**. Die sogenannten „Globalisierungsverlierer" im Blick, behauptet die AfD, die *„Wertschöpfung der deutschen Automobilindustrie durch den Bau hochwertigerer Fahrzeuge geht verloren und damit auch der Industriezweig, der zu einem Großteil zum Wohlstand in Deutschland beiträgt.* ***Bei E-Fahrzeugen wird die Wertschöpfung, die in der Batteriezellen-Fertigung liegt, überwiegend***

nach Asien verlagert" *(**EUROPAWAHL-PROGRAMM 2019**, Kapitel 13 "Energie, Klima, Technik und Infrastruktur", S. 83)*.

Während die AfD ihren Vorwurf im Bundestagswahlprogramm 2021 neu auflegt *(s. **AfD-Programm zur Bundestagswahl 2021**, Kapitel 20 „Mobilität und Infrastruktur", S. 191)*, ist die angeblich in ihrer Existenz bedrohte Automobilbranche angesichts strengerer Klimaziele in der EU und den USA längst dabei, die Elektrifizierung ihrer Flotten voranzutreiben. Indem sie sogar plant, den CO2-Ausstoß der Flotten rascher zu reduzieren, als dies nach dem Green Deal der EU erforderlich wäre, signalisiert sie, dass sie – entgegen früheren Befürchtungen und Warnungen – durchaus in der Lage ist, ihre Produktion auf Elektrofahrzeuge umzustellen und staatliche Umwelt-Vorgaben einzuhalten.

Doch die AfD kämpft nicht nur heldenhaft um Arbeitsplätze, sie kämpft genauso entschlossen auch für **bürgerliche Freiheitsrechte**, in diesem Fall für die *„Freiheit der Bürger in der Wahl des Verkehrsmittels"* *(**AfD-Programm zur Bundestagswahl 2021**, Kapitel 20 „Mobilität und Infrastruktur", S. 188)*. Für die Schutzpatronin der „kleinen Leute" *„ist die **individuelle Mobilität des Menschen** ein sehr hohes Gut in unserem Leben, welches wir auf keinen Fall einschränken wollen. Ideologisch begründete Verbotspolitik wird es mit uns nicht geben"* *(**EUROPAWAHL-PROGRAMM 2019**, Kapitel 13 "Energie, Klima, Technik und Infrastruktur", S. 83)*.

Und nicht zuletzt kämpft sie gegen die ***„kalte Enteignung der Diesel-Kfz-Besitzer"***, die das wehrlose Opfer von Umweltzonen und Dieselfahrverboten seien *(siehe AfD-Abgeordneter **Marc Bernhard** in der **Befragung der Bundesregierung im Deutschen Bundestag** am 28.2.2018. https://afdbundestag.de/marc-bernhard-drohende-fahrverbote-bedeuten-kalte-enteignung-der-dieselbesitzer-was-tut-die-bundesregierung/)*.

Nein zu einer aktiven Klimapolitik – Markt statt „Öko-Dirigismus“

Für eine Partei, die den menschengemachten Klimawandel leugnet und die Energiewende rundweg zum Job-, Wohlstands- und Freiheitskiller erklärt, um gleichzeitig aus den von ihr beschworenen *„verheerenden Folgen einer Dekarbonisierung“ (siehe **AfD-Programm zur Bundestagswahl 2021**. „Deutschland. Aber normal.“ Kapitel 19 „Klima, Energie und Digitalisierung“, S. 175)* politischen Nektar zu saugen, ist es nachgerade zwingend, jede Form von aktiver Klimapolitik und die dazu erforderlichen Instrumente und Maßnahmen abzulehnen.

Ablehnung sämtlicher Rahmenplanungen sowie der rechtlichen Grundlagen der Klimapolitik:

In ihrem Programm zur Bundestagswahl 2021 hat die AfD ihre ***„Kernforderungen zur Klimapolitik“*** – **Verweigerungen** wäre hier der treffendere Begriff – noch einmal zugespitzt.

Die Reihe der Ablehnungen beginnt mit dem **Klimaschutzplan 2050** und den vorgesehenen **Dekarbonisierungsmaßnahmen** *(ebenda, S. 175)* und mündet direkt in die **Forderung nach Austritt aus allen bestehenden Klimaschutz-Vereinbarungen und -Organisationen**. So heißt es im neuen Programm nur wenige Zeilen später ***„Das Pariser Klimaabkommen vom 12.12.2015 ist zu kündigen****. Deutschland muss aus allen staatlichen und privaten „Klimaschutz“-Organisationen austreten und ihnen jede Unterstützung entziehen“ (ebenda)*.

Abgelehnt werden selbstverständlich auch der **Green Deal der EU sowie** ***„jegliche weitere Formen von Planwirtschaft“*** *(ebenda“, S. 176)* und, wenig erstaunlich angesichts der neoliberalen Ideologie der AfD, **jegliche Form der CO2-Besteuerung** *(ebenda)*.

Auf der Agenda der AfD steht ferner **die ersatzlose Streichung des Erneuerbare-Energien-Gesetzes (EEG)** *(ebenda, S. 176 f.)*. Das Gesetz regelt im Wesentlichen die bevorzugte Einspeisung von Strom aus erneuerbaren Quellen ins Stromnetz und soll dafür sorgen, dass der Anteil der erneuerbaren Energien an der Stromversorgung bis 2050 auf mindestens 80 Prozent steigt. Es bildet also die rechtliche Basis für den Umbau der Energieversorgung im Strombereich.

Mit der Begründung, es führe nur *„zu weiteren Mietsteigerungen ohne angemessene ökologische Verbesserungen" (ebenda, S. 177),* erfolgt die **Ablehnung des Gebäudeenergiegesetzes (GEG)**, das seit November 2020 das Energieeinsparungsgesetz (EnEG), die Energieeinsparverordnung (EnEV) und das Erneuerbare-Energien-Wärmegesetz (EEWärmeG) zusammenführt resp. ersetzt. Zweck dieses Gesetzes ist ein sparsamerer Einsatz von Energie in Gebäuden sowie die zunehmende Nutzung regenerativer Energien zur Erzeugung von Wärme, Kälte und Strom für den Betrieb von Gebäuden.

Ablehnung des Konzepts und der Instrumente der Energiewende – Stopp dem Ausbau von Wind- und Solarenergie:

Im Zentrum der klima- resp. energiepolitischen Agenda der AfD steht der **Kampf gegen den Ausbau der erneuerbaren Energien**. Er lässt sich auf folgende Formel bringen: **Windräder verhindern, Solarenergie ausbremsen, Gas zum „Klimaretter" adeln, Kohle- und Ölausstieg verschleppen, Atomenergie „wiederentdecken"**.

Während nahezu alle Klimawissenschaftler eindringlich vor den schwerwiegenden globalen Folgen einer ungebremsten Erderwärmung für Mensch und Natur warnen und einen rascheren Umbau der herkömmlichen Wirtschaftsweise, die immer noch überwiegend auf Öl, Gas und Kohle zurückgreift, anmahnen, betreibt die AfD massiv **fossilen Lobbyismus**. *„Ein breiter Energiemix aus Kohle, Mineralöl, Erdgas, Wasserkraft und Kernkraft ist Voraussetzung zum Erreichen des Zieldreiecks einer versorgungssicheren, wirtschaftlichen und umweltverträglichen Energiepolitik. Braunkohle ist der einzige kostengünstige und langfristig verfügbare inländische Energieträger* *von Bedeutung“ (**EUROPAWAHL-PROGRAMM 2019**, Kapitel 13 „Energie, Klima, Technik und Infrastruktur", S. 80)*.

Um den **Ausbau von Wind- und Solarenergie zu stoppen**, hat sie sich ein ganzes Bündel an Maßnahmen ausgedacht. Dieses umfasst:

- das **Verbot der Errichtung von Wind- und Solaranlagen in Wäldern und Schutzgebieten**, zwecks *„Bewahrung des heimatlichen Landschaftsbildes, unserer Umwelt und Tierwelt“ (**AfD-Programm zur Bundestagswahl 2021.** „Deutschland. Aber normal.“ Kapitel 19 „Klima, Energie, Technik und Digitalisierung“, S. 177)*;
- die **Erschwerung der Ausweisung von Vorrangflächen für Windenergieanlangen** durch die Forderung, diese *„nur bei breiter Zustimmung der betroffenen Bürger“* zuzulassen *(ebenda)*;
- die **Erhöhung des ohnehin schon großen Mindestabstandes von Windenergieanlagen zur Wohnbebauung** von derzeit 1000 m (das ist ein weit größerer Abstand, als er in vielen Bundesländern zwischen Mülldeponien, Kraftwerken oder Güllelagern und Siedlungen eingehalten werden muss) auf mindestens 2,5 km *(ebenda)*;
- die **Ablehnung der Verlängerung auslaufender Förderungen von Windenergieanlagen** *(ebenda)*;
- die **Verpflichtung der Betreiber zum vollständigen Rückbau von Altanlagen**, *„inklusive der Betonfundamente“ (ebenda)*;
- die **Ablehnung der Errichtung von Photovoltaikanlagen auf Freiflächen und des Ausbaus von Stromtrassen** *(**AfD-Programm zur Bundestagswahl 2021.** „Deutschland. Aber normal.“ Kapitel 21 „Landwirtschaft, Umwelt und Verbraucherschutz“, s. S. 206)*.

Über die Ausrichtung der Energiewirtschaft sollen prinzipiell nicht Politik und Gesellschaft, sondern die Konzerne entscheiden: *„Kohle-, Kern- und Gaskraftwerke sollen in Betrieb bleiben, solange deren Betreiber es unter marktwirtschaftlichen Bedingungen für sinnvoll halten“ (**EUROPAWAHL-PROGRAMM 2019**, Kapitel 13 „Energie, Klima, Technik und Infrastruktur", S. 80)*.

Position OMAS GEGEN RECHTS in Deutschland:

Wir verfolgen mit Sorge die immer häufigeren **Hitzewellen,** die weltweit zu Wassermangel, Dürren, Ernterückgängen, Lebensmittelknappheit, wachsender Waldbrandgefahr sowie zur Zunahme des klimabedingten Sterberisikos führen.

Wir fürchten die zunehmenden **Flutkatastrophen, Stürme und andere Extremwetterereignisse**, die auch bislang unbetroffene Regionen heimsuchen.

Wir sind besorgt wegen der **dramatischen Zunahme von Hunger und Unterernährung** sowie des **Zerfalls ganzer Staaten** und der dadurch ausgelösten Flüchtlingsströme.

Wir nehmen das **Artensterben** ernst.

Wir anerkennen die **Verantwortung für die Folgen unseres Handelns** und sagen deshalb: **Anti-Erneuerbare-Energien-Lobbyismus ist Anti-Wohlstands- und Anti-Zukunftspolitik zum Nachteil der heutigen wie zukünftiger Generationen**.

***„Das Leben auf der Erde kann sich von einem drastischen Klimaumschwung erholen, indem es neue Arten hervorbringt und neue Ökosysteme schafft. Menschen können das nicht“** (**Der Spiegel: IPCC-Berichtsentwurf. Weltklimarat warnt vor »irreversiblen« Folgen bei Erderwärmung von über 1,5 Grad.** 23.06.2021. https://www.spiegel.de/wissenschaft/weltklimarat-warnt-irreversiblen-folgen-bei-erderwaermung-von-ueber-1-5-grad-a-bca12dcd-99c5-4fbd-af2b-f2336dc33566).*

Das energiepolitische „Alternativ"-Konzept der AfD: die Renaissance von Kohle, Öl, Gas und Atomkraft

Das energiepolitische Konzept (sofern es diese Bezeichnung überhaupt verdient), mit dem die AfD den Wohlstand (wessen Wohlstand?) zu sichern verspricht, lässt sich mit wenigen Stichworten umreißen. Es sieht vor:

- den **Neubau von Gaskraftwerken**, unter Einsatz von Flüssig- sowie von Fracking-Gas *(**AfD-Programm zur Bundestagswahl 2021.** „Deutschland. Aber normal." Kapitel 19 „Klima, Energie, Technik und Digitalisierung", s. S. 178)*;

- die **Fortsetzung der Verstromung von Braun- und Steinkohle**, mit der bekannten und immer wieder neu genutzten Begründung: *„Deutschland hat die weltweit saubersten und effizientesten Kohlekraftwerke. Daher lehnen wir die Ausstiegspläne aus der Kohleverstromung ab" (ebenda)*;

- die **Verlängerung der Laufzeit der bestehenden Atomkraftwerke** *(ebenda, S. 178: „Die Laufzeit der in Deutschland noch verbliebenen sechs aktiven Kernkraftwerke muss sich nach der technischen Nutzungsdauer und ökonomischen Kriterien richten. Eine Abschaltung aus anderen Gründen lehnen wir ab")*;

- die **Lösung des Endlagerproblems durch den „geschlossenen Brennstoffkreislauf" mit der „Zwischenlösung" Gorleben**, auch hier wieder mit der altvertrauten Begründung und Gegner-Schelte *(s. ebenda, S. 178: „Deutsche Kernkraftwerke gehören zu den sichersten der Welt."* Und weiter auf *S. 179: „Da mit Gorleben ein vollständig erforschtes und uneingeschränkt geeignetes Endlager zur Verfügung steht, ist die Suche nach einem anderen geologischen Endlager einzustellen ... Die Endlagerfrage wird von Kernkraftgegnern als politisch aufgebauschtes Problem ins Feld geführt, um die friedliche Nutzung der minimalinvasiven und emissionsarmen*

Kernenergie auf ewig zu verhindern") und ohne auch nur in einem Nebensatz darauf einzugehen, dass der Salzstock Gorleben im Rahmen der bundesweiten Endlagersuche nach Anwendung objektiver geowissenschaftlicher Abwägungskriterien als geologisch nicht geeignet ausgewiesen und aus dem weiteren Verfahren ausgeschlossen wurde;

- den **Wiedereinstieg in die Atomforschung** *(ebenda, S. 179)*;
- und schließlich, als „Königsweg", die **Neueinrichtung von Atomkraftwerken** *(ebenda)*.

Selbst für den unausgesprochenen Fall, dass die Endlagerung des Atommülls und die Klimakrise sich doch als unlösbar herausstellen sollten, hat die AfD eine Lösung parat: *„Wir unterstützen die Fortsetzung und den Ausbau nationaler und internationaler Raumfahrtprogramme zur weiteren Erschließung des Weltraums für die Wissenschaft, als Rohstoffquelle und als möglicher neuer Lebensraum für den Menschen" (ebenda)*.

Umwelt – ein politischer „Restposten"

Erst vor wenigen Wochen hat das **Ariadne-Konsortium** (Dem Konsortium gehören 25 führende Institute, Zentren, Universitäten und Stiftungen, darunter das Deutsche Institut für Wirtschaftsforschung (DIW), das Deutsche Zentrum für Luft- und Raumfahrt (DLR), das Potsdam-Institut für Klimafolgenforschung (PIK), die Technische Universität Darmstadt, die Technische Universität München und das industrienahe Institut der deutschen Wirtschaft Köln, um nur einige zu nennen, an. Das Konsortium ist Teil des Kopernikus-Forschungsprojekts, einer der größten deutschen Forschungsinitiativen zum Thema Energiewende.) eine Studie mit dem sperrigen Titel **„Quantifizierung externer Effekte als Steuerbasis für ein nachhaltiges Steuersystem"** vorgelegt. Weniger sperrig, dafür umso beunruhigender, sind die dort zusammengetragenen und ausgewerteten Zahlen. Demnach addieren sich die **durch „wirtschaftliche Aktivitäten" verursachten Schäden „an unbeteiligten Dritten"** (üblicherweise als „externe Kosten" bezeichnet) in den Bereichen Umwelt und Gesundheit allein in Deutschland auf einen jährlichen **Gesamtbetrag zwischen 455 und 671 Milliarden Euro**. Dies entspricht 13 bis 19 Prozent des deutschen Bruttoinlandsprodukts *(s. **Ariadne-Hintergrund: „Quantifizierung externer Effekte als Steuerbasis für ein nachhaltiges Steuersystem. Abstract**. https://ariadneprojekt.de/media/2021/06/Ariadne-Hintergrund_Steuerreform_Juni2021.pdf)*. Für die **Kosten des Raubbaus an der Natur** werden die Verursacher, in der Hauptsache Industrie und Landwirtschaft, nur selten zur Kasse gebeten. Dafür wird stattdessen, auch dies ein Ergebnis der Studie, größtenteils die Gesellschaft in Haftung genommen.

Die AfD lässt sich von solchen Zahlen und Erkenntnissen aber keineswegs beeindrucken. Obwohl sie es sich doch laut Alexander Gauland spätestens seit der Abspaltung des Lucke-Flügels zur Aufgabe gemacht hat, *„auch eine Politik für den kleinen Mann (zu) machen"*, *„soviel soziale Gerechtigkeit wie möglich umzusetzen"* und *„die Menschen am unteren Ende der sozialen Skala (nicht) allein (zu) lassen"* *(**Stuttgarter Zeitung: Interview mit AfD-Bundesvize Gauland. Die AfD will als Partei der kleinen Leute punkten**. **25.04.2016**. https://www.stuttgarter-zeitung.de/inhalt.interview-mit-afd-bundesvize-gauland-die-afd-will-als-partei-der-kleinen-leute-punkten.f915c96e-4687-4f28-9b5c-96fbc15cf2b.html; abgerufen am 13.7.2021)*, kümmert sie das Problem der **ungebremsten Umweltzerstörung** und ihrer schon seit langem bekannten **ungleichen sozialen Auswirkungen** nicht *(s. hierzu **Bundeszentrale für politische Bildung: Umweltbezogene Gerechtigkeit in Deutschland. 31.05.2007**. https://www.bpb.de/apuz/30437/umweltbezogene-gerechtigkeit-in-deutschland?p=all; abgerufen am 11.7.2021)*. Im Gegenteil. Wie der Klimawandel, so **wird auch die Umweltzerstörung weitestgehend geleugnet.** Kein Wunder also, dass das Thema Umwelt lediglich in der Überschrift des letzten Kapitels des neuen Programms (Kap. 21), *„Landwirtschaft, Umwelt und Verbraucherschutz"*, vorkommt.

Aber selbst in diesem Kapitel geht es keineswegs um die hoch-problematischen **Auswirkungen der Industrialisierung der**

Landwirtschaft auf Klima, Umwelt und die menschliche Gesundheit. Es geht der AfD einzig und allein um die **Verhinderung der Agrarwende**.

Glaubt man der Partei, so befindet sich die **konventionelle Landwirtschaft** aus rein ideologischen Gründen **im Würgegriff** ***„ökologistischer Kreuzzügler"*** *(s.* ***Rede von Frank-Christian Hansel vor dem Berliner Abgeordnetenhaus am 17.06.2021****. https://www.facebook.com/AfDFraktionAGH/videos/940292416542474/; abgerufen am 11.07.2021)* **und einer dirigistischen EU-Bürokratie**. Die *„fortschreitende Entmündigung von Landwirten, Jägern und Verbrauchern durch immer mehr europäische Regulierungen" (**AfD Programm zur Bundestagswahl 2021**, Kapitel 21 „Landwirtschaft, Umwelt und Verbraucherschutz", S. 198)* müsse umgehend beendet werden. Hier tritt die AfD nun als Schutzpatronin der Bauern in Erscheinung.

Doch was bietet die Partei den Bauern außer dem üblichen **EU-Bashing**, wohlfeiler allumfassender Bürokratie-Kritik *(„Die Landwirtschaft ist zu entbürokratisieren, um die Bauern zu entlasten. Weder deutsche noch EU-Behörden sollen sich in deren Wirtschaftsweise einmischen, etwa bei der Wahl der Fruchtfolge"; ebenda, S. 200)*, rein verbaler *„Wertschätzung für (die) Leistungen und Produkte der Landwirte" (ebenda, S. 199)*, den altbekannten, unverbindlichen Phrasen von Unverzichtbarkeit *(„Die heimische Land- und Forstwirtschaft ist unverzichtbar für die Versorgung mit wichtigen Allgemeingütern"; ebenda, S. 198)*, dem ‚Bekenntnis' zu *„gesunde(n) und verantwortungsbewusst erzeugte(n) Lebensmittel(n)", „naturnahe(n) Lebensräumen" [ebenda]* und *„lebensfähige(n) ländliche(n) Strukturen" [ebenda, S. 199]* sowie äußerst **vagen agrarstrukturpolitischen Versprechungen** wie *„Familienbetriebe in den Mittelpunkt zu stellen" (ebenda, S. 200), den „Aufkauf von Flächen durch landwirtschaftsfremde Investoren zu erschweren" (ebenda)* und *„landwirtschaftliche Existenzgründer ... von der Grunderwerbsteuer (zu) befreien" (ebenda)*? Bei näherem Hinsehen erweisen sich sogar diese bescheidenen strukturpolitischen ‚Vorhaben' als reine Nebelkerzen, ist doch die Privilegierung landwirtschaftlicher Interessenten längst im geltenden Grundstücksverkehrsgesetz verankert und die Grunderwerbssteuer-Befreiung für sog. „Jungbauern" ohne größere Bedeutung, da die Übernahme eines landwirtschaftlichen Familienbetriebs in der Regel in Form der direkten Erbfolge stattfindet, wofür ohnehin keine Grunderwerbsteuer anfällt. Zum anderen können Grunderwerbsteuern als Anschaffungsnebenkosten und damit Teil der Betriebsausgaben gewinnmindernd geltend gemacht werden.

Dass die AfD den **Erhalt** ***„unsere(r) vielfältigen Agrarstrukturen"*** *(ebenda, S. 200)* als ihr vorrangiges Ziel ausgibt, ist besonders bemerkenswert oder besser: zynisch, wenn man einen Blick auf diese Strukturen bzw. ihre Veränderung in den zurückliegenden Jahrzehnten wirft. Seit den 1960er Jahren befindet sich die bundesrepublikanische Landwirtschaft im **Strukturwandel**, d.h. in einem rasanten **Umbruch, dem immer mehr der von der AfD angeblich so wertgeschätzten bäuerlichen Familienbetriebe zum Opfer fallen.** Von den 1,5 Millionen Höfen, die es 1960 allein auf dem Gebiet der damaligen Bundesrepublik Deutschland gab, waren 2019 nur noch knapp 266.500 im gesamten Bundesgebiet übrig, davon weniger als die Hälfte Vollerwerbsbetriebe. Im gleichen Zeitraum wuchs die Betriebsgröße von durchschnittlich rund 8,7 Hektar auf durchschnittlich rund 62 Hektar an. Großbetriebe bestimmen mittlerweile insbesondere im Osten und im Norden des Landes das Bild. Schon jetzt entfallen auf 5 Prozent der größten Höfe mehr als 40 Prozent der landwirtschaftlichen Fläche. Parallel dazu setzen sich zunehmend neue Betriebsformen durch. Zwar sind immer noch rund 90 Prozent der Betriebe Einzelunternehmen, doch wird bereits heute mehr als ein Drittel der landwirtschaftlich genutzten Fläche von Personengesellschaften, Genossenschaften und juristischen Personen, wie etwa Gesellschaften mit beschränkter Haftung (GmbH) und Aktiengesellschaften, bewirtschaftet *(zu den Zahlen s.* ***Bundeszentrale für politische Bildung: Wachsen oder Weichen – Deutsche Landwirtschaft im Strukturwandel.*** *Ein Beitrag von Svea Junge. 21.01.2021. https://www.bpb.de/gesellschaft/umwelt/landwirtschaft/325872strukturwandel; abgerufen am 09.06.2021).*

Hauptnutznießer dieses **fortschreitenden Konzentrations- resp. Verdrängungsprozesses** sind die **agrarindustriellen Großbetriebe**. Sie profitieren zudem von einem **Subventionssystem**, das nicht an gesellschaftliche und/oder ökologische Kriterien, sondern an die Fläche bzw. Betriebsgröße gekoppelt ist.

Dieses System wird von der AfD ebenso wenig in Frage gestellt (es soll lediglich ‚renationalisiert' werden) wie die bekannten Positionen und Forderungen der eng mit dem Agribusiness verflochtenen deutschen **Agrarlobby**. Ja, die AfD dient sich dieser Lobby regelrecht als ‚Mitstreiter' gegen die mittlerweile nicht mehr nur von *„Ökologisten"*, sondern auch von renommierten Wissenschaftlern und ‚unverdächtigen' gesellschaftlichen Organisationen geforderte Agrarwende an. Stellungnahmen wie das von 21 Wissenschaftlern aus den Bereichen Ökologie, Ökonomie und Agrarwissenschaft verfasste Papier *„Action needed for the EU Common Agricultural Policy to address sustainability challenges"*, erschienen im Fachmagazin „Nature and People" *(auf der **Webseite des NABU** auch in deutscher Sprache herunterzuladen)* und von mehr als 3.600 Wissenschaftlern aus allen EU- und 36 weiteren Staaten unterstützt, oder den Abschlussbericht der „Zukunftskommission Landwirtschaft", an der 31 Vertreter von Agrarverbänden, Umweltverbänden und der Lebensmittelindustrie beteiligt waren, nimmt die AfD gar nicht erst zur Kenntnis.

Die mit dem Übergang von einer eher kleinräumigen bäuerlichen Landwirtschaft mit breiten Fruchtfolgen und relativ geringem Einsatz an Düngemitteln auf eine **großparzellige, hochspezialisierte, groß-betrieblich organisierte Landwirtschaft** mit **engen Fruchtfolgen bzw. Monokulturen**, **hohem Einsatz an Düngern**, **intensiver Bodenbearbeitung** und **Flächenumnutzung** sowie **immer größeren Tierbeständen** einhergehenden **ökologischen Probleme** werden von der AfD in bekannter Manier entweder geleugnet, bagatellisiert oder umgedeutet.

Wie die Agrarlobby fordert die AfD eine **Revision der neuen Düngeverordnung**. *„Die verschärfte neue Düngeverordnung widerspricht jedoch der guten landwirtschaftlichen Praxis und gefährdet den Anbau von Kulturpflanzen mit hohem Nitratbedarf, wie z. B. Kartoffeln, Getreide und Mais. Die AfD fordert die Revision der Düngeverordnung, die Aufhebung der pauschalen Reduktion der Düngemengen“ (**AfD Programm zur Bundestagswahl 2021**, Kapitel 21 „Landwirtschaft, Umwelt und Verbraucherschutz“, S. 200)*. Dabei hat *„die gute landwirtschaftliche Praxis“* zu einem **deutlichen Anstieg des Ausstoßes klimaschädlicher Gase in der Landwirtschaft** geführt. Dem Umweltbundesamt zufolge stammen, Stand 2020, 63 % aller Methan- und 81 % der Lachgas-Emissionen in Deutschland aus der Landwirtschaft *(s. **Umweltbundesamt: Beitrag der Landwirtschaft zu den Treibhausgasemissionen. 21.06.2021.** https://www.umweltbundesamt.de/daten/land-forstwirtschaft/beitrag-der-landwirtschaft-zu-den-treibhausgas#treibhausgas-emissionen-aus-der-landwirtschaft)*. Mit 8,2 % haben die Emissionen aus der Landwirtschaft mittlerweile einen substantiellen Anteil an den Treibhausgas-Emissionen in Deutschland.

Ebenso gravierend ist die aus der Überdüngung resultierende **Belastung des Grundwassers sowie der Oberflächengewässer durch Nitrat**. In Deutschland enthält das Grundwasser, aus dem zwei Drittel des Trinkwassers gewonnen werden, mehr Nitrat als in allen anderen europäischen Ländern, ausgenommen Malta *(s. **Umweltinstitut München e.V.: Die Massentierhaltung gefährdet unser Trinkwasser.** https://www.umweltinstitut.org/themen/landwirtschaft/massentierhaltung/verschmutztes-grundwasser.html)*.

Die zunehmende Verschmutzung des Grundwassers erfordert eine **immer kostenintensivere Trinkwasseraufbereitung**. Auf den Verbraucher könnten aus diesem Grund, so ein aktuelles BDEW-Gutachten, in einigen Regionen Preiserhöhungen um bis zu 62 % zukommen *(s. **Webseite des bdew: Durch Nitratbelastung: Stark steigende Wasserpreise befürchtet**. https://www.bdew.de/wasser-abwasser/nitrat-im-grundwasser/nitratverschmutzung-es-drohen-regional-stark-steigende-wasserpreise/)*.

Auch der angeblich so bewährte *„praxiskonforme Pflanzenschutz“* – sprich **intensive Einsatz von Pestiziden** – soll vor weiterer Regulierung geschützt werden. *„Ein wirksamer Pflanzenschutz nach guter fachlicher Praxis ist die Grundlage jeglicher landwirtschaftlichen Produktion ... Die bewährten Zulassungsstandards im Hinblick auf Umwelt-, Gesundheits- und Verbraucherschutz dürfen dabei weder vernachlässigt noch praxisfern verschärft werden“ (**AfD Programm zur Bundestagswahl 2021**, Kapitel 21 „Landwirtschaft, Umwelt und Verbraucherschutz“, S. 201)*. Völlig ausgeblendet wird dabei, dass Pestizide nachgewiesenermaßen der **Hauptgrund für das Artensterben** auf deutschen Feldern und ihrer Umgebung sind. Sog. Pflanzenschutzmittel haben meist ein breites Wirkungsspektrum, wodurch nicht nur Schädlinge minimiert werden, sondern auch vielen Tieren, die auf den Feldern und auf angrenzenden Flächen leben, die Nahrungsgrundlage entzogen wird. Zudem gehen von ihnen insb. durch Rückstände in Nahrungsmitteln erhebliche **Gesundheitsgefahren für den Menschen** aus. Pestizide können auf das Hormonsystem von Säugetieren einwirken, die Zellteilung stören, das Entstehen von Krebs begünstigen, das Erbgut verändern, das Immunsystem beeinträchtigen und Allergien auslösen. Sie sind zudem eine der häufigsten Ursachen für akute und schleichende Vergiftungen *(siehe hierzu auch **Webseite von Greenpeace: Pestizide machen krank.** https://www.greenpeace.de/themen/landwirtschaft/pestizide-machen-krank).*

Am System der **industriellen Massentierhaltung** soll, geht es nach der AfD, ebenfalls nicht gerüttelt werden. Lediglich ein paar wenige Verbesserungen werden in Form vager Absichtsbekundungen in Aussicht gestellt. Es sind dies die Förderung *„artgerechter Haltungssysteme“* in der Nutztierhaltung, die Forderung nach einer *„Kopplung der Tierhaltung an die Fläche“* (ohne Größenvorgabe) und schließlich der Einsatz für ein *„Netz regionaler Schlachtbetriebe in Deutschland“ (**AfD Programm zur Bundestagswahl 2021**, Kapitel 21 „Landwirtschaft, Umwelt und Verbraucherschutz“, S. 201)*. Gleichzeitig nutzt die AfD die Thematik zur Forderung nach **beschleunigten und**

auflagenreduzierten Genehmigungsverfahren für den Bau neuer Lager- und Stallanlagen und bedient damit ganz unverhüllt die Interessen der Großmästereien *(s. ebenda)*.

Das zentrale Problem des „Tierwohls" scheint nach Meinung der AfD nicht in der Haltung von Tieren auf engstem Raum (z.B. Legehennen), in Ställen ohne Tageslicht (z.B. Puten und Masthühner), in Anbindehaltung (z.B. Milchkühe) oder in kleinen Buchten oder sogar Kastenständen (z.B. Sauen) zu liegen – hierzu findet sich kein einziges Wort im Wahlprogramm 2021. Das Gleiche gilt für die Problematik des **massenhaften Einsatzes von Tierarzneimittel**. Die *„ethisch gebotene Pflicht zum Wohl der Tiere"* endet für die AfD spätestens bei der Reduzierung des *„Lebendtransport(s) von Schlachttieren"* sowie der Aussetzung des Transports *„in Drittländer, wo nachweislich gegen das Tierschutzrecht verstoßen wird" (ebenda, S. 202)*, um dann beim Thema **Schächten** sofort wieder anzuspringen. Dem Schächten wird als *„tierquälerischer Schlachtung"* in allen Wahlprogrammen der AfD viel Aufmerksamkeit und Empörung gewidmet *(hier s. S. 202)*. Es ist schon erstaunlich, wie es der AfD immer wieder gelingt, den unterschiedlichsten Sachverhalten den Stempel ihrer migrationsfeindlichen Ideologie aufzudrücken.

Während der **Wald** immer sicht- und messbarer unter den **Folgen des Klimawandels** leidet *(siehe **Webseite des BMEL: Ergebnisse der Waldzustandserhebung 2020: Die Schäden haben zugenommen**. https://www.bmel.de/DE/themen/wald/wald-in-deutschland/waldzustandserhebung.html)*, nimmt die AfD im Programmabschnitt *„Waldwirtschaft"* zum landesweiten neuen Waldsterben keine Stellung, obwohl sie doch verspricht, *„unsere Wälder schützen und bewahren"* zu wollen *(**AfD Programm zur Bundestagswahl 2021**, Kapitel 21 „Landwirtschaft, Umwelt und Verbraucherschutz", S. 203)*.

Überhaupt scheint der Schutz von Wald, *„heimatlicher Landschaft"*, ländlichem Raum und Umwelt für die AfD nur dann von Interesse, wenn sich daraus – vermeintlich – **ein Gegensatz zum Klimaschutz konstruieren lässt.** Dann sorgt sie sich um *„die **verheerende Wirkung***

von Windkraftanlagen auf Vögel, Fledermäuse und Insekten", warnt vor den ***„gravierend(en) ... gesundheitlichen Schadwirkungen (von Windkraftanlagen**) durch Schattenschlag, Infraschall und Lärmemissionen"* *(ebenda, S. 206)* und spielt sich zum Beschützer von Kulturlandschaften und Wäldern auf, die durch Windkraftanlagen, Freiflächen-Photovoltaikanlagen und den Ausbau von Stromtrassen bedroht seien *(s. S. 206)*. Dass hier ein ideologischer Kampf ausgefochten wird, zeigt sich in der Begründung: *„Der politisch-ideologisch forcierte und staatlich subventionierte Ausbau regenerativer Energien ist nicht nur ein ökonomisches Desaster, sondern belastet auch unsere Heimat, unser Lebensgefühl und unsere Natur in erheblichem Maße."* Mit ihrer Forderung *„Windenergieanlagen" ... nur noch an Standorten zuzulassen, an denen keine Beeinträchtigungen für Mensch, Tier oder das Landschaftsbild zu erwarten sind"* *(ebenda, S. 206)* und dies von der Zustimmung der *„betroffenen Bürger"* abhängig zu machen *(ebenda, s. S. 177)*, versucht sie, dem weiteren Ausbau von Windkraftanlagen endgültig die Grundlagen zu entziehen.

Position OMAS GEGEN RECHTS in Deutschland:

Wir halten den Verteidigern des fossil-atomaren Energiesystems und der konventionellen Landwirtschaft entgegen: Für einen umwelt- und ressourcenschonenden, klimaneutralen Wirtschaftsstandort Deutschland braucht es **neue Wirtschaftsformen und -strukturen** sowie neue, **regenerative Energiequellen**, also Ökostrom und grünen Wasserstoff. Für deren Erzeugung werden Windräder und Solaranlagen benötigt.

Wer wie die **AfD** dagegen lobbyiert, hat weder ein ehrliches Interesse am Wohlstand der heutigen noch an den Lebenschancen künftiger Generationen. Dessen politisches Angebot ist vieles – aber ganz gewiss **keine Alternative** zu politischen Konzepten, die um tragfähige und faire Lösungen für die Klima- und Umweltkrise ringen.

Die rückwärtsgewandte Verkehrs- und Infrastruktur-Politik der AfD

Verfasserin: Beate Booß

Zu den wenigen Umweltthemen, zu denen die AfD in ihren Wahlprogrammen 2016, 2019 und 2021 konkrete Aussagen macht, gehört der Verkehr. Und in der Tat ist dieser Bereich unter Umweltgesichtspunkten hoch relevant und im Blick auf den Charakter der AfD höchst aufschlussreich.

Folgt man den Angaben des Bundesumweltamtes, so entfällt etwa **ein Fünftel** der durch menschliche Aktivitäten freigesetzten **Treibhausgase in Deutschland** auf **den Verkehrsbereich** (146 von insgesamt 739 Mio. t CO2-Äquivalente, Stand 2020). Den Löwenanteil davon macht der Individualverkehr auf den Straßen aus *(s. **MDR Wissen: Wer stößt am meisten aus? Die Top 5 der CO2-Verursacher Deutschlands nach Sektoren. Stand 22.01.2020.** https://www.mdr.de/wissen/deutschland-top-fuenf-klima-emissionen-100.html#sprung0).* Anders als andere Sektoren konnte der Verkehrssektor seinen Treibhausgas-Ausstoß in den letzten drei Jahrzehnten kaum verringern. Während die Emissionen der Energiewirtschaft von 1990 bis 2020 um nahezu 53 % zurückgefahren werden konnten (von 466 auf 221 Mio. t CO2-Äquivalente; in der Hauptsache das Ergebnis des fortschreitenden Kohleausstiegs) und die Industrie ihren Ausstoß um gut 37 % reduzierte (von 284 auf 178 Mio. t CO2-Äquivalente), sank die Emissionsmenge des Verkehrssektor im gleichen Zeitraum lediglich um 11 % (von 164 auf 146 Mio. t CO2-Äquivalente). Bezieht man die Vorjahre in die Betrachtung ein, so erweist sich selbst dieser bescheidene Rückgang als Corona-bedingter Scheinerfolg. Die vom Bundesklimaschutzgesetz für 2020 festgelegte **Jahresemissionsmenge von 150 Mio. Tonnen CO2** konnte damit **nur**

knapp unterschritten werden. Gleichzeitig wuchs der Anteil des Verkehrs an der Gesamtproduktion von Treibhausgasen von rd. 13 % auf rund 20 %, Corona-bereinigt sogar auf 22 % (***Bundesministerium für Umwelt, Naturschutz und nukleare Sicherheit. Pressemitteilung vom 16.03.2021: Treibhausgasemissionen sinken 2020 um 8,7 Prozent.*** *https://www.bmu.de/pressemitteilung/treibhausgasemissionen-sinken-2020-um-87-prozent/)*. Diese Zahlen, so der Präsident des Umweltbundesamtes Dirk Messner, lassen nur einen Schluss zu: *„dass nur ambitionierter Klimaschutz und auf beschleunigte Dekarbonisierung orientierter Strukturwandel in den zentralen Wirtschaftssektoren dazu führen kann, die Klimaziele der Bundesregierung zu erreichen. So müssen zukünftig deutlich mehr Windenergieanlagen installiert und die Zahl der Verbrennerautos massiv reduziert werden" (ebenda)*. Messner befindet sich damit im Einklang mit der großen Mehrheit der Experten, die im Pkw-Bereich der Elektromobilität und im gewerblichen Güter- und Schwerlastverkehr einem Mix aus Batterie- und Brennstoffzellen-Antrieb eine zentrale Rolle für die **zwingend erforderliche Verkehrswende** zuschreiben.

Ein kategorisches Nein zur Verkehrswende

Der politisch forcierte **Ausstieg aus der Verbrennungstechnik** resp. **Umstieg auf tendenziell emissionsfreie alternative Antriebstechniken** aber treibt die AfD regelrecht auf die Barrikaden. Auf ihrer Webseite wütet sie gegen die ***„ideologisch geleitete Verkehrspolitik"*** der Regierung, deren schlimmste Sünden die ***„Diskriminierung bestimmter Verkehrsmittel"***, insb. die ***„Benachteiligung von Dieselfahrzeugen*** sowie ***„flächendeckende Tempolimits"*** und ***„erfolglose Umweltzonen"*** seien (*s.* ***Webseite Alternative für Deutschland. Verkehr/Infrastruktur)***. Im Wahlprogramm 2021 verspricht sie, die ***„Freiheit der Bürger in der Wahl des Verkehrsmittels"*** ***(AfD Programm zur Bundestagswahl 2021,*** *Kapitel 20 „Mobilität und Infrastruktur", S. 188)* mit aller Kraft gegen den *„staatlichen Verbotswahn"* zu verteidigen.

Im Kern lässt sich die **verkehrspolitische Agenda der AfD** in zwei Versatzstücke zerlegen: den **Kampf gegen den *„Zwangsumstieg auf die Elektromobilität“*** *(s.* ***EUROPAWAHL-PROGRAMM 2019****, Kapitel 13 "Energie, Klima, Technik und Infrastruktur", S. 84 f.)* einerseits und die ***„Förderung des motorisierten Individualverkehrs“*** *(****AfD-Programm zur Bundestagswahl 2021****, Kapitel 20 „Mobilität und Infrastruktur“, S. 188)* andererseits.

Elektroautos seien für den Individualverkehr *„untauglich“*, *ihr „Gebrauchswert ... meilenweit von den mit Verbrenner betriebenen Fahrzeugen entfernt“*. Die hohen Preise für E-Automobile, dazu die horrenden Kosten für den Austausch der nur begrenzt haltbaren Batterien führten dazu, *„dass es bei weitgehender Umstellung auf E-Mobilität faktisch keine günstigen Gebrauchtwagen für Bürger mit geringem Einkommen mehr geben wird“ (s.* ***EUROPAWAHL-PROGRAMM 2019****, Kapitel 13 "Energie, Klima, Technik und Infrastruktur", S. 84 f.)*. Und schlimmer noch: Am Ende drohe dem „Normalbürger“ der **Komplettverlust des individuellen Fahrvergnügens**: *„Die* ***Verteufelung des Dieselmotors war nur der Anfang. Die sogenannte Verkehrswende-Politik einer heimlichen Koalition von Linke bis CSU bedeutet nichts anderes als die Zerstörung der Privatnutzung von Automobilen****. Das Elektroauto ist dabei nur ein Zwischenschritt, denn die tatsächliche Umsetzung eines vollständigen Umstiegs auf Elektromobilität ist nur eine utopische Vision. Allerdings* ***kostet uns diese Vision hunderttausende Arbeitsplätze****, ohne eine Reduktion von CO2 zu bewirken“*, so Dirk Spaniel, verkehrspolitischer Sprecher der AfD-Bundestagsfraktion auf einem Treffen der verkehrspolitischen Sprecher der AfD-Fraktionen am 02.02.2021 *(https://****dirkspaniel.com****/2021/02/02 /treffen-der-verkehrspolitischen-sprecher-der-afd-fraktionen/)*.

Auf die Sorge vor dem **Verlust der *„individuellen Mobilität“*** sattelt die AfD also noch die Angst vor dem **„Aus für die Automobilindustrie in Deutschland“** auf. Die angeblich *„willkürlich festgelegten Verbrauchswerte“* (gemeint sind hier die EU Grenzwerte für den CO2-Ausstoß von Pkw, mit deren Hilfe sichergestellt werden soll, dass die Automobilhersteller sukzessive emissionsärmere, idealerweise emissionsfreie Autos produzieren) die von der Golf-Klasse (dem typischen Mittelklasse-Wagen und unter Deutschlands Autofahrern beliebtesten Fahrzeugtyp) aufwärts überhaupt nicht erreicht werden könnten, führten dazu, dass die ***„Wertschöpfung der deutschen Automobilindustrie durch den Bau hochwertigerer Fahrzeuge .. verloren (geht) und damit auch der Industriezweig, der zu einem Großteil zum Wohlstand in Deutschland beiträgt****. Bei E-Fahrzeugen wird die Wertschöpfung, die in der Batteriezellen-Fertigung liegt, überwiegend nach Asien verlagert“ (s.* ***EUROPAWAHL-PROGRAMM 2019,*** *Kapitel 13 "Energie, Klima, Technik und Infrastruktur", S. 84 f.)*. Obwohl die Bezieher kleiner Einkommen wohl selten selbst in den Genuss des Besitzes von *„hochwertigeren Fahrzeugen“* deutscher Premium-Autobauer kommen und auch kaum größere Aktienpakete dieser Gesellschaften besitzen dürften, versucht die AfD, die Arbeitnehmer in das Geschirr spezieller Konzerninteressen zu spannen.

Mit der **Verkehrspolitik** hat die AfD ein weiteres Feld gefunden, auf dem sie **Angst vor Arbeitsplatz- und Wohlstandsverlusten** schüren und sich gleichzeitig als **Schutzpatronin der kleinen Leute** inszenieren kann.

Dass sie auch hier auf die altbewährten **Methoden des Schwarzmalens** und **des Leugnens oder Verzerrens wissenschaftlicher und technischer Fakten** sowie der **Falschdarstellung politischer Entscheidungen** zurückgreift, dürfte niemanden mehr überraschen. Beispielhaft sei hier u.a. auf die völlig haltlose Behauptung hingewiesen, dass die Forschung und Entwicklung im Bereich der Batterie- und Akku-Technologie bereits vor Jahrzehnten an ihr Ende gelangt sei. Auch der AfD sollten die Berichte über etliche neue, teilweise schon vor der Marktreife stehende Ansätze und Lösungen, unter anderem auf der Basis alternativer Materialien (Aluminium, Natrium, Magnesium und Graphen) bekannt sein. Die verschiedenen Forschungs- und Entwicklungsprojekte, zu denen auch die sog. Strukturbatterien zählen, werden, anders als von der ansonsten doch so fortschrittsgläubigen AfD prognostiziert, zu entscheidenden Veränderungen in den Bereichen Rohstoffverbrauch,

Sicherheit, Langlebigkeit, Speicherkapazität, Ladezyklen, Kosten etc. führen (weitere Details hierzu finden sich in Kapitel 5).

Noch entlarvender ist die AfD-Darstellung der per EU-Verordnung europaweit festgelegten CO2-Emissionsnormen für neue Pkw und leichte Nutzfahrzeuge. So behauptet die AfD, dass die **EU-Grenzwerte für den CO2-Ausstoß** von Pkw willkürlich festgelegt worden und völlig realitätsfern seien. Tatsächlich aber sind sie das Ergebnis langjähriger Verhandlungen zwischen EU-Kommission, EU-Parlament und EU-Umweltministern unter Hinzuziehung der erforderlichen wissenschaftlichen Expertise, nachdem die **Selbstverpflichtungen der Hersteller** über viele Jahre hinweg zu **keiner Emissionsminderung** geführt hatten.

Überhaupt geht die AfD mit den vereinbarten **EU-CO2-Standards** sehr ‚freihändig' um. Dass es sich dabei nicht um einen fixen Grenzwert für jedes einzelne neu zugelassene Fahrzeug, sondern um den **durchschnittlichen CO2-Ausstoß der ganzen Neuwagenflotte eines Herstellers** handelt, hochemittierende Fahrzeuge also auf dem Papier mit niedrigemittierenden und elektrischen Autos verrechnet werden, bleibt, dank der entsprechend unscharfen Darstellung der AfD, dem nichtfachkundigen Publikum verborgen. Dass dieser Grenzwert (seit 2020 beträgt er 95 g CO2/km, aber erst seit 2021 gilt er für 100 % aller neu verkauften Pkw) zudem für jeden Hersteller individuell je nach Durchschnittsgewicht der zugelassenen Fahrzeuge festgesetzt wird, und die Produzenten schwererer Autos dabei einen Gewichtsbonus erhalten, um den der reale Abgaswert nach unten korrigiert wird, erfährt keine Erwähnung. Ebenfalls unerwähnt bleiben die sogenannten Supercredits, die EU-seitig bei der Ermittlung des spezifischen CO2-Flottenwerts für einen Hersteller eingerechnet werden. Bis 2022 kommen dabei Modelle mit weniger als 50 g CO2/km mehrfach zur Anrechnung. Zwar reduziert sich der Faktor bis 2022 auf 1.33, zusammen aber mit weiteren regulatorischen Flexibilitäten und den noch immer nicht realitätsäquivalenten Labortests sorgt er dafür, dass die offiziellen Emissionswerte der Pkw weiterhin deutlich niedriger liegen als ihr tatsächlicher CO2-Ausstoß im Straßenbetrieb (*s.* ***Deutsche Umwelthilfe, Revision der EU CO2-Standards für Pkw****. Sieben Hebel zur Förderung emissionsfreier Mobilität. Hintergrundpapier. Stand: 04.03.2021. https://www.duh.de/fileadmin/user_upload/download/Projektinformation/Verkehr/CO2-Minderung/DUH_CO2-Revision_Forderungspapier_final.pdf)*. Bei Nichterreichung des jeweiligen Grenzwerts droht den Autokonzernen auch kein Produktions- oder Verkaufsverbot. Allerdings kommen, je nach Grad der Abweichung, beachtliche Strafzahlungen auf sie zu. Für jedes Gramm über dem Grenzwert fallen 95 Euro Strafe pro verkauftem Fahrzeug an.

Die AfD aber gibt nicht auf und hält unerschütterlich an ihrer **kategorischen Ablehnung der E-Mobilität bzw. der Verkehrswende** fest*: „Weiterhin wären bei dem Verbot von Verbrennern und weitgehender Umstellung auf E-Mobilität zusätzlich etwa 40 Großkraftwerke oder zehntausende von Windenergieanlagen erforderlich. Letztere sind allerdings weitgehend untauglich, solange es keine Großspeicher für den unstet erzeugten Ökostrom gibt“* (*s.* ***EUROPAWAHL-PROGRAMM 2019****, Kapitel 13 "Energie, Klima, Technik und Infrastruktur", S. 84)*.

Doch selbst dieser vermeintliche argumentative Trumpf – **nicht abdeckbarer Mehrbedarf an grünem Strom –** wird sogar von Industrievertretern, stellvertretend sei hier der VW-Chef Dies angeführt, zurückgewiesen. Dies geht sogar noch weiter und übt in diesem Zusammenhang deutliche Kritik an dem deutschen Ziel, erst 2038 aus der Kohle als Stromquelle auszusteigen. *„Für ein reiches und technologisch anführendes Land ist das längst nicht ambitioniert genug“*, so Diess *(s.* ***Webseite automobil-industrie.vogel.de. VW-Chef Diess: Alle Pkw sollten elektrisch fahren****.* ***28.08.2020****; aufgerufen unter https://www.automobil-industrie.vogel.de /vw-chef-diess-alle-pkw-sollten-elektrisch-fahren-a-959300/am 25.6.2021)*.

Verkehrspolitik nach Art der AfD – „Freie Fahrt für freie Bürger“

Wie sieht nun aber der **Gegenentwurf einer** ***„an den Bedürfnissen der Bürger orientierte(n) Verkehrspolitik“*** *(**AfD Programm zur Bundestagswahl 2021**, Kapitel 20 „Mobilität und Infrastruktur“, S. 188)* der AfD aus?

1. Ausbau und Förderung des „motorisierten Individualverkehrs“

Der motorisierte Individualverkehr sei die „beliebteste Möglichkeit der Fortbewegung“ *(s. **AfD Programm zur Bundestagswahl 2021,** Kapitel 20 „Mobilität und Infrastruktur“, S. 188)* und habe sich zudem – auch hier scheut die AfD nicht vor der Instrumentalisierung der Corona-Pandemie zurück – gerade in der jüngsten Zeit sehr bewährt. Deshalb fordert sie mit Nachdruck *„den Erhalt und Ausbau von innerstädtischen Fahrspuren und Parkraum“ (ebenda)*. Schon seit Jahren verlangt die AfD **mehr Platz für Autos in deutschen Großstädten** und beklagt, dass die Verkehrspolitik einseitig auf Fahrräder und den öffentlichen Nahverkehr fixiert und darauf aus sei *„das Auto möglichst unattraktiv zu machen“*. Busse und Fahrradwege, so der vom Focus mehrfach zitierte umweltpolitische Sprecher der AfD, Dirk Spaniel, würden den Autos momentan viel zu viel Platz wegnehmen *(s. **Focus: Statt Fahrrad oder ÖPNV: Die AfD fordert mehr Raum für Autos in den Städten. 19.07.2018**. https://www.focus.de/politik/deutschland/luft-in-deutschen-grossstaedten-hinreichend-sauber-statt-fahrrad-oder-oepnv-die-afd-fordert-mehr-raum-fuer-autos-in-den-staedten_id_9279007.html)*.

Das **Privatauto** und der **Öffentliche Personennahverkehr (ÖPNV)** werden von Spaniel regelmäßig gegeneinander ausgespielt: *„Warum sollte ein einfacher Bürger nur mit einem teuren, batteriebetriebenen*

*Fahrzeug CO2-neutral unterwegs sein können, während Fahrzeuge der öffentlichen Hand als sauber deklariert werden – egal ob sie mit Strom, Wasserstoff, Erdgas, synthetischen Kraftstoffen oder Biokraftstoffen fahren?" **[Webseite von Dirk Spaniel: Gerechte Mobilität für Deutschland**. https://dirkspaniel.com/; abgerufen am 09.07.2021]*. Dass eine Verbesserung der Luftqualität gerade in den Ballungsgebieten ohne eine **Verlagerung des motorisierten Individualverkehrs auf den öffentlichen Verkehr** und **alternative Fortbewegungsformen** (z.B. Fahrrad) in Verbindung mit dem Ausstieg aus der Verbrennungstechnik nicht erreicht werden kann, wird von der AfD, allen Expertenaussagen zum Trotz, rundweg bestritten.

Stattdessen wird auch hier wieder das **Gespenst des Sozialismus, dieses Mal in grünem Anstrich,** beschworen: *„Viele Bürger fürchten zurecht die immer umfassendere Schikane durch linke Parteien und die CDU/CSU in der Verkehrspolitik. Besonders **die individuelle Mobilität, die für uns ein zentraler Pfeiler der persönlichen Freiheit jedes Bürgers** ist, wird mit blumigen Forderungen nach mehr Umweltschutz angegriffen. Es geht dabei vor allem den linken Parteien in Wahrheit nicht darum, mehr E-Mobilität zu ermöglichen, sondern langfristig **das Auto gleich welchen Antriebs zu verbieten** und **den Kollektivverkehr zu erzwingen**" **(Webseite der AfD: E-Mobilität: Bürger fragen – Dirk Spaniel antwortet**. https://afdbundestag.de/e-mobilitaet-buerger-fragen-dirk-spaniel-antwortet/; abgerufen am 08.07.2021)*.

Und die staatliche Gängelung der Bürger mache beim Verkehr nicht halt, am Ende umfasst sie, so die düsteren Prophezeiungen der AfD, alle Lebensbereiche. *„Das bedeutet, dass das Auto für viele Familien und Berufstätige aufgrund der hohen Preise für Elektro-Pkw nicht mehr bezahlbar sein wird. **Das Auto wird zum Luxus**. Die Konsequenz sind **massive Einschränkungen in der Berufs- und Lebenswahl, in der Freizeitgestaltung**, die bisher überhaupt nicht öffentlich diskutiert werden. Das Elektroauto ist also auch ein soziales Problem" (ebenda)*.

Damit kommen wir auch hier wieder beim **Kerngeschäft rechter Populisten** an: der **Mobilisierung gegen *„die da oben"***, gegen die *„privilegierten"* Vertreter des *„degenerierten Systems"*, die sich regelrechte *„Verzichtsorgien"* für „das Volk" ausdenken, sich selbst aber keinerlei Einschränkungen abverlangen. Die das Volk in allen Bereichen *„betrügen"* und *„verraten"*. *(*Hierzu Quellen anzugeben, erübrigt sich. Diese und weitere einschlägige Vokabeln finden sich in nahezu allen Texten und Reden von AfD-Politikern.) Dagegen gilt es, sich zur Wehr zu setzen und die angeblich so intakte und segensreiche **„alte Ordnung"** – die Ordnung vor Multikulturalismus, Werterelativismus, Gender-Mainstreaming, Öko-Wahn und ähnlichen *„Kopfgeburten linkslibertärer Eliten"* mehr – wiederherzustellen. **„Aber normal"** eben!

2. Aufhebung von Dieselfahrverboten, Umweltspuren und ähnlichen „Eingriffen" des Staates in die Autonomie der Bürger

Für das Problem der Luftverschmutzung – laut der Weltgesundheitsorganisation (WHO) *„inzwischen das weltweit größte umweltbedingte Gesundheitsrisiko"* mit geschätzten 3,7 Millionen Todesopfern pro Jahr (auf Basis der Zahlen für 2012) *(siehe https://**www.globalcitizen.org/de/content/7-threats-facing-our-planet**/?template=next)* – hat die AfD eine elegante Lösung gefunden. Es existiert ganz einfach nicht: *„Wir gehen davon aus, dass die Luft in unseren deutschen Großstädten hinreichend sauber ist"*, zitiert der Focus Dirk Spaniel *(s. **Focus: Statt Fahrrad oder ÖPNV: Die AfD fordert mehr Raum für Autos in den Städten**. **19.07.2018**. https://www.focus.de/politik/deutschland/luft-in-deutschen-grossstaedten-hinreichend-sauber-statt-fahrrad-oder-oepnv-die-afd-fordert-mehr-raum-fuer-autos-in-den-staedten_id_9279007.html)*. Das Problem sind laut AfD nämlich weder die CO2-Emissionen, noch der Feinstaub, noch die Stickoxide. Das Problem stellen vielmehr die viel zu niedrig angesetzten, **wissenschaftlich angeblich nicht begründbaren Grenzwerte** sowie **falsche Messungen** dar. *„Wir in Deutschland neigen dazu, diese Stationen immer dort anzubringen, wo der Maximalwert an Stickoxiden gemessen wird“*, zitiert der Focus **Marc Bernhard**, AfD-Bundestagsabgeordneter und entschiedener Gegner der Elektromobilität. Baue man die Messstation hingegen vier oder sechs Meter weiter weg auf, sei die gemessene Konzentration um bis zu 40 Prozent niedriger. *„Es ist politisch gewollt, wo diese Messstationen stehen“*, so Bernhard. Die hohen Werte würden dann als Argument gegen Autos missbraucht *(s. **Focus: Statt Fahrrad oder ÖPNV: Die AfD fordert mehr Raum für Autos in den Städten. 19.07.2018**. https://www.focus.de/politik/deutschland/luft-in-deutschen-grossstaedten-hinreichend-sauber-statt-fahrrad-oder-oepnv-die-afd-fordert-mehr-raum-fuer-autos-in-den-staedten_id_9279007.html)*.

Beim **CO2** handelt es sich laut AfD ohnehin nicht um ein klimaschädliches Gas, sondern um einen *„unverzichtbarer Bestandteil allen Lebens“* (s. dazu Kap. 5). Der Anteil des Fahrzeugverkehrs an den **Feinstaubemissionen** betrüge *„gerade einmal 20 %“*, wobei Reifen und Bremsen die Hauptverursacher seien und auf die Abgase lediglich 4 % entfielen, so bagatellisierte die AfD bereits in ihrem Wahlprogramm zur Europawahl 2019 die Feinstaubbelastung durch den Pkw-Verkehr *(s. **EUROPAWAHL-PROGRAMM 2019**, Kapitel 7 „Umweltschutz, Landwirtschaft und Verbraucherschutz“, S. 43)*. Im Verkehrs-Kapitel des Wahlprogramms zur Bundestagswahl 2021 werden Feinstäube nicht einmal mehr erwähnt. Ähnlich verhält es sich mit den **Stickoxiden**. Auch Aussagen hierzu sucht man im entsprechenden Programmteil vergeblich, nachdem ihre Gesundheitsschädlichkeit bereits im Programm von 2019 in Abrede gestellt wurde: *„Der Abgasuntersuchungsausschuss hat festgestellt: Es gibt „keine toxikologisch bedenklichen NO2-Werte“ und: „Es gibt keine wissenschaftlich erwiesenen Zahlen dazu, wie viele Menschen aufgrund grenzwertüberschreitender NO2-Expositionen erkrankt oder gar gestorben sind.“ … Darüber hinaus werden in Deutschland die EU-Richtlinien nachweislich falsch ausgelegt, um Überschreitungen zu erhalten. Der Bezugsrahmen für Messungen ist veraltet“ (ebenda)*.

Diese Behauptung ist in zweierlei Hinsicht bedeutsam. Zum einen leugnet sie den in der Wissenschaft weithin unbestrittenen Tatbestand, dass Stickoxide sowohl die Gesundheit von Menschen und Tieren als auch die Vegetation in vielfacher Weise unmittelbar schädigen *(s.* ***Umweltbundesamt: Warum sind Stickstoffoxide (Nox) schädlich?*** *https://www.umweltbundesamt.de/fragen/warum-sind-stickstoffoxide-nox-schaedlich).* In der Umwelt wirken sie *„überdüngend und versauernd und schädigen dadurch auch mittelbar die Vegetation und belasten Flüsse, Seen und Meere sowie den Boden und das Grundwasser."* Beim Menschen wirkt das stark reaktive Reizgas *„auf die Schleimhäute der Atmungsorgane ... Aus der Reizwirkung und dem damit assoziierten oxidativen Stress resultieren des Weiteren entzündliche Prozesse, die zum Beispiel in der Lunge chronisch schädigende Wirkungen hervorrufen können. Auch wird eine Zunahme von Herz- und Kreislauferkrankungen beobachtet"* *(ebenda).*

Zum anderen ist diese Behauptung ein weiteres Beispiel für das **trickreiche Vorgehen der AfD bei ihren Gegenargumentationen**. In diesem Fall beruft sich die AfD auf den Abschlussbericht eines parlamentarischen Untersuchungsausschusses – also eines politischen und nicht eines wissenschaftlichen Gremiums – zur Mitverantwortung der Regierung in Bezug auf die Manipulation von Abgaswerten durch entsprechende Softwareeinrichtungen in Automobilen. Hier ging es folglich gar nicht um die grundsätzliche Beurteilung der Gefährlichkeit eines Gases nach wissenschaftlichen Kriterien (dazu besaß das Gremium weder die fachliche Kompetenz, noch war dies sein Auftrag), sondern um eine politische Bewertung von Regierungshandlungen. Dabei vertreten die regierungsbeteiligten Parteien wie die parlamentarische Opposition in solchen Ausschüssen in der Regel die jeweiligen Partei-Positionen und maßen sich selten an, wissenschaftliche Erkenntnisse zu Tage zu fördern. Genau in eine solche Erkenntnis aber versucht die AfD die oben angeführte Feststellung des Ausschusses umzumünzen. Dabei verschleiert sie zugleich, dass diese Feststellung sich lediglich auf das Fehlen von Daten bezieht, nicht aber eine Aussage zur Substanz als solcher und ihrer potentiellen Umweltgefährlichkeit darstellt.

3. Abkehr von „generellen“ wie von „starren“ Tempolimits und Forcierung des Autobahnausbaus – „Freie Fahrt für freie Bürger“

Dass die selbsternannte *„Partei der Bürgerrechte und der Bürgerfreiheit“* ein *„generelles Tempolimit auf Bundesautobahnen strikt ab(lehnt)“ (**AfD Programm zur Bundestagswahl 2021**, Kapitel 20 „Mobilität und Infrastruktur“, S. 189)*, versteht sich von selbst. Schließlich sei *„die **prinzipielle Geschwindigkeitsfreiheit** ein **Symbol unseres freiheitlichen gesellschaftlichen Anspruchs** … (und) im öffentlichen Raum **eine der letzten Freiheiten**, die Sie haben“*, so der Pressepolitische Sprecher und Stellvertretende Vorsitzende der AfD-Fraktion im Landtag von Baden-Württemberg, Emil Sänze, in einer Stellungnahme zur CSU-Kampagne gegen ein Tempolimit auf Autobahnen Anfang 2020 *(s. **Generalanzeiger: Stellungnahme zur CSU-Kampagne gegen ein Tempolimit auf Autobahnen: "Die Partei der Freiheitlichkeit ist die AfD"**. https://ga.de/verlag/anzeigen/advertorials/presseportal/stellungnahme-zur-csu-kampagne-gegen-ein-tempolimit-auf-autobahnen-die-partei-der-freiheitlichkeit-ist-die-afd_aid-48746285; abgerufen am 11.7.2021)*.

Tempolimits gehörten zu den zahlreichen *„Regelungen von epischer Wirklichkeitsverleugnung“* des *„Aus-Prinzip-Gängelungsstaats“,* dem für seine *„**ideologische Gleichmacherei auf niedrigstem Lebensniveau** jeder Vorwand recht“* sei – auf diese Kurzformel bringt Sänze den von AfD-Vertretern bei jeder sich bietenden Gelegenheit vorgetragenen Generalverdacht *(s. ebenda)*. Tempolimits brächten keine Verbesserung der Verkehrssicherheit (zur Klimabilanz äußert man sich gar nicht erst), sondern seien Instrumente staatlicher Willkür, legt Alexander Gauland am 03.2.2020 in der Debatte um die Einführung eines allgemeinen Tempolimits auf deutschen Autobahnen nach. *„In einem Land, in dem* *anatolische Hochzeitskorsos ungestraft auf den Autobahnen parken, gibt es Dringlicheres als die Einführung eines allgemeinen Tempolimits. Das Argument der Verkehrssicherheit hält sich hartnäckig, ist aber hinlänglich widerlegt. Autobahnen sind statistisch die sichersten Straßen in Deutschland. Länder mit allgemeinem Tempolimit auf Autobahnen wie Frankreich oder die USA schneiden in puncto Verkehrssicherheit auf den Autobahnen nicht besser ab ... Es geht in den Zeiten der allgemeinen Klimahysterie um den* ***ideologischen Kreuzzug gegen das Automobil und gegen die bürgerliche Freiheit****. Wann kommt dann das allgemeine Tempolimit von 30 km/h statt 130? Wann wird eine Höchsttemperatur in Wohnräumen von 16 Grad im Winter gesetzlich angeordnet und Fleischkonsum unter Strafe gestellt?" (****Webseite der AfD-Bundestagsfraktion: Gauland: Allgemeines Tempolimit ist staatliche Willkür****. https://afdbundestag.de/gauland-allgemeines-tempolimit-ist-staatliche-willkuer/; abgerufen am 21.07.2021).* Hier haben wir sie wieder versammelt: die Hauptzutaten des AfD-Populismus.

Dirk Spaniel, verkehrspolitischer Sprecher der AfD-Bundestagsfraktion, brachte bereits beim Kandidaten-Check von abgeordnetenwatch.de zur Bundestagswahl 2017 einen anderen wichtigen Aspekt ins Spiel: *„****Schnellfahrstrecken*** *sind* ***für die deutsche Autoindustrie ein klarer Wettbewerbsvorteil*** *und für Bürger ein Mobilitätsgewinn" (s. https://****www.abgeordnetenwatch.de****/blog/wahlen-parlamente/tempolimit-diese-abgeordneten-sind-dafuer-und-diese-dagegen; abgerufen am 11.7.2021)*. Die AfD als **Lobby-Partei** – das trifft den Kern ihrer Politik ungleich besser als die von ihr beanspruchte Rolle der Bürger-Partei.

Indes greifen die Phantasien der AfD noch weiter aus. So umriss Rüdiger Lucassen, Vorsitzender des nordrhein-westfälischen Landesverbands und AfD-Bundestagsabgeordneter, die verkehrspolitische Agenda der AfD für die kommenden Jahre in der gleichen Befragung wie folgt: *„Ich fordere "Freie Fahrt für freie Bürger" und lehne alle Beschränkungen aus anderen Gründen als der Verkehrssicherheit ab.* ***Kein Tempolimit auf Autobahnen****,* ***100 km/h auf Landstraßen*** *und* ***50 km/h innerorts*** *auf allen Durchgangsstraßen" (ebenda)*. Und sein Abgeordnetenkollege

Michael Espendiller sekundierte: *„Dass ein allgemeines Tempolimit Unfallraten reduziert, ist nicht korrekt. Die meisten Unfälle passieren wegen nicht eingehaltener Verkehrsregeln, grade in den Gebieten mit einem Tempolimit nach Straßenverkehrsordnung. Es handelt sich hierbei also um eine unsinnige Einschränkung der Bürgerfreiheiten" (ebenda)*. Im AfD-Programm zur Bundestagswahl 2021 werden diese Vorstellungen in die bewusst vage gehaltene Formulierung gekleidet: *„Starre Tempolimits müssen regelmäßig überprüft werden und im Fall der Unbegründetheit wegfallen" (s.* ***AfD-Programm zur Bundestagswahl 2021****, Kapitel 20 „Mobilität und Infrastruktur", S. 189)*.

Welchen Sinn aber ergäbe die Aufhebung von Geschwindigkeitsbeschränkungen, wenn die dafür ‚nötigen' Strecken nicht bzw. nicht in hinreichendem Umfang vorhanden sind? Folgerichtig macht die AfD die Sanierung der *„vielen Autobahnen und Brücken in Deutschland"*, vor allem aber die Beschleunigung der Sanierung sowie den **weiteren Ausbau des Autobahnnetzes** zu einem der zentralen Anliegen ihres Bundestagswahlkampfs 2021 *(s.* ***AfD-Programm zur Bundestagswahl 2021****, Kapitel 20 „Mobilität und Infrastruktur", S. 189)*.

Mit entsprechenden Verkehrskonzepten versucht sie auch bei Landtagswahlen zu punkten. So legte sie bspw. vor der letzten Landtagswahl in Baden-Württemberg einen Plan vor, der neben dem Bau einer Magnetschwebebahn von Mannheim über Stuttgart nach Ulm (hier besteht bereits eine Schnellbahntrasse) ein gigantisches unterirdisches Waren-Transportsystem mit einem veranschlagten Kostenumfang von allein 20 Milliarden Euro umfasste. Dazu kamen mehrere Autobahnprojekte, darunter eine Ost-West-Autobahn quer durch den Schwarzwald, die bereits vor Jahrzehnten am Protest der betroffenen Bürger scheiterte. Es sei, so die AfD, *„beschämend für das Land des Automobils, dass in Baden-Württemberg nur acht Prozent des deutschen Autobahnnetzes zu finden seien" (s.* ***SWR: AfD will Magnetschwebebahn und mehr Autobahnen in Baden-Württemberg. 13.08.2020.*** *https://www.swr.de/swraktuell/baden-wuerttemberg/verkehrskonzept-der-afd-magnetschwebebahn-und-autobahnen-100.html)*.

Auf welche Gesamtkosten sich ihr Konzept belaufen werde, ließ die AfD seinerzeit wohlweislich offen. Woher das Geld dafür kommen soll, verriet sie hingegen ohne Scheu: es müsse an anderer Stelle im Haushalt eingespart werden. Ein Schelm, wer Böses dabei denkt.

4. Bekenntnis zur „deutschen Automobilindustrie als Leitindustrie“ und Stopp der E-Mobilität

Noch einmal, wie schon im Programm-Kapitel *„Klima, Energie, Technik und Digitalisierung,“* singt die AfD auch im Kapitel *„Mobilität und Infrastruktur“* das Hohelied des Verbrennungsmotors. *„Die AfD sieht die **strategische Bedeutung der deutschen Automobil- und Zulieferindustrie**. Gerade der für den Großteil der Arbeitsplätze zuständige Mittelstand, insbesondere der metallverarbeitenden Industrie, ist abhängig vom Fortbestand des Verbrennungsmotors. Es ist daher die Aufgabe der Bundesregierung, auf nationaler und europäischer Ebene für eine technologieoffene Gesetzgebung zu sorgen. Die heutige einseitige Bevorzugung von Elektromobilität ist auf Grund mangelnder Stromkapazitäten und der globalen Umweltbelastung bei der Batterieproduktion sofort zu stoppen“* (**AfD Programm zur Bundestagswahl 2021**, *Kapitel 20 „Mobilität und Infrastruktur“, S. 191 f.)*.

Die AfD scheint bei ihrem *"Überschlag rückwärts"*, so kommentierte der baden-württembergische Verkehrsminister Winfried Hermann das o.g. AfD-Konzept, jedoch noch nicht bemerkt zu haben, dass sie bei dieser Übung immer mehr „Mitturner“ aus den Reihen der Autoindustrie verliert. Hatte VW bereits 2019 angekündigt, die Entwicklung von Verbrennungsmotoren ab 2026 einstellen zu wollen, so wurde nun Mitte Juni 2021 bekannt gegeben, dass auch die VW-Tochter Audi ab 2026 keine neuen Modelle mit Verbrennungsmotor mehr produzieren werde. Neue Modelle sollen ab diesem Zeitpunkt ausschließlich mit einem Elektroantrieb ausgestattet werden *(s.* ***Handelsblatt. „Audi steigt 2026 aus dem Verbrenner aus“. 17.06.2021**.*

https://www.handelsblatt.com/unternehmen/industrie/autobauer-audi-steigt-2026-aus-dem-verbrenner-aus/27298576.html?ticket=ST-1929884-5s959YKJczKnHBekBEbn-ap6). Gleichzeitig titelt Daimler auf seiner Webseite: „Die Zukunft fährt elektrisch“ *(https://**www.daimler.com/** innovation/case/electric/eq-basics.html).*

5. Ausbau des Schienenverkehrs nach den Bedürfnissen der Wirtschaft

Soweit die AfD den *„Ausbau des zu lange vernachlässigten Schienennetzes“* unterstützt, geht es ihr *„insbesondere (um) die **Beseitigung von Engpässen** und die **Erweiterung des Hochgeschwindigkeitsnetzes**“* sowie um *„eine Verkürzung der Reisezeiten auf allen Verbindungen“ (**AfD Programm zur Bundestagswahl 2021**, Kapitel 20 „Mobilität und Infrastruktur“, S. 190)*. Eine **Verlagerung des Waren- und des Personenverkehrs auf die Schiene resp. öffentliche Verkehrsmittel zur Reduzierung des Verkehrsaufkommens und der verkehrsbedingten Umweltbelastungen** erscheint der AfD dagegen **nicht vordringlich**. Und obwohl die Partei sich gerne als die einzige Sachwalterin der Interessen des ländlichen Raums ausgibt, scheint es der Aufmerksamkeit ihrer Verkehrsexperten völlig entgangen zu sein, dass mit dem Ausbau von Schiene und öffentlichem Verkehr ein geeignetes, klima- und sozialverträgliches Instrument zur besseren Anbindung der ländlichen Regionen an die Ballungszentren zur Verfügung stünde.

So wichtig, dass sie sogar Eingang in das Bundestagswahlprogramm gefunden hat, ist ihr dagegen die Gewährleistung von *„Pünktlichkeit, Sicherheit und Sauberkeit sowie eine(r) optimale(n) Taktung von Bus-, Bahn- und Vernetzung mit dem Flugverkehr (ebenda)*.

6. Stärkung des Flugverkehrs als „Wirtschaftsfaktor“

Wie den individuellen Autoverkehr, so will die AfD auch den Flugverkehr gegen die *„alten Verbotsphantasien linker Kreise“ (Emil Sänze, s.o.)* verteidigen. Während sie jedoch beim Autoverkehr noch die „Freiheitsrechte“ des Bürgers in den Vordergrund rückt und den Gleichklang der Interessen von Industrie und Konsument beschwört, verzichtet sie beim Flugverkehr nahezu vollständig auf diese Ummantelung. Nicht das „Recht des Bürgers auf Flugreisen“, wie man es eventuell erwarten könnte, wird als zentrales Argument ins Feld geführt, sondern die wirtschaftliche Bedeutung des Sektors. *„Der globale Flugverkehr ist von **elementarer Bedeutung für den Wirtschaftsstandort Deutschland** und darf nicht kurzsichtig einer unwissenschaftlichen Klima-Hysterie geopfert werden. Deutschlands Flughäfen sind als Wirtschaftsfaktor zu stärken. Künftiges Wachstum soll unter innovativer Einbeziehung der umliegenden und schwächer ausgelasteten Verkehrsflughäfen auch innerhalb des Sicherheitsbereichs (Gate-to-Gate) geschehen. Die AfD befürwortet die **Abschaffung der Luftverkehrsteuer** und richtet sich **gegen unrealistische CO2-Reduktionsziele der EU**. Im Rahmen eines „Luftverkehrskonzepts 2021“ sind Deutschlands Flughäfen als Wirtschaftsfaktor zu stärken“ (**AfD Programm zur Bundestagswahl 2021**, Kapitel 20 „Mobilität und Infrastruktur“, S. 190)*.

Das von Umweltverbänden und jüngst auch von den Grünen ins Spiel gebrachte **Verbot von Inlands- resp. Kurzstreckenflügen**, in Frankreich erst kürzlich von der Nationalversammlung verabschiedet (Das Verbot soll dort für Strecken gelten, die innerhalb von zweieinhalb Stunden mit dem Zug bewältigt werden können. Ursprünglich wollte der Bürgerkonvent das Flugverbot auf Ziele ausdehnen, die innerhalb von vier Stunden mit dem Zug zu erreichen sind. Mit Rücksicht auf die durch die Pandemie schwer angeschlagenen Fluggesellschaften wurde die Vorlage jedoch entsprechend entschärft.), bringt die AfD erst recht in Harnisch. So schimpfte der AfD-Abgeordnete Herbert Strotebeck im nordrhein-westfälischen Landtag: *„Ob Urlaub oder geschäftlich: Der **zivile Luftverkehr steht auf der Abschussliste der Klima-Apokalyptiker**. Die Corona-Krise könnte ihnen massiv in die Hände spielen ... Dass die Regierung in dieser Lage nicht einmal die **reinen Ideologie-Steuern** senkt, ist fatal (s. https://**www.youtube.com/watch?v=wtfUizSggF0**)*.

Infrastrukturpolitik – Leerformeln, Phrasen und Ideologie statt konkreter Konzepte

*„Seit Jahrzehnten", so klagt die AfD, „prägen **Landflucht** und **Verstädterung** das Bild unseres Landes. Es braucht einen **grundlegenden Politikwechsel, um diese Entwicklung umzukehren**" (**AfD Programm zur Bundestagswahl 2021**, Kapitel 20 „Mobilität und Infrastruktur", S. 191 f.)*. In dem *„Stadt und Land gleichrangig entwickeln"* überschriebenen Programmteil legt sie jedoch keinen einzigen konkreten Vorschlag zur Überwindung der **infrastrukturellen, ökonomischen und sozialen Diskrepanz zwischen urbanen und ländlichen Regionen** vor. Wie sie das ausgegebene Ziel, *„gleichwertige Lebens- und Arbeitsbedingung in ganz Deutschland" [ebenda]* zu schaffen, erreichen will, bleibt ein ungelöstes Rätsel.

Fügt man jedoch die Aussagen zu **„Infrastruktur"**, **„Landschaft"** *(ebenda, S.192)*, ***„grünen Berufen"*** *(ebenda]*, ***„regionaler Identität"*** *(ebenda, S. 191)* und ***„Heimat"*** zusammen, wird rasch klar, worum es der AfD hier eigentlich geht: um die **Umdeutung des weit zurückreichenden sozioökonomischen Stadt-Land-Gefälles in einen pauschalen, kulturkritisch aufgeladenen aktuellen Stadt-Land-Gegensatz** oder mehr noch **Stadt-Land-Konflikt.**

Das Rezept der AfD gegen den von ihr beklagten Missstand lautet wie folgt: *„Mit einer **traditionsbezogenen, familienfreundlichen und selbstbewussten Gestaltung des ländlichen Lebensraumes** wollen wir unsere **Heimat wieder ins Gleichgewicht** bringen" (ebenda, S. 192)*.

Zusätzlich will man *„das Finanzvolumen und die Handlungsspielräume der Gemeinden deutlich vergrößern"*, die *„kommunale Eigenverantwortung"* sichern und *„Regionen und Landkreise … durch Wirtschaftsförderung, Bewahrung regionaler Kultur, Daseinsvorsorge, Verkehr und Digitalisierung starkmachen" (ebenda, S. 192)*. Jede Menge Leerformeln – konkrete Konzepte Fehlanzeige!

Welche Rolle die AfD für den partiell abgehängten ländlichen Raum tatsächlich vorgesehen hat, erschließt sich im Programmpunkt ***„Landschaft als Teil regionaler Identität".*** Wo man konkrete regional- und/oder strukturpolitische Ideen und Vorschläge erwarten würde, „versteckt" die AfD eine ihrer wenigen substantiellen ökonomischen Aussagen. Ländliche Regionen sollen primär als **Flächenreserve** und **Entlastungsraum für die Zentren** fungieren. So heißt es u.a.: *„Die Weiterentwicklung bestehender Siedlungsflächen ist zu ermöglichen" (ebenda, S. 192)*. An anderer Stelle wird man noch deutlicher: *„Großstädte und ihr ländliches Umland sind als Einheit zu denken. Wir wollen sie entlang der Verkehrsachsen räumlich weiterentwickeln, die Siedlungsentwicklung im Umland fördern und die Verdichtungsräume entlasten" (ebenda, S. 193).* Soll so das Land vor weiterem **Flächenfraß**, weiterer **Bodenversiegelung**, weiterer **Zersiedelung**, weiterer **Verschlafstädterung**, vor immer neuen Gewerbegebieten und Straßen geschützt werden? Es ist zu hoffen, dass die Bewohner ländlicher Räume erkennen, welche Funktion die AfD ihrer „Heimat" und welche Zukunft sie den dort lebenden Menschen zugedacht hat.

Wie ihre politischen Ahnherren und Vorläufer geriert sich die AfD gleichwohl als **„kulturelle Schutzmacht" der Provinz** *(s. „Stadt und Land: Luftmensch gegen Erdmensch". Essay von Nils Markwardt in der ZEIT vom 04.08.2019; aufgerufen unter https://www.zeit.de/kultur/2019-07/stadt-land-unterschiede-kultur-kampf-infrastruktur-globalisierung-bevoelkerung/komplettansicht; 13.6.2021)*.

Dahinter steckt ein **doppeltes strategisches Kalkül**: a) die Anknüpfung an die in ländlichen Regionen stärker vertretenen anti-modernen Werte und Einstellungen zwecks **Mobilisierung der Landbevölkerung als**

Wählerschaft und b) die **Ablenkung von den wirklichen Ursachen der infrastrukturellen Mangelversorgung des Landes**, für die nicht zuletzt die neoliberalen Prediger, die jetzt als „Kümmerer" der Provinz auftreten, mitverantwortlich sind.

Dörfer in abgelegenen Regionen leiden nicht an der behaupteten Überheblichkeit „öko-kosmopolitischer Großstadtbewohner", sie leiden an der Unterversorgung mit Einrichtungen des ÖPNV, an fehlenden Krankenhäusern und Arztpraxen in erreichbarer Entfernung, an der zunehmenden Ortsferne öffentlicher Verwaltungsstellen und Bildungseinrichtungen, an unzureichenden Freizeitmöglichkeiten, an der Abwanderung junger Menschen. Vor allem aber leiden sie an fehlenden Arbeitsplätzen und damit fehlender Perspektive.

Die Ursache hierfür ist die **Funktionsweise des marktwirtschaftlichen Systems**: die Konzentration des Wirtschaftswachstums und der technologisch-ökonomischen Dynamik auf wenige urbane Zentren, während ländliche Regionen ihre wirtschaftliche Funktion immer mehr verlieren. Selbst die Landwirtschaft ist heute globalisiert und in immer weniger Großbetrieben konzentriert. Politisch verantwortlich dafür sind nicht die ignoranten „hypermoralischen Globalisierungsgewinner" in den Städten *(ebenda)*, sondern in erster Linie jene Kräfte, die sich zwar als Globalisierungskritiker und **Schutzpatron der „Vergessenen" und „Abgehängten"** aufspielen und sich gelegentlich „antikapitalistisch" gebärden, de facto aber einer **radikal neoliberalen Wirtschaftspolitik** das Wort reden, vehement für Deregulierung eintreten und unerschütterlich predigen, dass die „Kräfte des freien Marktes" es schon richten werden.

Um davon abzulenken, wird *ein **„kultureller Ersatzkonflikt** geschürt, der sich dann wahlweise auf Minderheiten oder vermeintliche Kultureliten in den Städten bezieht"* *(ebenda)*. Jüngstes Beispiel dafür ist der „MAGA-Wahlkampf" von Donald Trump, der auch der AfD als Vorbild dient. Greifbare strukturpolitische Ansätze zur Verbesserung der ländlichen Lebenssituation jedenfalls sind im AfD-Programm nicht zu erkennen.

Umwelt-, Landschafts- und Heimatschutz dienen der AfD in allererster Linie als gut getarnte Geschütze in ihrem **Kampf gegen die Energiewende** und die **Modernisierung der Gesellschaft**. So heißt es im Kapitel *„Landschaft als Teil regionaler Identität"* auf S. 192 bezeichnenderweise: *„Für die **heimatliche Landschaft** wollen wir die Privilegierung von energieerzeugenden Anlagen ausschließen."*

Position OMAS GEGEN RECHTS in Deutschland:

*W*ie schon in anderen Zusammenhängen warnen wir auch im Bereich der Verkehrs- wie der Infrastrukturpolitik eindringlich vor dem **toxischen Cocktail aus nationalistischer Hybris, rassistischen Ressentiments, populistischer Eliten-Beschimpfung, kalkuliert-düsteren Zukunftsbildern, tiefer Staatsverachtung, kulturkämpferischer Polarisierung, Antimodernismus** und anderen, uns mittlerweile allzu vertrauten Ingredienzien, den die AfD dem verunsicherten Publikum bei jeder Gelegenheit und zu jedem Anlass zu servieren versucht. Den sie, wie auch hier, stets mit der Kirsche **„Freiheitlichkeit"** garniert und einer ordentlichen Portion **Heimat- und Deutschtümelei** würzt.

Dem allzu durchsichtigen „Freiheits-Geschrei" der AfD halten wir entgegen: Freiheitsfeindlich sind nicht diejenigen, die sich dem Klima- und Umweltschutz verpflichtet fühlen und aus Verantwortung kommenden Generationen gegenüber bereit sind, demokratisch verhandelte, für alle gleich geltende Regeln einzuhalten, notwendige Veränderungen in Angriff zu nehmen, ja ggf. auch Einschränkungen zu akzeptieren. Freiheitsfeindlich sind vielmehr jene, die die Freiheitsrechte anderer, insbesondere die der zukünftigen Generationen, missachten. Nicht anders lässt sich die **Entscheidung des Bundesverfassungsgerichts zum Klimaschutzgesetz** von 2019 interpretieren. Diese Entscheidung und das ihr **zugrunde liegende**

Freiheitsverständnis wird und muss die **Richtschnur für staatliches wie individuelles Verhalten** sein.

„Wir leben mit so viel Plastik im Körper, dass es einer EC-Karte entspricht, wir leben mit Asthma, mit Krebserkrankungen, wir beklagen Hitzetote und das Elend der Klimaflüchtlinge, wir müssen nach jeder Schreckensmeldung zur Erderhitzung unsere Zukunftsängste wieder verdrängen, verleugnen – um weitermachen zu können wie bisher. Aber bloß keine Verbote, keine Einschränkung, wir wollen keine Gängelung, kein Moralisieren, und niemanden, der uns den Spaß verdirbt. Was für ein Preis, den wir alle (v.a. aber die noch gar nicht geborenen Generationen; Anmerkung der Verfasserin) *dafür zahlen, dass wir (noch) auf nichts verzichten müssen."* *(Simone Regina Adams, Autorin, psych.Psychotherapeutin August 2019. Nachzulesen auf https://www.die-klimaschutz-baustelle.de/klimawandel_zitate.html)*

Die AfD ist eine von Rechtsextremen durchsetzte Partei, die ein autoritäres, antidemokratisches Herrschaftssystem anstrebt

Verfasserin: Margarete Ruschmann

Die AfD ist im Verlauf der vergangenen Jahre immer weiter an den äußersten rechten Rand gerückt. Ging es den Gründern der Partei noch um mehr Wirtschaftsliberalismus und eine Lockerung der Beziehungen zur Europäischen Union, so sind die heutigen „starken Männer“ der AfD eindeutig dem rechtsextremen Spektrum zuzurechnen. Ihr Einfluss innerhalb der Partei wird laut Verfassungsschutz immer größer. In einem Interview mit dem Tagesspiegel sagte der Präsident des Bundesamtes für Verfassungsschutz Thomas Haldenwang am 10. Oktober 2020:

„Das Bundesamt für Verfassungsschutz nimmt wahr, dass viele Anhänger des rechtsextremen „Flügels" um mehr Einfluss in der Partei kämpfen, obwohl sich der „Flügel" angeblich selbst aufgelöst hat ... Der Einfluss des „Flügels" wird größer, auch wenn in der AfD versucht wird, klar erkennbare Rechtsextremisten wie den früheren „Flügel"-Wortführer Andreas Kalbitz aus der Partei zu entfernen ...Die prägende Persönlichkeit des „Flügels" ist Björn Höcke. Er bedient einen unterschwelligen Antisemitismus. Er nennt etwa George Soros in einem Atemzug mit der Weltverschwörung und der Corona-Entwicklung" *(Der Tagesspiegel, 10.10.2020).*

Man muss davon ausgehen, dass Höcke und seine rechtsextremen Freunde die AfD mittlerweile gekapert haben. Schon Frauke Petry scheiterte bei dem Versuch, Höcke aus der AfD auszuschließen. Der AfD-Vorsitzende Meuthen versuchte es erst gar nicht.

Höcke war schon vor der Gründung der AfD in rechtsextremen Kreisen aktiv. Unter dem Pseudonym „Landolf Ladig“ soll er 2011 und 2012 den Nationalsozialismus verherrlichende Artikel in NPD-Zeitschriften veröffentlicht haben. Ein Vorwurf, der auch vom Verfassungsschutz in

Thüringen erhoben wird. Höcke, der dies bestreitet, lehnt es kategorisch ab, dazu eine eidesstattliche Erklärung abzugeben *(Der Tagesspiegel, 18.10.2019)*.

Dass Höcke einen stramm rechtsextremen und völkischen Kurs vertritt, kann man jedoch auch in seinem 2018 erschienen Buch „Nie zweimal in denselben Fluss" nachlesen. Darin macht er deutlich, dass er das bestehende politische und gesellschaftliche System nicht reformieren, sondern abschaffen will:

„Ein paar Korrekturen und Reförmchen werden nicht ausreichen. Aber die deutsche Unbedingtheit wird der Garant dafür sein, daß wir die Sache gründlich und grundsätzlich anpacken werden. Wenn einmal die Wendezeit gekommen ist, dann machen wir Deutschen keine halben Sachen. Dann werden die Schutthalden der Moderne beseitigt, denn die größten Probleme von heute sind ihr anzulasten" (Aus: Nie zweimal in denselben Fluss).

Welche Gesellschaft Höcke anstrebt, lässt er an einer anderen Stelle seines Buches durchblicken:

„Die Sehnsucht der Deutschen nach einer geschichtlichen Figur, welche einst die Wunden im Volk wieder heilt, die Zerrissenheit überwindet und die Dinge in Ordnung bringt, ist tief in unserer Seele verankert, davon bin ich überzeugt."

Höcke strebt ein autokratisches System mit einem nationalistischen „Führer" an und sieht sich vermutlich selbst in der Führerrolle. Immer wieder spickt er seine Reden mit Begriffen aus dem Dritten Reich. So zum Beispiel als er im März 2020 bei einem AfD-Treffen in Sachsen-Anhalt sagte, innerparteiliche Gegner des „Flügels" sollten „ausgeschwitzt" werden. Eine offene Anspielung auf das Konzentrations- und Vernichtungslager in Auschwitz *(Der Tagesspiegel, 22.03.2020)*.

Die Wochenzeitung „Die Zeit", die sich mit Höckes Buch auseinandersetzt, sieht darin eine Nähe zur Ideologie von Hitlers Propagandachef Joseph Goebbels *(Die Zeit: „Der Volksempfänger". 21.1.2019)*. Und das Bundesamt für Verfassungsschutz stellt fest, dass

Höcke ein völkisch-ideologisches Weltbild propagiert, und stuft im Frühjahr 2020 den „Flügel“ als rechtsextreme Bestrebung ein.

Position OMAS GEGEN RECHTS in Deutschland:

Was es bedeutet, in einer nationalsozialistischen Diktatur zu leben, haben wir aus erster Hand von unseren Eltern erfahren. Wir setzen uns deshalb mit aller Kraft dagegen ein, dass in Deutschland die nationalsozialistische Vergangenheit wieder aufersteht. Das Hitler-Regime hat unendlich viel Leid gebracht, es hat Millionen unschuldiger Menschen das Leben gekostet, 6 Millionen Juden wurden ermordet, der von Hitler vom Zaun gebrochene Krieg zerstörte ganz Europa und große Teile der Welt. Das darf nie wieder geschehen! Davor wollen wir unsere Enkel bewahren.

Ziel der AfD ist die Zerstörung und Zersetzung unserer demokratischen Institutionen

Nur zum Schein lässt sich die AfD auf das System der parlamentarischen Demokratie ein. In Wahrheit zielt ihre Arbeit in den Parlamenten darauf ab, die demokratischen Institutionen zu zersetzen und zu zerstören.

Am 18. November 2020 schleusten Mitglieder der AfD-Fraktion zwei rechte Aktivisten und Corona-Demonstranten in das Reichstagsgebäude ein, wo gerade das neue Infektionsschutzgesetz beraten wurde. Die Störer kamen von der Demonstration, die zeitgleich draußen stattfand. Drinnen im Bundestag beleidigten sie auf den Fluren und in den Büros Abgeordnete und griffen sie verbal an. Sie konnten sich ungehindert im Reichstagsgebäude bewegen.

Dieser Vorfall zeigt exemplarisch, worum es der AfD in Wahrheit geht: um Aufruhr und Provokation anstatt konstruktiver Oppositionsarbeit. Wozu es führen kann, wenn man dem Treiben der AfD keinen Einhalt gebietet, kann man in den USA beobachten. Dort gab es fünf Todesopfer, als am 6. Januar 2021 ein Mob rechter Trump-Fans das Kapitol in Washington gewaltsam stürmte.

Schon direkt nach der Bundestagswahl 2017, als die AfD erstmals mit 12,6 % der Stimmen in den Bundestag einzog, sprach AfD-Vorsitzender Gauland offen aus, worum es der AfD geht:

„Wir werden sie jagen. Wir werden Frau Merkel oder wen auch immer jagen und wir werden uns unser Land und unser Volk zurückholen.“ (Spiegel, 24.9.2017)

Und Höcke, Landesvorsitzender der AfD Thüringen, präzisiert:

„Wir müssen klar immer wieder darauf hinweisen, dass nicht Merkel das Problem ist, sondern, dass sie nur der Kopf eines stinkenden Fisches ist. Dass nicht nur Merkel weg muss, sondern dass das Merkel-System weg muss, liebe Freunde. Und dieses Merkel-System sind sämtliche Kartellparteien, die es nicht gut mit diesem Land meinen“ (Belltower News, Internetzeitung).

In der Praxis fällt die Parlamentsarbeit der AfD vor allem durch Provokationen und durch polarisierende Redebeiträge auf. Zu diesem Ergebnis kommt eine Untersuchung der Süddeutschen Zeitung, die nach der Bundestagswahl 2017 sechs Monate lang alle Sitzungen verfolgt und mehr als 1500 Redebeiträge ausgewertet hat. Da sollen Redner durch Zwischenrufe und durch kollektive Lachaktionen der AfD-Fraktion gestört und lächerlich gemacht werden. Tabus werden gebrochen und die Grenze des Sagbaren verschoben. Nationalsozialistische Begriffe wie „völkisch“ oder „entartet“ haben Einzug ins Parlament gehalten, genauso wie die Vokabeln „Altparteien“ oder „Bevölkerungsaustausch“. So sollen diese Begriffe enttabuisiert werden und in die normale Alltagssprache einfließen *(s. Süddeutsche Zeitung: Das gespaltene Parlament. Nachzulesen über https://projekte.sueddeutsche.de/artikel/politik/die-afd-im-bundestag-e362724/)*.

Die AfD benutzt das Parlament also vor allem als Bühne für Provokationen, Hassreden, Lügen und Halbwahrheiten. Dabei wird sie nicht müde, die falsche Behauptung zu wiederholen, sie sei die wahre Hüterin der Demokratie. Tatsache aber ist: Im AfD-Grundsatzprogramm sucht man vergeblich nach einem Bekenntnis zur repräsentativen Demokratie.

Wenig glaubwürdig ist ihre angebliche Liebe zur Demokratie auch, wenn man einen Blick in die Abgeordnetenzimmer der AfD wirft. Denn dort kann man viele Mitarbeiter treffen, die aus dem rechtsextremen Milieu kommen.

Auch der Ex-Sprecher der AfD-Bundestagsfraktion Lüth, früher einmal FDP-Mitglied, tut sich nicht als Demokrat hervor. Er wurde in einem Fernsehbeitrag von Pro7 mit der Aussage zitiert:

„Die AfD ist wichtig; und das ist halt schizophren, das haben wir mit Gauland lange besprochen: je schlechter es Deutschland geht, desto besser für die AfD.“

Und zu dem Zuzug von Migranten meinte er:

„Wir können die nachher immer noch alle erschießen, das ist überhaupt kein Thema, oder vergasen, oder wie du willst, mir egal.“

Diese Zitate stammen aus dem Mitschnitt eines Gespräches, das ohne Wissen von Lüth aufgenommen wurde *(s. Die Zeit, 2.10.2020)*.

Lüth war von Beginn an Sprecher der AfD-Bundestagsfraktion und zuvor Sprecher der Bundespartei. Erst nach der Veröffentlichung des Gesprächs-Mitschnitts wurde er entlassen.

Mit haltlosen Anschuldigen will die AfD das Vertrauen in Staat und Parteien zerstören

So behauptet die AFD in ihrem Grundsatzprogramm, in Deutschland herrsche ein *„illegitimer Zustand“,* es gäbe einen *„Bruch von Recht und Gesetz“* eine *„Zerstörung des Rechtsstaates“* und die Gewaltenteilung würde nicht mehr funktionieren. Vorwürfe, die allesamt nicht belegt werden und die nichts mit der Realität zu tun haben.

Der Angriff der AfD gilt auch allen Parteien. Auch dies sind haltlose Vorwürfe:

„Heimlicher Souverän ist eine kleine, machtvolle politische Führungsgruppe innerhalb der Parteien ... Es hat sich eine politische Klasse von Berufspolitikern herausgebildet, deren vordringlichstes Interesse ihrer Macht, ihrem Status und ihrem materiellen Wohlergehen gilt. Es handelt sich um ein politisches Kartell, das die Schalthebel der staatlichen Macht, soweit diese nicht an die EU übertragen worden ist, die gesamte politische Bildung und große Teile der Versorgung der Bevölkerung mit politischen Informationen in Händen hat.“

„Eine kleine machtvolle Führungsgruppe“, *„ein politisches Kartell“*, das klingt ganz so wie die Behauptung von Verschwörungstheoretikern in den USA, es gäbe einen geheimen Staat hinter dem Staat, der an der gewählten Regierung und dem Parlament vorbei Macht ausübt. Ein Narrativ, das ganz bewusst die wahren Verhältnisse auf den Kopf stellt. Tatsache ist, dass

- die Parlamente und nicht die Parteien Gesetze beschließen
- Abgeordnete und Regierung von der Bevölkerung für eine begrenzte Zeit gewählt werden
- jeder das Recht hat, einer Partei beizutreten, sich wählen zu lassen und damit an der politischen Willensbildung mitzuwirken
- im Parlament unterschiedliche Meinungen und Interessen aufeinandertreffen und miteinander um die besten Lösungen wetteifern.

Am Ende gibt es Kompromisse und/oder die Mehrheit entscheidet.

Die Behauptung, eine kleine Führungsclique hielte die Macht in Händen, ist also schlicht falsch. Aber das stört die AfD nicht. Sie hofft darauf, dass sich diese falschen Behauptungen in den Köpfen der Leute festsetzen, wenn man solche Lügen nur oft genug wiederholt. Und dann soll die nächste Stufe gezündet werden, wenn es nach der AfD geht. In ihrem Grundsatzprogramm aus dem Jahre 2016 formuliert sie das so:

„Nur das Staatsvolk der Bundesrepublik Deutschland kann diesen illegitimen Zustand beenden."

Dieser Satz hat es in sich. Scheinbar demokratisch – das Volk soll entscheiden – ruft er in Wirklichkeit zum Aufstand gegen ein parlamentarisches demokratisches System auf. Denn hier wird nicht gefordert, eine unbeliebte Regierung abzuwählen. Gefordert wird, einen angeblich „illegalen Zustand" zu beenden, was nichts anderes bedeuten kann, als unser parlamentarisches demokratisches System zu stürzen.

Demokratische Parteien sind für die AfD Störenfriede bei ihrem Weg zu einem antidemokratischen Regime

Wo das Grundsatzprogramm der AfD sich noch auf unhaltbare Vorwürfe gegenüber Staat und Parteien beschränkt, wird Höcke deutlicher. Im Januar 2017 sagte er in Dresden auf einer Veranstaltung der AfD-Jugendorganisation Junge Alternative:

„...Jede Partei hat eine schlimme Tendenz, und das ist die Tendenz der Oligarchisierung und der Erstarrung ... das sind praktisch die Naturgesetzlichkeiten des Parteienstaates, und ich muss kein Prophet sein, um leider orakeln zu müssen: Auch die AfD wird irgendwann einmal erstarren. Und sie kann auch irgendwann meinetwegen einmal erstarren, aber bitte erst, nachdem sie ihre historische Mission erfüllt hat" (Der Tagesspiegel, 19.1.2017).

Die „historische Mission“ der AfD soll sein, die rechtsextremen Kräfte an die Macht zu bringen. Dafür muss nach Höcke die AfD mindestens 51 % der Stimmen bekommen.

„Ich will Veränderung, ich will eine grundsätzliche Veränderung, ich will die AfD als letzte evolutionäre Chance für unser Vaterland erhalten. Ich will, dass wir diesen Halben einen Strich durch die Rechnung machen. Wir wollen das, denn wir wissen: Es gibt keine Alternative im Etablierten“ (Der Tagesspiegel, 19.1.2017).

Mit den *„Halben“* meint Höcke solche AfD-Kandidaten für die Bundestagswahl, die *„Establishment“* seien und als Juniorpartner in eine Koalition gehen würden. Es geht ihm also nicht um eine konstruktive parlamentarische Arbeit. Es geht ihm um das Parlament als Bühne. Um die Vorbereitung für einen Machtwechsel zu einem anderen, antidemokratischen Herrschaftssystem. Und weiter schreibt Höcke:

„Die AfD ist die letzte evolutionäre, sie ist die letzte friedliche Chance für unser Vaterland“ (Der Tagesspiegel, 19.1.2017).

Dahinter verbirgt sich die offene Drohung, die Macht auch auf gewaltsamem Wege zu erobern, sollte die AfD nicht im Interesse der Rechtsextremen agieren.

Auch wenn noch nicht jedes AfD-Mitglied es so deutlich formuliert wie Höcke, so sind sie sich doch einig in der grundsätzlichen Bekämpfung aller demokratischer Parteien. Mit dem Narrativ von dem „Kartell der Parteien“ schürt die AfD Misstrauen und legt damit den Grundstein für einen Generalangriff auf demokratische Institutionen.

Es ist kein Zufall, dass parallel zum Aufstieg der AfD und ihren Attacken auf das vermeintliche „Kartell der Parteien“ Hass und Gewalt zugenommen haben. Rechtsextreme Gruppen und Einzelpersonen fühlen sich bestärkt. Drohbriefe gegen gewählte Politiker sind keine Seltenheit und selbst vor der Ermordung von Volksvertretern schrecken Rechtsextreme nicht zurück, wie der Mord am Kasseler Regierungspräsidenten Walter Lübcke zeigt.

Die AfD Hand in Hand mit Verschwörungstheoretikern, QAnon-Anhängern, Reichsbürgern und der identitären Bewegung

Offiziell distanziert sich die AfD von rechtsextremen radikalen Gruppen wie z.B. der Identitären Bewegung oder den Reichsbürgern. Praktisch marschiert sie Seite an Seite mit ihnen bei jeder sich bietenden Gelegenheit. Sei es im Rahmen der Pegida-Aufmärsche in Dresden, beim Trauermarsch in Cottbus, wo es im Anschluss an diesen Marsch eine Jagd auf ausländisch aussehende Menschen gab, oder bei den Querdenker-Demonstrationen, wo bewusst gegen Corona-Auflagen verstoßen wird.

Position OMAS GEGEN RECHTS in Deutschland:

Wir fordern von unseren Staatsorganen, dass sie den erstarkenden Rechtsextremismus in und außerhalb der AfD mit aller Härte bekämpfen. Dass AfD-Mitglieder als Geschichtslehrer, Polizisten oder Richter tätig sind, also an sensiblen Stellen des Staatsapparates arbeiten, finden wir unerträglich. Es liegt uns fern, einen Radikalenerlass wie in den 70-gern zu fordern, doch darf es nicht sein, dass Demokratiefeinde die Möglichkeit bekommen, demokratische Grundrechte auszunutzen, um die Demokratie auszuhöhlen und in ihren Grundfesten zu erschüttern. Die Stufe der Beobachtung durch den Verfassungsschutz müsste schon längst überschritten sein. Jedes zögerliche Verhalten durch die Verfassungsorgane und die politisch Verantwortlichen trägt weiter zur Stärkung des Rechtsextremismus und somit der AfD bei.

Entzug des Wahlrechts bei sozialer Notlage

Die parlamentarische Demokratie basiert auf dem allgemeinen Wahlrecht. Wie wenig die AfD von den Parlamenten als Institution der Volksvertreter hält, zeigt sich auch in Überlegungen einiger ihrer Vertreter, das Wahlrecht einzuschränken.

„Ich glaube, dass jeder am Anfang der Legislaturperiode eine Wahl treffen sollte. Nämlich entweder zu wählen, also das Wahlrecht auszuüben, das er hat, oder Staatstransfers zu bekommen. Also, wer Subventionen kriegt, der darf nicht wählen, und wer andere Arten von Transfers kriegt, darf auch nicht wählen in dem System. Nur der, der einzahlt ins System, darf wählen“ *(Markus Krall, Volkswirt (2020), Wer rettet Europa? - Der Weg aus der Krise - Vortrag von Dr. Markus Krall in Olbernhau / Erzgebirge, AfD-Fraktion im Sächsischen Landtag, Youtube-Beitrag vom 31.01.2020, https://www. youtube.com/watch?v=Y3bvf5l 9MsA, Zitat ab Minute 20:18)*.

„Was für mich durchaus noch anspruchsvoll ist, wo ich denke, wo wir als Partei auch noch dran arbeiten müssen, das Wahlrecht nur für die Leistungsträger und nicht für die Transferempfänger. Das wird nicht einfach. Gerade bei uns hier im Osten. Also es ist leicht gesagt, aber das ist schon ein ganz schön dickes Brett. Aber ich bin da gerne bereit, auch weiter zu denken“ *(Jörg Urban, MdL, Fraktionsvorsitzender und Parteisprecher der AfD Sachsen (2020), Wer rettet Europa? - Der Weg aus der Krise - Diskussion mit Dr. Markus Krall und Jörg Urban, AfD-Fraktion im Sächsischen Landtag, Youtube-Beitrag vom 31.1.2020,Zitat ab Minute 0:32, Abrufdatum 25.03.2020.https://www.youtube.com/watch?v=vA2PpjgH2cg)*.

Die AfD diskutiert hier nichts anderes als einen Generalangriff auf unsere Demokratie. Mit diesen Ideen stellt sich die AfD weit außerhalb des Konsenses des Grundgesetzes. Freie, gleiche und geheime Wahlen sind für moderne Demokratien elementar. Stimmen entlang des ökonomischen Nutzens bzw. der Steuerleistung von Wähler*innen zu gewichten ist ein Relikt aus längst vergangenen Zeiten. Offen bleibt, was der Begriff „staatliche Transfers“ umfassen soll: Würden schon alle, die Kindergeld oder Pflegegeld erhalten, ihr Wahlrecht verlieren?

Die AfD will zurück zu einem ungleichen Wahlrecht, das politische Teilhabe von der Einkommens- und Vermögenslage abhängig macht. Damit würde eine Zwei-Klassen-Gesellschaft zementiert. Gerade die Corona-Krise macht deutlich, wie stark globale Krisen Arbeitnehmer*innen oder Soloselbstständige treffen können. Letztlich kann niemand, der für seinen Lebensunterhalt arbeiten muss, eine soziale Notlage für den Zeitraum von vier Jahren ausschließen. Das Vorhaben beabsichtigt Reiche noch einflussreicher zu machen und die Gesellschaft zu spalten in diejenigen, die Stimmrecht haben, und solche, denen es verwehrt wird. Diese Position ist keinesfalls mit den Interessen von Beschäftigten in Übereinstimmung zu bringen. Es ist simple Klientelpolitik, die eine neue feudale Ordnung installieren würde.

Position OMAS GEGEN RECHTS in Deutschland:

Die repräsentative Demokratie ist für uns das bestmögliche Politikmodell. Durch die Wahl von Repräsentanten in ein Parlament ist gewährleistet, dass unterschiedliche Meinungen bei der Gesetzgebung Gehör finden. So können alle Menschen in unserem Land politischen Einfluss nehmen. Wir werden daher allen Versuchen, die parlamentarische Demokratie zu zerstören, entgegentreten.

Unser humanistisches Weltbild betont die Gleichwertigkeit aller Menschen und ihrer Stimme bei Wahlen. Unabhängig von Einkommen oder Vermögen sollen alle Bürger*innen die gleichen politischen Mitspracherechte haben. Dafür stehen auch wir OMAS GEGEN RECHTS.

Die AfD-Forderung nach mehr direkter Demokratie ist eine Mogelpackung

Die AfD fordert in ihrem Grundsatzprogramm die Einführung der direkten Demokratie nach „Schweizer Vorbild“. Das soll *„mäßigend auf das Parlament wirken und die Flut der oftmals unsinnigen Gesetzesvorlagen nachhaltig eindämmen“.*

Ausgeführt wird das in ihrem Gesetzentwurf vom 13. August 2019. Dort heißt es:

„Wird eine aus der Mitte des Bundestages eingebrachte Gesetzesvorlage vom Bundestag abgelehnt, so können zehn Prozent der Mitglieder des Bundestages das Volk zur Entscheidung anrufen.“ (Bundestagsdrucksache 19/12371)

Das bedeutet, dass die AfD das Recht hätte, zu allen ihren abgelehnten Gesetzentwürfen einen Volksentscheid durchführen zu lassen. Dies wäre, neben einem hohen bürokratischen Aufwand, auch eine Untergrabung des gewählten Parlamentes als gesetzgebender Körperschaft. Die direkte Demokratie würde zu einer Waffe gegen die parlamentarische Demokratie. So sinnvoll es sein kann, zu einer einzelnen Frage von allgemeinem Interesse einen Volksentscheid durchzuführen, so abstrus wäre ein generelles Recht, über alles, was die Opposition bewegt, einen Volksentscheid zuzulassen. Die Bundesrepublik Deutschland ist ein hochentwickeltes Industrieland, das nicht über Volksentscheide regiert werden kann. Chaos wäre die Folge.

Volksentscheide bergen darüber hinaus die Gefahr, die Bevölkerung zu spalten. Denn anders, als uns die AfD weismachen will, gibt es nicht die EINE Volksmeinung. Es gibt zu allen Themen einen vielstimmigen Chor an Auffassungen. Eine Volksabstimmung muss aber komplizierte Sachverhalte zwangsläufig vereinfachen. Eine Abwägung von Argumenten ist nicht möglich. Stattdessen spaltet sich die Bevölkerung in zwei Lager: Pro und Contra mit weitreichenden Konsequenzen für das Zusammenleben. Das Brexit-Referendum in Großbritannien ist dafür ein anschauliches Beispiel.

Die AfD-Forderung nach mehr direkter Demokratie muss auch deshalb abgelehnt werden, weil sie Befragungen auch dann zulassen würde, wenn damit Grundrechte und allgemeine Menschenrechte missachtet würden. So könnte beispielsweise darüber abgestimmt werden, ob Homosexualität unter Strafe gestellt werden soll. Minderheiten wären schutzlos.

Position OMAS GEGEN RECHTS in Deutschland:

Wir stehen einer Stärkung der direkten Demokratie grundsätzlich positiv gegenüber. Allerdings müssen dabei Menschenrechte beachtet und darf das Parlament nicht geschwächt werden. Deshalb lehnen wir den Vorschlag der AfD entschieden ab. Hier sollen, unter dem Fähnchen für vermeintlich mehr Mitsprache, Grund- und Menschenrechte missachtet und das Parlament entmachtet werden.
Wir sind der festen Meinung, dass eine Demokratie nur funktionieren kann, wenn sie unterschiedliche Interessen ausgleicht. Das bedarf einer breiten politischen Debatte, auch und gerade im Parlament. Und der Bereitschaft, Kompromisse einzugehen.

Die AfD diffamiert die Medien als „Lügenpresse", Journalisten werden angegriffen

Die freie Presse ist ein wichtiges Kontrollinstrument, oft wird sie auch als vierte Gewalt im Staat bezeichnet. Journalisten hinterfragen Regierungshandeln, sie stellen Politikern und Politikerinnen unbequeme Fragen, sie decken Missstände und Skandale auf.

Ungeachtet dessen diffamiert die AfD die Medien als „Mainstream" und „Lügenpresse". Journalisten, die AfD-Mitgliedern kritische Fragen stellen, werden brutal abgekanzelt, wie ein Reporter des Redaktionsnetzwerkes Deutschland (RND) berichtet. Er verfolgte ein Statement der AfD-Fraktionsvorsitzenden Gauland und Weidel zur Abwahl des Rechtsausschussvorsitzenden Brandel wegen judenverachtender Tweets. Nach den Statements, so der RND-Reporter, habe er zwei Fragen gestellt:

„Die erste galt Gauland und lautete, wie stark der Antisemitismus denn ausfallen müsse, damit ihm mulmig werde. Die zweite Frage lautete, ob ein mutmaßlicher Nachfolgekandidat „eine integre Persönlichkeit" sein werde. Beide Fragen lagen wegen des Antisemitismus des offenkundig nicht-integren Brandner auf der Hand – zumal nach dem Anschlag auf die Synagoge von Halle, der leicht zu einem Massenmord hätte werden können. Gleichwohl bellte Gauland: „Wir haben nur integre Persönlichkeiten. Stellen Sie nicht solche Fragen!" Weidel fügte hinzu*: „Wirklich ziemlich dumme Fragen von Ihrer Seite?" … Von Weidel, deren Ton zwischen Herrschsucht und gespieltem Amüsement pendelte, waren noch die Vokabeln „dämlich" und „unglaublich" zu hören. Dabei drehte sie sich nach mir um – so als wolle sie sich schon mal mein Gesicht merken. Für später" (Redaktionsnetzwerk Deutschland, 13.11.2019)*.

Journalisten stellen Politiker aller Parteien kritische Fragen. Während die demokratischen Parteien dies als wichtigen Bestandteil der Demokratie sehen, wehren sich AfDler dagegen mit aller Macht. Journalisten sollen gefälligst AfD-freundlich berichten, andernfalls werden sie bedroht. Gauland sagte in einem Interview mit der FAZ im September 2018:

„Diejenigen, die die Politik Merkels mittragen, das sind auch Leute aus anderen Parteien und leider auch aus den Medien. Die möchte ich aus der Verantwortung vertreiben."

Und in einem Facebook-Eintrag der AfD-Fraktion des Kreistags im Hochtaunus vom August 2018 heißt es:

„Zu Beginn einer Revolution haben die Staatsberichterstatter noch die Chance, sich vom System abzuwenden und die Wahrheit zu berichten! Bei uns bekannten Revolutionen wurden irgendwann die Funkhäuser sowie die Presseverlage gestürmt und die Mitarbeiter auf die Straße gezerrt. Darüber sollten die Medienvertreter hierzulande einmal nachdenken, denn wenn die Stimmung endgültig kippt, ist es zu spät!" (online-Magazin „Übermedien").

Ein Mitglied eines AfD-Kreisvorstandes aus Sachsen-Anhalt in einer internen WhatsApp-Gruppe:

„Mit der Machtübernahme muss ein Gremium alle Journalisten und Redakteure überprüfen und sieben. Chefs sofort entlassen, volksfeindliche Medien verbieten" (Blätter für deutsche und internationale Politik, online).

Wie schon bei Politikern, bereitet die AfD auch bei Journalisten durch Hass und Hetze den Boden für gewaltsame Angriffe.

So wurde zum Beispiel am 1. Mai 2020 ein Kamerateam der ZDF-Satiresendung Heute Show am Rande einer Corona-Demonstration angegriffen. 25 Maskierte haben auf das Team eingeschlagen, zum Teil mit Eisenstangen. Vier Mitarbeiter des ZDF wurden dabei verletzt.

Das Europäische Zentrum für Presse- und Medienfreiheit erfasst seit fünf Jahren Angriffe auf Journalisten. In dieser Zeit hat das Institut in Deutschland 119 tätliche Angriffe registriert, 92 davon kamen aus dem rechten Milieu. Die mit Abstand meisten Taten gab es in Sachsen, wo die AfD mehr als ein Viertel der Landtagsabgeordneten stellt. *(Deutschlandfunk, 4.5.2020)*.

So wurden auch bei der „Querdenker"-Demonstration am 18. November 2020 in Berlin Journalisten massiv bedrängt, wie die Deutsche Journalisten Union berichtet:

*Es wurden „mindestens ein halbes Dutzend Medienvertrete*rinnen an der Arbeit gehindert. Viele weitere wurden verbal bedroht und beschimpft ... Zeitweise mussten Journalistinnen und Journalisten die Kundgebung verlassen und sich zurückziehen, um nicht in das Visier der Demoteilnehmenden zu geraten ... Mehrere Journalistinnen und Journalisten seien zum Teil auch körperlich attackiert worden"* *(Presseerklärung der Deutschen Journalisten Union)*.

Regelmäßig werden auf den „Querdenker"-Demonstrationen auch Plakate hochgehalten, die die bekannte ZDF-Moderatorin Dunja Hayali in KZ-Häftlingskleidung zeigen.

Das alles erinnert fatal an die Verhältnisse in den USA während der Regierungszeit von Donald Trump. Auch dort wurden Journalisten beschimpft, bedroht, Kamera-Ausrüstungen wurden zerstört. So wie hier die AfD, so hat dort Trump den Hass auf Journalisten angeheizt. Für ihn waren alle Nachrichten, die nicht in seinem Sinne waren, „fake news". Am Ende glaubten seine Anhänger blind den Lügen Trumps, auch wenn er offensichtliche Tatsachen, wie seine Wahlniederlage, als unwahr erklärte. Die Zerstörung der Glaubwürdigkeit von Journalisten und Medien ist in den USA wie hierzulande Teil eines umfassenden Angriffes auf die Demokratie.

Auch 1933 wurde in Deutschland die freie Presse von Rechtsnationalen bekämpft und als „Lügenpresse" diffamiert, verbunden mit dem Versuch, eigene Propagandakanäle zu schaffen, die „Systemmedien" zunächst finanziell zu schwächen, um sie, wie Hitler damals, später auszuschalten.

Position OMAS GEGEN RECHTS in Deutschland:

Wir protestieren gegen die Diffamierung und Einschüchterung von Journalisten sowie gegen die Behinderung ihrer für die Demokratie wichtigen Arbeit. Ohne Pressefreiheit kann es keine Demokratie geben. Journalisten dürfen keinem äußeren Druck ausgesetzt werden. Wer dies tut, der greift unsere Demokratie an.

Der öffentlich-rechtliche Rundfunk muss erhalten bleiben

In ihrem Grundsatzprogramm fordert die AfD eine grundlegende Reform des öffentlichen Rundfunks. Kern dieser „Reform“ soll die Abschaffung der Rundfunkgebühren sein.

„Dessen Zwangsfinanzierung ist umgehend abzuschaffen und in ein Bezahlfernsehen umzuwandeln. Eine Opt-Out-Regelung soll es den bisherigen Beitragszahlern ermöglichen, zu einem Stichtag ihren Bezug ganz oder teilweise zu kündigen ... Der öffentlich-rechtliche Rundfunk wird so zu einem Bürgerrundfunk, welcher ausschließlich von seinen zahlenden Zuschauern und nicht mehr von der Politik abhängig ist.“

Man kann trefflich darüber streiten, ob oder wie der öffentlich-rechtliche Rundfunk reformiert werden sollte und ob die Kosten dafür reduziert werden können. Aber hinter der Forderung der AfD nach einer Art „Bezahlfernsehen“ steckt mehr als eine Reform. Dahinter steht die Absicht, den öffentlich-rechtlichen Rundfunk in der Bedeutungslosigkeit verschwinden zu lassen. Denn natürlich würden einige Menschen bei einer Abschaffung der Rundfunkgebühren nicht mehr für den öffentlich-rechtlichen Rundfunk bezahlen, um Geld zu sparen. Das kann man niemanden zum Vorwurf machen. Was wären die Konsequenzen?

1. Viel mehr Menschen würden sich bei privatwirtschaftlichen Anbietern informieren. Also bei Anbietern, die weit weniger unabhängig sind als die öffentlich-rechtlichen Rundfunkanstalten. Und das obwohl laut einer aktuellen Umfrage von infratest dimap 79 % der Befragten das Fernsehangebot der Öffentlich-Rechtlichen für glaubwürdig halten. Der öffentlich-rechtliche Rundfunk genießt demnach ein deutlich höheres Vertrauen als das Privatfernsehen.
2. Die Gebühren der öffentlich-rechtlichen Rundfunkanstalten würden bei weniger Beitragszahlern vermutlich steigen. Das wiederum bedeutet, dass nur noch Menschen, „die es sich leisten können“, den öffentlich-rechtlichen Rundfunk abonnieren würden. Es gäbe also eine soziale Schieflage. Der

öffentlich- rechtliche Rundfunk wäre nur noch ein Spartenprogramm für eine kleine Elite.

Dies aber ist ausdrücklich nicht mit dem Grundgesetz vereinbar. Denn dort heißt es in Artikel 5 Absatz 1:

Jeder hat das Recht, seine Meinung in Wort, Schrift und Bild frei zu äußern und zu verbreiten und ***sich aus allgemein zugänglichen Quellen ungehindert zu unterrichten****. Die Pressefreiheit und die Freiheit der Berichterstattung durch Rundfunk und Film werden gewährleistet. Eine Zensur findet nicht statt.*

Ein Bezahlfernsehen, wie von der AfD gefordert, wäre aber keine allgemein zugängliche Quelle mehr.

Übrigens: Laut der aktuellen Umfrage von Infratest Dimap halten mehr als 80 % der Befragten den öffentlich-rechtlichen Rundfunk für unverzichtbar.

Und bei einer Volksabstimmung in der Schweiz hat sich im März eine klare Mehrheit von 71,6 Prozent gegen eine Abschaffung der Rundfunkgebühren ausgesprochen *(Süddeutsche Zeitung, 4. März 2018)*.

Position OMAS GEGEN RECHTS in Deutschland:

Wir halten den öffentlich-rechtlichen Rundfunk für unverzichtbar. Mit dem Rundfunkrat ist eine Kontrolle durch verschiedene gesellschaftliche Gruppen gewährleistet, weshalb auch nicht von einem „Staatsfunk“ gesprochen werden kann. Wir begrüßen auch sehr, dass in den vergangenen Jahren der Einfluss von Landespolitikern in den Rundfunkgremien zurückgedrängt wurde. Auch fragen wir uns, welche Bereicherung das für die Medienlandschaft wäre, wenn der öffentlich-rechtliche Rundfunk zum Bezahlfernsehen reduziert würde. Schon jetzt gibt es 103 verschiedene Pay-TV-Programme. Nur mit dem öffentlich-rechtlichen Rundfunk ist gewährleistet, dass es auch in Zukunft ein qualitativ gutes Radio- und Fernsehprogramm für die ganze Bevölkerung gibt.

Der Präsident des Verfassungsschutzes Thomas Haldenwang stellt fest:

„Als Frühwarnsystem dürfen wir unser Augenmerk nicht nur auf gewaltorientierte Extremisten legen, sondern müssen auch diejenigen im Blick haben, die verbal zündeln. Geistige Brandstifter schüren gezielt Feindbilder. Rechtsextremismus, Antisemitismus, Islamfeindlichkeit und Rassismus sickern in die alltägliche Wahrnehmung ein – sei es im Internet, im Stadion, auf der Straße oder in der politischen Arena. Aus diesem Nährboden erwachsen allzu oft auch Gewalttaten. Dem treten wir entschieden entgegen und bekämpfen rechtsextremistische Agitation konsequent. Es darf keine Toleranz für Extremisten geben" ***(Pressemitteilung vom 12.3.2020).***

Schlussgedanken

In diesem Buch haben wir versucht zu analysieren, welche Folgen für unsere Gesellschaft eine Umsetzung der Forderungen der AfD hätte, und die jeweilige Position der OMAS GEGEN RECHTS in Deutschland aufgezeigt. Nein, die Politik der AfD würde das Leben des „kleinen Mannes" in keiner Weise verbessern.

Es besteht kein Zweifel, wir leben seit mehr als eineinhalb Jahren mit einer weltweiten Pandemie, die allein in Deutschland über 90.000 Leben gekostet hat, die Existenzen gefährdet und viele Freiheiten in unserer Gesellschaft einschränkt – das ist sicherlich nicht normal, und wir alle sehnen inzwischen das Ende dieser Pandemie und der Einschränkungen herbei. Auch hat die Pandemie viele bereits vorhandene Schwachstellen in unserem Gesellschaftssystem noch sichtbarer gemacht. Teile der Bevölkerung, die bereits vor der Pandemie Zukunftsängste hatten, sind noch stärker verunsichert.

Die AfD will die Ängste und Verunsicherung in der Bevölkerung vertiefen. Mit dem Slogan **Deutschland. Aber normal** betreibt die AfD Deutschtümelei und versucht, nostalgische Gefühle bei all den Leuten zu wecken, die Zukunftsängste haben. Mit angeblich einfachen Lösungen, mit Augenwischerei und völlig unrealistischen Versprechungen will die AfD Wählerstimmen bei der Bundestagswahl im September 2021 ergattern.

Aber: **Die „Normalität" der AfD bedeutet in jeder Hinsicht einen radikalen Rückschritt. Sie gefährdet unsere Existengrundlagen und die unserer Kinder.**

Die nachfolgenden Beispiele fassen einige in dem Buch erläuterte Gedanken nochmals zusammen und zeigen, was „Normalität" für die AfD bedeutet und wie gefährlich sie ist:

Normalität bedeutet für die AfD, Erkenntnisse der Wissenschaft als falsch oder Teil einer Verschwörung darzustellen und die Gefährlichkeit der Corona-Pandemie zu leugnen. Deshalb waren die Infektionszahlen in AfD-Hochburgen nachweislich besonders hoch. (siehe auch: Hängen AfD-Hochburgen und hohe Coronazahlen zusammen? | Tagesspiegel). Verpflichtende Maßnahmen wie die Befolgung von AHA-Regeln, das Tragen von Masken und Tests lehnt die AfD ab. Bei der Impfung kämpft sie nicht nur gegen eine allgemeine Impfpflicht, obgleich es diese gar nicht gibt, sie unterstützt auch zum Teil die Verbreitung von „Fakenews" über angeblich gravierende Impffolgen.

Normal ist es für die AfD, den reichsten 10 % der Bevölkerung weitere Steuergeschenke zu machen. Die AfD wird den Sozialstaat zerstören. Die einzigen Sozialausgaben, die sie vorschlägt, sind Anreize, um mehr „biodeutsche" Kinder zu zeugen. Alle anderen Sozialforderungen sind nur Augenwischerei, ohne Finanzierungskonzept. Sie dienen lediglich dem Stimmenfang.

Normalität bedeutet für die AfD Deregulierung der Wirtschaft. Arbeitsschutzbestimmungen, Arbeitnehmermitbestimmung, Umweltschutz wird es in dieser „Normalität" bald nicht mehr geben.

Normal ist es für die AfD, sich mit Reichsbürgern und anderen Rechtsextremisten zu verbünden. Wie damals die Nazis will sie sich demokratisch wählen lassen, um danach die Demokratie zu zerstören.

Normal ist es für die AfD, sich als Vertreter der Meinungsfreiheit zu inszenieren, aber nur die Meinung der AfD gelten zu lassen. Die Medien werden von der AfD als „Lügenpresse" diffamiert, um sie zu zerschlagen. Die Abschaffung der Pressefreiheit ist der erste Schritt zur Diktatur. Die gleichen Methoden haben schon die Nazis genutzt.

Normal ist für die AfD ein ewig gestriger Antifeminismus. Die logische Konsequenz ist das Ende der Gleichberechtigung, neue Abhängigkeiten vom Ehemann, keine eigene Karriere, kein Recht auf gleiche Bezahlung, keine Geburtenkontrolle und vieles mehr.

Normal ist es für die AfD, die Chancengleichheit in der Bildungspolitik zu beenden. Behinderte und Minderheiten werden in Sonderschulen abgeschoben, die Inklusion zu Grabe getragen.

Normal ist es für die AfD, die Abschaffung der politischen Bildung zu fordern, denn sie will keine kritischen, mündigen Bürger haben, sondern leicht lenk- und manipulierbare völkische „Patrioten".

Normal ist für die AfD die Forderung, den Geschichtsunterricht zu ändern. Die Zeit des Nationalsozialismus soll verharmlost, das „deutsche Kaiserreich" als Idealfall dargestellt werden.

Normal ist es für die AfD, Kultur zu zensieren. Deutsches, völkisches „Kulturgut" soll gefördert werden, kulturelle Vielfalt und Bereicherung wird abgelehnt.

Normal ist es für die AfD, Migranten als kriminelle Messerstecher und Vergewaltiger zu beschimpfen, obgleich dies nicht der statistischen Realität entspricht. Sie will damit Ängste schüren und die Gesellschaft weiter spalten.

Normal ist für die AfD die Forderung, das Strafmündigkeitsalter auf 12 Jahre zu senken. Verbunden mit einem verschärften Strafrecht können dann Kinder jahrelang in Gefängnisse eingesperrt werden.

Normal ist es für die AfD zu behaupten, die Politik und Justiz seien auf dem linken Auge blind, obgleich bewiesen ist, dass die größte Gefahr für unsere Demokratie vom Rechtsextremismus ausgeht.

Normal ist es für die AfD, eine Vereinfachung des Waffengesetzes zu fordern und ein Recht auf „bürgerliche Wehrhaftigkeit" zu postulieren. Die Folge wären Verhältnisse wie in den USA, wo die grassierende Waffengewalt jeden Tag auf den Straßen und in den Schulen ausgetragen wird und zu vielen Toten und unendlichem Leid in den Familien führt. Die Hoheitsgewalt der Polizei würde untergraben werden.

Normal bedeutet für die AfD auch, den sofortigen Austritt aus der EU und die Wiedererrichtung nationaler Grenzbarrieren zu fordern. Das bedeutet: keine europäischen Reisen mehr ohne Pass, kein kleiner Grenzverkehr, kein kurzer Einkaufstripp, Wechselkursverluste und vor allem große wirtschaftliche Verwerfungen mit unkalkulierbaren Folgen.

Normal sind für die AfD Rassismus, Antisemitismus und Fremdenfeindlichkeit. Mit ihren Lügen und ihrer Hetze betätigt sich die AfD als geistiger Brandstifter. Der Mord an Walter Lübcke und die Morde in Halle und Hanau sind eine der schrecklichen Folgen.

Normal ist es für die AfD, Minderheiten auszugrenzen und Menschenrechte mit Füßen zu treten. Sie verstößt damit gegen einen der wichtigsten Grundsätze in unserem Grundgesetz, wonach niemand wegen seiner Herkunft, Hautfarbe, Religion oder sexuellen Identität benachteiligt werden darf.

Normal ist es für die AfD, sogar die qualifizierte Zuwanderung unmöglich zu machen. Die Pflege unserer alten und kranken Menschen wird dann größtenteils die Familie übernehmen müssen. Wer leert dann den Müll, wer erntet unsere Felder, wer bringt die Amazon-Pakete?

Normal ist für die AfD die Ablehnung aller Klimaschutzmaßnahmen. Sie verwehrt dadurch unseren Kindern und Enkeln eine lebenswerte Umwelt.

Normal ist es für die AfD, weiterhin Benzin- und Dieselautos zu fördern und alternative Antriebstechniken zu blockieren. Deutschland wird technologisch abgehängt werden, mit massenhafter Arbeitslosigkeit als Folge.

Diese Liste könnte beliebig fortgesetzt werden.

Wir OMAS GEGEN RECHTS sagen nein zur AfD, denn sie ist keine demokratische, keine bürgerliche Partei. Sie ist auch keine Alternative. Die AfD ist vielmehr eine Gefahr für die Demokratie, für Freiheit und Frieden und für unsere Zukunft.